KB112693

좌충우돌
우크라이나 유학기

좌충우돌 우크라이나 유학기

발행일	2017년 04월 05일		
지은이	홍 명 열		
펴낸이	손 형 국		
펴낸곳	(주)북랩		
편집인	선일영	편집	이종무, 권유선, 송재병, 최예은
디자인	이현수, 김민하, 이정아, 한수희	제작	박기성, 황동현, 구성우
마케팅	김회란, 박진관		
출판등록	2004. 12. 1(제2012-000051호)		
주소	서울시 금천구 가산디지털 1로 168, 우림라이온스밸리 B동 B113, 114호		
홈페이지	www.book.co.kr		
전화번호	(02)2026-5777	팩스	(02)2026-5747

ISBN   979-11-5987-501-4 03920(종이책)   979-11-5987-502-1 05920(전자책)

잘못된 책은 구입한 곳에서 교환해드립니다.
이 책은 저작권법에 따라 보호받는 저작물이므로 무단 전재와 복제를 금합니다.

이 도서의 국립중앙도서관 출판예정도서목록(CIP)은 서지정보유통지원시스템 홈페이지(http://seoji.nl.go.kr)와
국가자료공동목록시스템(http://www.nl.go.kr/kolisnet)에서 이용하실 수 있습니다.
(CIP제어번호 : CIP2017008336)

(주)북랩 성공출판의 파트너
북랩 홈페이지와 패밀리 사이트에서 다양한 출판 솔루션을 만나 보세요!
홈페이지 book.co.kr   1인출판 플랫폼 해피소드 happisode.com
블로그 blog.naver.com/essaybook   원고모집 book@book.co.kr

여행으로 자신을 리셋하고
싶은 청춘들에게 바치는 책
———

좌충우돌
우크라이나 유학기

UKRAINE TRAVEL

홍명열 지음

북랩 book Lab

이 책은 영어도 못하고 우크라이나어, 러시아어 전공과도 전혀 관계없는 교환학생이 겪은 여러 에피소드를 쓴 것입니다.

한국에서는 "체대생이 뭐하러 거기에 가냐"고 했고, 우크라이나에서는 "체대생인데 뭐하러 여기 와?"라며 하며 비꼬는 사람들이 있었습니다. 참 신기하죠. IT와 같은 이공계가 아닌 이상 전공의 벽은 허물어진 지 오래인데 여전히 이런 생각을 가진 사람들이 있다는 것이. 그것도 제 또래가 말입니다.

저는 속으로 생각했죠. '내가 가고 싶어서 가는 거야', '너는 한국 사람인데 왜 우크라이나에 살고 있냐'라고. 쪼잔하죠. 저도 마음이 넓지는 않은 사람입니다.

사실 아주 일부만 그랬을 뿐, 우크라이나에 있을 때는 생각도 못했던 도움을 많이 받았습니다. 현지 친구들에게는 언어, 문화 등을 배웠고 한국인 지인들에게는 아팠을 때 많은 도움을 받았습니다. 대사관저에서 대사님과 식사했던 일, 한글학교에서 한글을 가르쳤던 일도 의미 있었죠. 또 학생이 돈이 어딨냐며 처음 보는 분들에게 보드카도 많이 얻어 마셨습니다. 정말 재밌었습니다. 이 글을 통해 교환학생 때 도움을 주신 모든 분께 감사를 전합니다.

저도 어리지만 저보다 어린 이십 대 초반인 독자분들에게 이런 말을 하고 싶습니다. 지금은 '백세 시대'예요. 다행인지 불행인지 알 수 없지만, 특별한 일이 생기지 않는 한, 백 살 혹은 그 가까이 살죠. 그리고 대학에 입학할 때까지 20년이 넘는 시간 동안 한국에서 살았는데 1년 정도 외국에서 산다고 뭐가 잘못될까요? 이민 가는 것도 아니고 1년 후 돌아올 텐데. 그렇다면 1년 외국에서 살아보는 경험이 큰 변화를 가져올까요? 그렇지는 않아요. 노력하기에 따라 다를 수 있지만 그렇지 않은 경우가 많죠. 하지만 적어도 술자리에서 친구들에게 재미있게 얘기할 수 있는 안줏거리가 되어준다는 것만 해도 충분히 가치가 있다고 봐요. 도전해볼 만하지 않나요?

_ 여기 나온 이름은 모두 가명임을 미리 밝힙니다.

CONTENTS

한국 남자,
우크라이나 여자

"이쇼 삐바(맥주 더)?"

"다(그래)."

"여기요, 맥주 오백 2개 더 주세요."

"네."

우리는 부족한 맥주를 더 시키고 담소를 나누고 있었다. 나와 술을 마시고 있는 여자의 이름은 마리나다. 전형적인 서양 여자로 어깨선을 살짝 지나는 길이의 금발을 가졌다. 눈은 파란색 눈동자가 다 보일 정도로 컸다. 키는 나보다 좀 작은 160㎝ 후반이고 힐을 신어서 나와 눈높이가 비슷했다. 게다가 흔히 말하는 콜라병 몸매였다.

맥주를 얼마나 먹었을까. 마리나는 슬슬 배가 부른지 천천히 먹었고 나 혼자 한국 맥주보다 더 진하고 맛있는 서양 맥주를 계속 들이켰다. 평소에도 예쁘지만 맥주에 취하고 나니 내 앞의 마리나가 평소보다 더 예쁘게 보였다.

현재 시각 밤 9시, 나는 이 시간을 조금 더 즐기고 싶었고 시간이 멈췄으면 했다.

외국말 한마디도 못했던 내가 현지인 여자와 친구가 되어 단둘이 술을 마시고 있었다. 내가 생각해도 이런 상황이 꿈만 같은 일이다. 한국 친구들은 믿지도 않겠지(말하지도 않을 것 같지만).

"남자친구하고는 언제 헤어졌어?"

"좀 됐어. 다 그냥 성격 차이지 뭐."

남자친구 얘기를 꺼내니, 마리나가 그에 대해 안 좋은 얘기를 하기 시작했다. 그러다 보니 러시아어에 서툰 나를 위해 늦췄던 말 속도가 점점 빨라졌다. 외국영화를 바로 앞에서 4D로 보는 기분이 들었다.

무슨 말인지 전혀 모르겠고 들리는 단어는 '쁠로하(나쁜)', '이디옷(멍청이)', '쑤까(× 같은 놈)'뿐이다. 아무튼 이미 그 남자에 대한 감정 따위는 사라진 지 오래라고 했다.

공대생이던 남자친구는 마리나와 사귀던 중에 바람을 피우다가 걸렸다고 했다. 그래서 가차 없이 헤어졌고 그게 8개월은 된 일이라고 했다. 미소를 띠면서 그 얘기를 했다. 지금은 웃을 수 있더라도 안 좋은 기억은 안 좋은 기억일 뿐이기에 나도 한마디 거들었다.

"남자가 쓰레기네."

"말 들어줘서 고마워. 그리고 다 지난 일인데, 뭐."

한마디 보태준 게 고마웠는지 그녀가 예쁜 미소를 보이며 대답했다.

나는 맥주를 벌컥벌컥 마시고 미리 시켜뒀던 피자를 한 조각 집었다. 피자가 정말 커서 한 조각도 우크라이나 길에서 파는 샤우르마(케밥과 비슷한 음식)처럼 돌돌 말아서 먹어야 했다. 피자를 먹으면서 나는 화제를 바꿨다.

"혹시 '젓가락 게임'이라고 알아?"

"젓가락? 참스틱?"

마리나가 손가락으로 젓가락 흉내를 내며 말했다.

"응. 그런 게임이 있는데 내가 알려줄게. 해 보자."

"그래."

젓가락 게임은 한국에서도 하지 않던 게임이다. 게임 규정을 알려주고 이긴 사람이 진 사람 이마를 때리자고 제안했다. 마리나는 제안을 받아들였다. 하지만 그 게임을 알려준 건 나의 실수였다. 이길 줄 알았던 나는 전력을 다해도 졌고, 이마는 점점 빨개졌다. 너무 아프다.

"아! 나 진짜 아파."

"네가 알려줬잖아. 너 되게 못한다."

정말 몰랐던 게임인지 아니면 모르는 척을 한 건지 알 길이 없지만 너무 잘했다.

"손님 문 닫을 시간입니다."

밤 11시, 가게를 둘러보니 우리밖에 없었다. 우크라이나 술집은 한국과는 달리 문을 일찍 닫았다. 나는 계산을 하고 마리나와 술집 밖으로 나왔다.

한 여름밤 시원한 바람이 부는 날 우리 둘은 서로 더 같이 있고 싶었다.

나는 기숙사(바실콥스카역)로 가야 했고 마리나는 정 반대방향(아발론역)으로 가야 했지만 이대로 가면 서로 아쉬운 밤이었다.

"너 기숙사 가지 마."

나는 어떻게 말해야 할까 망설이고 있는데, 마리나가 선수를 쳤다. 순간 당황했지만 영화배우 공유 급의 연기로 얼굴에서 당황한 기색을 숨기고 미소를 띠었다. 그리고 속으로는 쾌재를 불렀다. '오케이!'

"그래, 그럼 아파트 갈까?"

우리는 아파트에 전화해 빈방이 있는지 물었고 역시나 빈방은 있었다. 우리는 밖에서 찬바람 맞는 게 싫어 콜택시를 불러서 아파트로 갔다.

방에 도착한 우리는 차례로 샤워를 했다. 나는 샤워를 하려고 렌즈를 빼고 안경을 썼는데 렌즈를 꼈을 때와 안경을 썼을 때의 인상이 많이 다르다고 한다. 렌즈가 그나마 낫다고 하는데 이건 한국에서도 어느 정도 듣던 소리다. 라섹 수술도 생각은 했었지만 10년째 고민만 하고 있다.

샤워를 먼저 한 나는 마리나가 샤워를 마치기만 기다렸다. 생각보다 그리 오래 걸리지 않았다. 가운으로 머리만 감싸고 나온 마리나를 본 순간 그동안 신경 쓰지 않았던 가늘고 긴 목이 눈에 들어왔다. 단지 목을 봤을 뿐인데 심장이 크게 요동쳤다. 약간 젖은 상태에 있던 금발, 파란 눈, 흰 피부, 콜라병 몸매까지… 남자라면 누구나 사랑에 빠질 만한 그런 여자가 내 눈앞에 있었다. 이 순간을 잊을 수 없을 것이다. 그 날은 안정환이 2002년 월드컵 16강 이탈리아전에서 골든골을, 박지성이 포르투갈전에서 골을 넣은 것보다 더 짜릿한 날이었다.

'유럽이다!'

공항에 도착한 순간 생각난 말이다. 이 말을 크게 외치고 싶었지만 늦은 시간이었기 때문에 소리를 지르면 크게 울릴 것 같았다. 만약 큰소리로 외쳤다면 한적한 시간을 즐기는 듯 보이는 2명의 안내 데스크 직원들의 따가운 눈총을 받았을 것이다. 그래도 들뜬 내 기분을 애써 가라앉히지는 않았다.

화물을 기다리는 동안 멀리 외국까지 왔다는 생각만 들었다. 13시간 장시간 비행은 처음이었고 좁은 좌석에 계속 앉아있었기 때문에 피곤하긴 했지만 그래도 아직 쌩쌩한 기운이 남아 있었다. 아마 유럽에 왔다는 설렘, 공항이라는 장소가 주는 들뜬 기분 때문에 그런 듯했다.

"나 가방이 안 보여."

짐을 찾고 나가려는 순간 같은 학교에 다니는 동갑 친구 지태가 말했다.

지태는 평균 한국 남자 키에 마른 체형을 가졌고, 까무잡잡한 피부와 반 곱슬, 살짝 찢어진 눈을 가진 남자애다.

현재 시각 밤 11:00, 공항 직원을 제외하면 우리밖에 없었고 짐이 섞였을 리도 없는데 가방은 보이질 않았다.

"집 떠나면 고생이다" 이 말이 외국에 도착하자마자 바로 맞아떨어졌다. 옛말은 하나 틀린 게 없었다.

어디로 갔을까. 아직 도착을 안 했나 싶어 화물칸 위에 있는 안내판을 바라봤다. 안내판에 쓰여 있는 비행기, 출발지, 도착 시각 등이 몇 번 바뀌었지만 진행 중인 건 없었다.

짐이 모두 나왔다. 지태의 짐은 없었다. 그런데 이상한 점이 하나 있었다. '공항은 보통 24시간 하는 거 아니었나? 왜 이렇게 사람도 없고 이착륙 예정인 비행기도 없지?'라는 생각이 들 만큼 공항은 한산했다.

"오빠들 빨리 가야 돼요. 픽업 오신 분 계속 기다리고 있어요."

지태와 나랑 같이 온 여학생이 말했다. 우리보다 어린 그녀의 이름은 민혜. 단발머리에 둥근 얼굴을 가졌고, 키는 한국 여자 평균이었다. 아직 처음이라 조심스럽게 말하지만 할 말은 다 하는 스타일이었다(나쁘게 말한다는 뜻은 아니다).

밖에 나가 보니 우리가 한국에서 출국하기 며칠 전부터 문자와 SNS 등으로 도움을 주던 또 다른 나와 동갑내기 친구가 픽업을 와서 기다리고 있었다. 우리는 시간도 늦었고 여기에 더 있는 건 안 되겠다 싶어서 안내데스크 직원에게 도움을 청했다. 지태는 간단한 서류를 작성하고 그곳에서 나왔다.

입국한 사람이 우리밖에 없다 보니 마중 나온 사람 또한 우리를 기다리는 사람밖에 없었다. 픽업을 와 준 친구의 이름은 진형. 여기 온 지는 2년째고 한국 대학은 휴학했단다.

"안녕하세요."

"안녕하세요. 여기까지 오느라 고생하셨어요."

"아니요, 조금 오래 기다리셨죠?"

"괜찮아요. 민혜 씨에게 들었어요. 가방 잃어버리신 분이 누구시죠?"

한국에서부터 이미 SNS 등으로 연락을 주고받은 진형과 우리는 이미 서로 이름을 알고 있었다. 진형은 공항 안에서의 일을 이미 다 파악하고 있었고 짐을 돌려받기까지 1~2주가 걸린다고 말해줬다. 우리는 그의 말을 듣고 어두워진 밤길을 가로등 빛에 의지한 채 주차장으로 향했다.

주차장에는 봉고차 한 대가 있었다. 운전기사를 맡은 현지 아저씨가 계셨고 진형은 조수석, 우리는 봉고차라 뒷좌석에 넉넉하게 앉았다.

"Поехали в общежитие(기숙사로 가주세요)."

"Хорошо(알겠습니다)."

뭐지? 방금 무슨 말을 한 거지? 이게 러시아어인가? 이미 지칠 대로 지쳤지만 진형에게 물어봤다.

"방금 말한 게 러시아어에요?"

"네, 학교에 가면 알파벳부터 배우실 거예요."

영어도 못 하는 내가 러시아어권 나라에 온 것은 엄청난 모험이었다. 러시아어는 여기 오기 전에 인터넷으로 잠깐 알파벳을 본 것이 전부였다. 그것도 단지 이곳 우크라이나가 러시아어를 쓴다는(우크라이나는 우크라이나어와 러시아어를 쓴다) 말에 잠깐 본 게 다였다.

구글과 각종 포털사이트에서 우크라이나를 검색하니 여신들이 걸어 다니고 비둘기마저 예뻐 보인다고 나왔다. 그 우크라이나에 내가 온 것이다.

기숙사

키예프는 생각보다 좁았다. 차가 안 막히는 밤이라지만 공항부터 학교 기숙사까지 30분도 안 걸렸다. 어쩌면 내가 피곤해서 시간 감각을 잃은 탓일 수도 있다.

"기숙사 도착했어요."

우리는 진형의 말을 듣고 문을 열어 우크라이나의 겨울밤 공기를 마시며 차에서 내렸다. 우크라이나의 겨울이 어마어마하게 춥다고 알고 있었는데 막상 가니 한국의 겨울이랑 다를 게 없었다. 굳이 비교하자면 우리나라는 바람이 많이 불어서 추운 것이고, 여기 우크라이나는 바람이 상대적으로 덜 불고 공기만 차가운 느낌이다.

우리는 여행용 가방과 짐을 꺼내기 시작했다. 사실 여기 오기 전에 나는 여행용 가방 하나만 있으면 될 줄 알았다. 근데 출국 날짜가 2월이라 (한국에서 설을 보낸 뒤 출국한다) 겨운 추위에 대비해 겨울옷과 김기약, 맨트 등의 물건들을 챙기다 보니 짐은 늘어났고 우리는 1명 당 기본 가방 3개씩은 들고 있었다.

'여기가 기숙사구나…'

모든 게 신기하게 보였던 나는 기숙사 외관을 쭉 보고 싶었지만 밤 속에 숨은 외관은 해가 떠 있을 때 보기로 했다(사실 그렇게 놀라울 외관도 아니다).

"학교는 어디에 있어요?"

오래된 철문을 지나 돌로 된 길을 통해 기숙사 문으로 들어가는 중에 내가 말했다.

"학교는 여기서 좀 가야 돼요. 지하철로 일곱 정거장 정도 가면 있어요."

신기했다. 학교 건물과 기숙사가 떨어져 있다니. 캠퍼스 안에 학교본부와 도서관, 기숙사 등이 다 모여 있는 한국 대학과는 달리 우크라이나는 학교본부 따로, 기숙사 따로, 여러 단과대 등이 다 따로 있었다. 이게 유럽 스타일이란다. 우리나라의 캠퍼스는 미국 스타일이라고 하고.

기숙사 입구를 지나 계산대로 갔다. 계산대에는 그 날 당직이신 분들이 2명씩 조를 이루어서 일하고 있었는데 모두 나이가 드신 할머니, 할아버지였다. 할머니들은 온화한 인상이었지만 할아버지들은 내가 상상했던 불곰국의 할아버지였다. 키는 물론 덩치도 커서 정말 불곰과도 몇 번 싸워 봤을 법한 외모였다.

"오늘 새로 온 학생들입니다."

"남학생은 829호, 여학생은 410호로 가세요."

러시아어로 말하는 진형을 볼 때마다 신기했다.

기숙사는 총 9층으로 되어있었다. 1층은 기숙사 등록, 기간 등을 맡고 있는 센터실이 있고 9층은 당직 등 여기서 일하는 사람들이 쉬거나 지내는 곳이다. 또 4, 5층은 여자 층, 그 외 나머지 층은 남학생들이 지내는 곳이다. 그리고 여기는 외국인 전용 기숙사이기 때문에 우크라이나 현지인은 없다고 했다. 우리나라를 포함한 동아시아와 서아시아, 유럽, 아프리카 등 여러 곳에서 온 학생들만 이곳에서 지낸다고 한다.

우크라이나 기숙사는 하나의 아파트 단지처럼 되어 있어서 여러 개의 동이 있는데 그중 이 건물 하나만 외국인 전용이고 나머지 건물에는 전부 우크라이나 학생들이 살고 있다고 했다. 나는 이 기숙사 단지의 분위기가 좋았고 조금은 부럽기도 했다(분위기가 좋은 이유는 나중에 알게 된다).

방 열쇠를 받고 엘리베이터 앞에 섰는데, 보자마자 '경제적으로 취약한 나라에 온 걸 환영해'라고 쓰여 있는 듯한 인상을 받았다. 당신이 무슨 엘리베이터를 상상하든 그 이하일 것이다. 공포영화에서나 나올 법한 여러 곳이 긁힌 자국이 나 있는 붉은 색의 문 버튼을 누르면 되는데, 작동하는 건지도 알 수가 없었다. 나중에야 알았지만 버튼을 누르고 기계가 작동

하는 소리를 귀 기울여 들어야 알 수 있다.

엘리베이터 문이 열리고 방에 들어가는 순간 오싹한 기분이 들었다. 지금 당장 꺼져도 이상하지 않을 듯한 전구가 내부를 비추고 있었고, 붉은색의 페인트는 당장이라도 귀신이 튀어나올 듯한 분위기를 연출했다. 거기다 성인 4명이 들어가면 꽉 차는 좁은 공간은 여행용 가방과 가방으로 무장한 우리에게 턱없이 부족하기만 했다.

시간이 좀 흘렀을 때 이 엘리베이터와 관련된 사건이 하나 있었다. 아제르바이잔 애들은 외국인 기숙사 건물에서 말을 안 듣기로 유명했다. 떼로 몰려다니며 시끄럽게 떠들어서 여기서 일하시는 분들 대부분이 그들을 안 좋게 봤다. 그 날은 1층 로비 소파에 앉아 친구를 기다리는 중이었다. 그런데 아제르바이잔 애들이 방으로 올라가고 있는데 불곰 할아버지가 소리를 쳤다.

"엘리베이터 4명씩 타! 절대로 다 타지마!"

엘리베이터는 4명이 정원이다. 그 이상이 타면 고장 난다. 그런데 그 애들은 막무가내로 6명이 탔고 결국 엘리베이터가 멈추는 사달이 났다. 할아버지가 불곰같이 화를 내면서 엘리베이터로 향했고 나도 그를 따라 구경하러 갔다. 할아버지가 일단 1층 엘리베이터 문 앞에 서서 문을 조심스레 두드렸다. 똑똑. 그랬더니 안에서 꺼내달라는 말이 들렸다. 할아버지가 불곰같이 화를 냈다.

"그러니까 4명씩 타라고 했잖아!"

"죄송합니다. 꺼내주세요."

몇 명이 탔는지는 모르지만 확실한 건 지금 저 안에는 움직일 공간도 없다는 것이다.

할아버지가 혀를 차면서 고개를 좌우로 흔들더니 계산대로 돌아가서 전화기를 들었다. 아마도 수리공을 부르는 것 같았다. 옆에 서 있던 다른 외국인 학생은 이 상황이 재밌다는 듯 웃고 있다. 나는 간신히 웃음을 참고 있었는데 그 학생 센스에 결국 웃음이 터졌다.

"우리 좀 꺼내줘. 수리공 어딨어? 언제 오는 거야?"

안에 갇힌 학생들이 말하는데 내 옆에서 같이 구경하던 학생이 말했다.

"자브뜨라, 자브뜨라(내일, 내일)."

그 학생 센스에 박수를 보낸다.

다시 처음 얘기로 돌아오면 급한 대로 민혜를 먼저 4층으로 올려보내고 우리는 다음에 올라갔다. 진형의 도움으로 이불까지 받은 우리는 방으로 들어갔다. 3인실에 이미 한 명이 살고 있었지만 어디 갔는지 보이지 않았다. 룸메이트가 누굴지 궁금해졌다.

우리 방의 창문을 열었다. 8층인데도 주위에 높은 건물과 빛나는 야경은 보이지 않았고 그저 을씨년스러운 풍경뿐이었다. 저 멀리 지평선이 보였는데 그게 창문을 통해 볼 수 있는 유일한 '풍경'이었다.

유로-마이단 사태

나와 지태, 민혜는 다음날 1층에서 진형을 만났다(우크라이나에 온 첫 몇 주간은 진형의 도움을 많이 받았다). 우리는 흐리브나(우크라이나 화폐)가 단 1원도 없었기 때문에 어서 환전을 해야 했다.

"카드는 웬만하면 쓰지 마."

우리는 나이도 같고 해서 서로 편하게 말하기로 했다.

카드를 쓰지 말라는 건 해외는 카드복사가 빈번하게 이루어지는 데다, 카드를 안 받아주는 곳도 많기 때문이다. 진형이도 유럽여행을 갔다가 카드 계산을 했는데 홍콩에서 100만 원이 출금됐었다고 한다. 뉴스나 영화에서나 볼 법한 일을 당했었다니 놀라웠다.

실제로 일반 식당 중에 카드를 안 받는 곳이 많았다. 그러다 보니 현금을 계속 들고 다녀야 하는 게 꽤 번거로웠는데, 이런 걸 생각하면 국민 과반수의 신상정보가 여기저기 떠돌이다니니 뭐니 해도 카드 범죄에 대해서는 우리나라가 정말 잘하고 있다는 것을 느꼈다.

은행은 기숙사에서 걸어서 5분 거리에 있다. 환전만 하면 되는데 줄이 생각보다 길다.

"아직 유로-마이단 사태가 가시지 않아서 그런 걸 거야."

"아, 그 9시 뉴스에도 막 나오던데 그런 거 같다."

내가 오기 불과 몇 개월 전인 2013년 11월에 우크라이나에는 거대한 소용돌이가 불었는데, 이 사건을 '유로-마이단 사태'라고 부른다. 이 사건의 배경은 2004년 오렌지 혁명으로 인한 친서방 성향의 정권의 탄생과 유시첸코 정권의 분열, 이로 인한 우크라이나 내부의 정치지형 변화(친러 → 친서방), 남오세티야 전쟁(러시아-조지아) 등 많은 이유가 있다. 그러나 가장 결정적인 사건은 이 당시 정권을 잡았던 야누코비치(Янукович) 정부가 EU 가입 및 경제협력 진행을 일방적으로 중단하고 다시 친러 성향을 드러낸 것이었다. EU로 가고 싶어 하던 우크라이나 국민들의 열망과 희망을 모조리 무시한 처사였다.

러시아에서부터 탈출하여 EU로 가고 싶어 하던 국민들은 이 상황에 분노를 느껴 현 정부한테 분노를 표출했고, 정부와 국민들이 충돌하는 상황에까지 이른 것이다.

이때 우크라이나는 러시아한테 금전적으로도 현혹됐는데 푸틴 대통령이 150억불(한화 약 17조원)을 빌려줬다고 한다. 야누코비치는 그걸 '감사합니다!' 하고 넙죽 받았는데 150억 불은 어디로 갔는지 우크라이나는 그 이후 내가 살았던 1년 동안 IMF 지원을 두 번이나 받았고 디폴트 위기에도 놓였었다. 이럴 때도 우리나라가 대단하다는 느낌을 받는다. 우리나라도 IMF를 받기는 했지만 그 당시 시민들의 엄청난 노력으로 IMF 사태를 극복하지 않았는가. 비록 지금은 '헬조선'이라는 말이 나올 정도로 모든 세대가 힘든 시기지만 다 같이 손을 잡고 머리를 맞대면 이 시기를 극복해 나갈 것이라 믿는다.

'마이단'은 우리나라로 생각하면 서울시청 광장이나 광화문 광장 정도 되는 곳으로, 대중들이 모이는 상징적인 장소다. 유럽에 가고 싶어 하는 대중들이 마이단에 모여서 시위를 벌였기 때문에 '유로-마이단 사태'가 된 것이다.[1]

이 사태는 유튜브를 비롯한 각종 SNS를 통해 전 세계로 빠르게 퍼져나갔고 한글 자막으로 번역된 영상이 지금도 유튜브에 돌아다니고 있다 (영상 제목은 'I am a Ukrainian'이다).

이 사태는 한국 미디어로도 많이 전파가 됐는데 8시, 9시에 하는 뉴스에도 많이 나왔다.

---

1) 이 내용은 '나무위키'를 참고했다.

부모님도 처음에는 우크라이나로 가는 것에 반대하셨었고, 친구들도 좋지 않은 반응이었는데, 이런 상황을 생각해보면 당연한 것이었다. 그때 당시 동영상을 보면 정부는 전기를 끊었고, 밤새 몇 명이 죽어도 이상하지 않을 정도의 시위 충돌이 있었다. 뉴스에서도 우크라이나 관련 기사가 연일 보도되고 있었다. 나처럼 축구를 좋아하는 사람이 아니라면 그때 처음 우크라이나라는 나라에 대해 알게 된 사람이 적지 않을 것이다.

그리고 같은 학교 선배에게 연락이 왔다. 현재 우크라이나에 거주 중인 얼굴도 모르는 선배(이후에는 친해졌다)였는데 여기가 매우 위험하고, 지하철도 운행 중단 되었으며, 나라가 어떻게 될지 모르는 상황에 사람들은 사재기를 한다는 등의 정보를 알려줬다(그 당시 현지에서 얼굴 모르는 후배를 위해 연락을 줬던 기호 형에게는 정말 감사하다). 그때 사태의 심각성을 실감했다.

'아, 이거 어쩌지…?'

사재기 등 피난 준비를 하면서 우크라이나 국민들은 자연스레 은행 ATM기란 ATM기는 모두 돌아다니며 현금을 챙길 수 있는 대로 챙겼는데 우리가 환전하러 온 그날 줄 서 있던 사람들도 현금을 챙기려던 현지인들이었다. 그래도 우리가 왔을 때는 어느 정도 사태가 수그러들 때여서 환전하는 데 지장을 없었다.

나는 그냥 유로-마이단 사태가 난 곳에 가보고 싶었다. 어느 정도 안정이 되어서 추모 기간이기도 했고, 여기 오기 전에 한국에서 뉴스로 들었을 때도 사건에 대해 호기심이 생겼기 때문이다.

지하철을 타고 마이단에 도착했는데 TV와 SNS 사진에서 본 대로였다. 지하철 출입구도 몇 개는 막혀있었고 군대에서 진지 공사 할 때 수없이 쌓아 올렸던 모래주머니가 길 대로에 겹겹이 쌓여 있었다. 광장 중앙에는 대형 군용텐트 여러 개가 설치되어 있었는데 전기가 없어서 램프를 달았고, 덤프트럭이 광장 앞까지 수송해 온 나무로 난방을 하고 있었다. 광장 옆에는 커다란 은행 건물이 있었는데 지금은 폐허가 되어 건물의 잔해만 남아있었다. 시위대와 정부군이 충돌했을 때 이 건물에 투석기로 불을 질

유로-마이단 사태 때 불타 버린 은행 건물　　　　장작을 패며 농성 중인 우크라이나 국민들

렀다고 한다. 실제로 벽면에는 커다란 돌에 맞은 흔적이 있었고 투석기가 배치되어 있었다.

　우리나라와 사뭇 다른 배경이지만 이건 마치 7, 80년대 독재에 맞서 싸우던 우리의 근현대사를 보는 느낌이었다. 나라는 못살고 정부는 국민과 다른 방향으로 가는데 거기에 참다 참다 폭발한 국민들이 들고 일어서서 피를 흘리는 장면… 내가 그런 환경에서 자라지 않아 다행이었고 투쟁에 힘써준 분들께 감사하는 마음이 들었다.

　붉은 장미꽃으로 추모를 하며 여기저기서 기도를 올리는 사람들, 마이단을 중계하러 온 취재진, 시위는 끝난 게 아니라는 것을 보여주기 위해 광장에서 생활하는 사람들, 나처럼 이 사태와 우크라이나 체류 기간이 겹쳐 추모하러 온 외국인들까지… 그곳은 그야말로 난장판이었다. 원래는 이곳이 키예프에서 가장 아름다운 곳이고, 데이트, 산책, 관광 장소로 유명했다는데 지금은 어디에서도 원래의 모습을 찾아볼 수 없다.

　그나저나 이런 상황에서도 사람 사는 곳은 똑같나 보다. 사태가 점점 수그러들고 추모 기간이다 보니 잡상인이 하나둘 광장 근처로 모였다. 원래 관광지였던 곳이라 인형 탈을 쓰고 외국인인 나를 반기는 사람도 있다. 잡상인들까지는 어느 정도 이해하겠지만 아직 투쟁하는 사람들도 있는데 인형 탈이라니. 복잡한 생각이 들었다.

마이단에서 한 컷
분위기가 엄숙해서 표정이 밝지는 않다

그 인형 탈이 내가 사진 찍는 모습을 보더니 사진을 찍어 주겠다고 했다. 나는 선뜻 그에게 핸드폰을 맡겼고 그가 사진을 찍어 주기 시작했다. 그때는 미처 몰랐다. 내가 그런 일을 당할 줄은.

사진을 수십 장 찍었을까. 다 찍고 나니 인형 탈이 돈을 달라고 요구했다. 핸드폰 갤러리를 보니 몇 개는 흔들리기도 했다. 그냥 처음 온 외국이기도 하고 물가도 한국보다 훨씬 쌀 테니 주기로 마음먹고 가격을 물어봤다.

"100 흐리브나(당시 한국 돈으로 약 만삼천 원)."

"너무 비싸다. 나 돈 없다."

"90 흐리브나."

돈 없다니까 바로 깎았다. 그래도 낼 생각은 없었다. 핸드폰 버튼 몇 번 눌렀는데 만삼천 원이라니! 계속 승강이를 벌이다가 찰나의 순간 뇌가 작동했다. 사진을 찍어 준 인형 탈은 두 명이었고, 나는 혼자였다. 말도 안 통하고 지금 나를 도와줄 사람이 이 광장에는 없다.

결국 55 흐리브나를 줬다. 한화로 무려 약 칠천 원이나 되는 돈이다. 우크라이나 지하철이 한화로 이백 원이다. 근데 아무것도 한 게 없는 인형 탈에게 칠천 원이나 줬다.

돈을 주자마자 난 광장을 빠져나왔고 다시 기숙사로 돌아왔다. 기숙사에서 진형, 지태에게 이 일을 말했는데 지태는 웃었고 진형이는 자기도 처음 왔을 때 그런 비슷한 상황을 겪었다고 했다. 그리고 침대에 누워 이불을 차며 인형 탈이 찍어 준 사진을 전부 지웠다.

비자를 받자

우크라이나로 오기 전, 나는 비자 문제를 해결하면서 내가 이곳에는 무슨 일이 있어도 가야겠다고 다짐했다. 이유는 간단하다. 비자 발급 절차가 생각보다 너무나 복잡했고 비용도 너무 많이 들어갔다. 변호사 공인인증서가 가장 골치였다. 이 고생을 했는데 안 갈 수는 없다는 생각이었다.

일단 출생신고서가 필요했다. 나는 대한민국 토박이인데 출생신고서라니…. 구청에 갔더니 가족증명서를 줬다. 대사관에서는 '가족' 말고 '출생'을 원한다. 나는 한국에 태어나서 의무교육 받고 주민등록증도 받고 군대까지 갔다 온 대학생인데 대한민국에서 출생했다는 증거를 보여달라니 조금 당황스러운 한편, 이런 것도 위조하는 사람이 있나 싶었다.

그래서 그 출생신고서 발급 절차를 알아보니 내가 태어난 산부인과에 가야 했다. 그런데 강산이 2번은 바뀐 지금 큰 병원이 아니고서야 그 병원이 제자리에 있을 확률이 얼마나 되겠는가. 알아봤더니 역시나 내가 태어난 산부인과는 문을 닫은 지 오래였다.

병원이 안 되면 두 번째는 본적本籍을 찾아가야 했다(집은 서울이지만 본적은 여주였다).

'아… 참 진짜 별것도 아닌 게 되게 까다롭게 군다….'

아빠가 여주까지 차 타고 지방법원에 가서 내 출생신고서를 받아다 주셨다. 진짜 조용히 준비해서 가고 싶었는데 결국 이렇게 요란하게 일을 벌인다.

두 번째로 할 일은 공인인증서를 받는 일이다. 서류를 일일이 러시아어로 번역하느라 한 장당 삼만오천 원이 들었다. 뭐가 이리 많은지 공증가가 총 40만 원이 들었던 것으로 기억한다. 나중에야 알았지만 지태랑 민혜보다 내가 가장 많은 돈을 들였다.

우크라이나 지하철

기숙사 정리를 마무리하고 5일 뒤에 우리는 처음으로 학교에 갔다. 5일 동안은 학교도 교환학생의 서류절차가 아직 끝나지 않아서 우리 수업이 없었다. 그런데 학교에 가려고 보니 서로 방향이 달랐다. 진형이는 학교가 기숙사 바로 옆, 그러니까 걸어서 5분도 안 되는 거리에 있는 예비 학부로 가면 된다. 그렇지만 우리가 가야 하는 학교 본관은 지하철로 일곱 정거장 정도 떨어져 있다.

그래서 진형이와는 학교에 같이 갈 수 없었다. 그러다 K대에서 우리보다 먼저 교환학생으로 온 재형이 형과 알게 되었는데, 방향이 같아서 학교에 같이 가기로 했다.

재형이 형은 깡마른 체격에 목소리는 중저음이다. 이곳에 온 다른 학생들과 달리 여행에 대한 욕구도 별로 없어서 보통 학교와 기숙사에만 있고 친구를 잘 만들지 않는 성격이다. 하지만 이런저런 얘기도 많이 했고 농담 따먹기를 할 때는 곧잘 웃어 주기도 했다.

재형이 형에게서도 도움을 많이 받았다. 사람은 외국에 있으면 같은 나라 사람을 도와주고 싶어지는가 보다. 게다가 우리는 같은 학생 신분이었기 때문에 더 챙겨주고 싶었는지도 모른다. 정말 하나도 모를 때 하나부터 열까지 형한테 도움을 받았는데 너무 감사한 일이다. 간혹 이런 도움을 당연하다고 여기는 사람들이 있는데 그래서는 안 된다. 도와주는 사람들도 자기 할 일이 있는 사람들이기 때문이다.

재형이 형도 처음에는 서구라는 형과 지선이라는 친구와 같이 왔는데 서로 생활방식이 다르다 보니 연락을 잘 안 하게 됐다고 했다(나와 지태, 민혜도 점점 시간이 흐르면서 연락이 뜸해졌다).

연락을 안 해도 같은 방, 기숙사다 보니 종종 물어볼 게 있어서 재형이 형의 방에도 가게 됐는데, 그때 나도 서구 형과 지선이라는 친구를 봤다. 서구 형은 178cm 정도의 키에 목소리가 굉장히 부드럽고 말투도 온화하다. 목소리에 어울리게 호빵맨처럼 통통한 볼과 동그란 얼굴형을 가졌다. 인상이 참 좋은 형이다. 그리고 지선이는 민혜와 동갑인데 가슴까지 내려오는 긴 생머리에 큰 눈, 타조 알 같은 얼굴형을 가졌다. 물론 얼굴은 타조 알보다 좀 더 작다. 지선이는 말이 빠른 편이고, 궁금하거나 하고 싶은 말이 있으면 시원하게 한다. 또 자기가 말해 놓고 혼자 웃을 때도 있다. 말은 안 듣지만 애교 많은 막내딸 이미지다.

"너도 현지인 여자친구 만들어야지."

목적지가 학교이든 어디든 남자들이 모이면 여자 얘기다.

"여자친구요? 있으면 좋죠."

내가 친구를 잘 만들지 않는 스타일이라고 말했지만 그건 어디까지 '친구'일 뿐 '여자친구'라고는 안 했다. 재형이 형도 지금은 아니지만 얼마 전까지 우크라이나 여자친구가 있었다고 한다.

"형도 여기서 조금만 있다가 한국에 갈 거라서 여자친구는 생각 안 하고 있었는데 몇몇이 먼저 대시를 했어. 그래서 몇 번 사귀게 됐지."

며칠 전 진형이도 아시아에 관심 있는 사람들은 한국 남자를 좋아한다고 얘기했었다.

그 이유 중 하나가 바로 한류 문화인데 김수현, 엑소 등 한국에서 잘생겼다는 연예인은 여기서도 통한다. 사람 눈은 다 비슷비슷한 것 같다. 세계 어디를 가도 이쁜 여자는 다 예뻐 보이고 멋있는 남자는 다 멋있어 보이는 것이다.

이 한류 문화 때문에 한국 남자에 대한 호감도가 어느 정도 있다는 소리는 들었었다. 단, 이건 동아시아에 관심이 있는 사람에게만 해당되는 것일 뿐, 누구나 그럴 것으로 생각하면 안 된다.

지하철을 타고 학교에 가는데 우크라이나 여신들이 하나둘 보이고 여러 사람들이 보이기 시작한다. 정말 인터넷으로만 보던 예쁘고 아름다운 여자들, 평범한 아주머니들, ROTC로 보이는 군복 입은 학사 생도들, 백발이지만 키는 180㎝ 후반으로 보이고 지팡이 하나 짚지 않은 할아버지, 불룩 나온 배에 맥주를 손에 든 아저씨까지 다양하다. 동양인은 처음 봤는지 나를 신기하게 쳐다보는 꼬마도 있었는데, 눈이 마주치는 순간 인사를 하니까 엄마를 부른다.

아주 잠깐이었지만 내가 외국에 왔다는 게 새삼 실감 났다.

"이제 좀 외국에 온 것 같네요."

"맞아 네가 외국인이지 여기서는. 나도 그렇고…."

지하철 역시 우리나라와 비교해서 어두운 느낌이다. 역 내부는 어두컴컴한 벽돌로 채워진 굴같고, 마치 소련 영화를 보면 나오는 우중충한 분위기다. 그나마 천장의 고풍스러운 조명이 이곳이 지하철역이라는 것을 알려주었다. 사실 지하철역보다는 고급 레스토랑에나 어울릴 법한 조명이다.

또 지하철은 내가 주로 타고 다닌 5호선을 기준으로 했을 때 다섯 칸이었다. 한 칸당 한 면에 문이 2개씩, 총 4개가 있었고 냉난방 시설도 없어서 창문을 열고 운행하기도 하는데, 그럴 땐 옆 사람과 대화가 안 될 정도로 시끄럽다. 게다가 출발할 때는 급발진에 가까워서 지하철에 익숙지 않은 사람들은 중심을 잃고 휘청거릴 때가 종종 있다. 한 번은 지하철이 출발할 때 아는 형이 휘청거렸다고 한다. 그런데 그걸 본 한 할머니가 외국인이라 지하철이 처음인 것 같은 느낌을 받았는지 자리를 양보했던 사건도 있었다.

키예프에는 철도 노선이 총 3개뿐이고 정거장도 별로 없었는데 그나마 '유로2012'[2] 덕분에 노선을 늘린 게 이 정도라고 한다. 확실히 우리 기숙사 근처의 역 중 하나는 최근에 지어져서 깨끗하다.

---

2) 유럽축구대회. 우크라이나-폴란드 공동개최.

지하철은 한화로 약 200원. 다른 대중교통도 한국 학생들이 사용하는 데 큰 부담은 없는 정도다.

에스컬레이터도 급발진에 가까운 속도를 낸다. 타보면 익숙해져서 괜찮지만 처음에는 에스컬레이터에 올라타려 발을 디딜 때면 휘청거리고 심할 경우 중심을 잃고 주저앉기까지 한다. 나와 같이 온 지태와 민혜도 처음에는 급발진 에스컬레이터에 익숙지 않아서 탈 때마다 휘청거리곤 했다. 그런데 지하철역이 이렇게 된 데는 사연이 있다. 소련 때 전쟁에 대비해 땅 깊숙이 대피소를 만들었는데, 소련이 해체되고 나서 그 대피소를 그대로 지하철역으로 만들었다고 한다. 그래서 100m가 넘는 에스컬레이터가 키예프 중심부 여러 곳에 설치되어 있다. 그 깊은 땅속 대피소를 지하철로 만들었으니 오가는 데 너무 시간이 오래 걸려서 에스컬레이터를 속도를 약간 빠르게 만들기도 했다. 우리 같은 여행객에게는 우크라이나의 에스컬레이터에 얽힌 사연도 이야깃거리다.

세브첸코 대학

"Наступна станція Льва-толстого, двері зачиняється обережно."

"이제 내릴 준비해."

"방송에서 뭐라고 말한 거예요?"

"지하철은 다 똑같아. 곧 역에 도착한다고."

"이거 다 알아들으세요?"

"아니. 방송은 우크라이나 말이라 내리는 역의 이름만 듣고 내리는 거야. 나도 문장 전체가 무슨 뜻인지는 몰라."

재형이 형은 한국에서 노어를 전공 중이고 여기서도 노어(러시아어)를 공부중이라 우크라이나 말은 하나도 몰랐다.

이곳 우크라이나에서는 우크라이나어와 노어가 같이 쓰이는데 키예프 사람들은 보통 노어를 하고 뉴스나 일반 방송, 백화점 등의 표기에서는 우크라이나어가 사용된다.

그래도 지하철 같은 경우는 나도 일주일 정도 타고 다니니 역 이름만 알고도 혼자 탈 수 있게 되었다.

"형 쟤 이쁜데요?"

"여자친구 얘기하자마자 바로 여자만 보냐."

"그냥 예뻐 보이는 걸 예쁘다 한 거예요."

지상으로 올라가는 계단에서 각선미가 '대박'이란 표현이 나올 정도의 여자 뒷모습이 보였다.

학교에 도착하니 한국에서는 볼 수 없는 조금 다른 풍경들이 보인다. 소련과 서방국가의 디자인이 섞여 있는 건물들이 보이고 학교 앞 공원은 '아름답다'는 표현이 아깝지 않을 정도로 깨끗하고 예쁘다. 공원 가운데에서 분수가 나오고 꼬마 아이들이 자동으로 움직이는 자동차 장난감을 타고 가장 행복한 표정으로 웃고 있다. 우리나라에서는 쉽게 볼 수 없는 망아지도 정해진 금액을 내면 아이들을 태우고 공원을 도는데, 이 신기한 광경에 머칠 동안은 그곳을 지날 때마다 눈을 떼지 못했다.

할아버지들은 우리나라 어르신들께서 종묘에서 윷놀이를 하듯 체스를 하고 있었다. 체스판이 돌로 만들어져 있었고 그곳은 아예 전문 체스장으로 보인다.

근처 과일가게에서 사과를 산 뒤 한 손에 들고 한입 베어 물었다. 학교로 걸어가는 여대생도 보이고, 학교 입구에 서 있는 경비원 아저씨도 보인다.

내가 다녔던 학교 이름은 '셰브첸코 대학'인데 정확한 명칭은 '타라스 셰브첸코 키예프 국립대학교(National Taras Shevchenko University of Kyiv)'다. 우크라이나의 시인이자, 인문주의자였던 타라스 셰브첸코의 이름을 땄다고 한다.

학교는 정말 아름다웠다. 기숙사와 달리 학교만큼은 정말 신경써서 예민하고 섬세하게 디자인했다는 걸 나 같은 예술을 모르는 사람도 느낄

우크라이나 시인이자 인문주의자인 타라스 셰브첸코의 동상

수 있었다. 우선 커다랗고 둥근 기둥 여러 개가 일렬로 서서 지붕을 떠받들고 있었다. 또, 외벽은 어린아이가 색칠 공부한 것처럼 한가지 색으로 칠했다. 학교본부는 빨간색, 인문대는 노란색 등 원색으로 칠했는데, 이게 굉장히 예뻤다.

학교 안으로 들어갔다. 모든 것이 설레고 낯설었지만 한편으로는 기대됐다. 역시 학생들이 많았다. 인문대 건물이라 인문대에 속해 있는 전공은 모두 이 학교에 있다. 한국어, 프랑스어, 이탈리아어, 스페인어 등이 있고 외국인이 엄청 많다. 당연하잖아, 여기는 외국이니까!

"레깅스만 입고 다니네요?"

"여기는 그렇더라고."

보고 싶어서 보는 게 아니라 대부분 여자들의 차림이 그러해서 보인다. 한국에서는 치마 레깅스를 입고 다닌다면, 우크라이나에서는 '치마'는 없는 레깅스만 입고 다닌다.

우리나라로 치면 단과대 본부에 해당하는 곳에 가서 여권과 초청장 등을 보여주고 시간표를 확인했다. 그다음에 강의실로 갔는데 '와…' 강의실 내부는 외관과는 분위기가 너무 달랐다. 에어컨은 물론 냉난방 시스템도 전혀 없고 나무 의자에 나무 책상이다. 교수님들이 사용하는 칠판도 분필을 사용해야 하고, 프로젝트 빔은 커녕 컴퓨터도 없다. 칠판 분필 자체는 괜찮다. 하지만 여기 칠판은 우리 나라 칠판의 1/3보다 더 작았고 지우개도 따로 없어서 헝겊을 대신 사용하고 있었다. 교수님들은 수업하고 나면 항상 손이 눈싸움을 끝낸 아이들같이 하얗게 되었다. 우리나라의 대학교에서는 상상도 못 할 일이다(대학을 교육기관보다 사업체로 보는 분들 덕에 등록금이 비싸졌지만).

교수님들은 영어도 노어도 못하는 학생들에게 정말 열정적으로 몸까지 써가면서 천천히 알려주셨다. 그중에서 발레리 교수님은 머리숱이 없고 뚱뚱한 몸에 산타를 연상시키는 분이었는데, 이 분은 정말 땀이 흥건해질 정도로 단어가 무슨 뜻인지 설명해 주셨다. 그 노력 덕에 우리는 조금이

원색으로 칠해진 타라스 셰브첸코 대학본부

나마 수업 진도를 따라갈 수 있었다. 땀을 흘릴 땐 심할 경우 냄새도 조금 났다.

　드미트리 교수님은 굉장히 중후한 이미지를 가진 분이었다. 머리는 백발에 키는 181cm는 되어 보였고 목소리는 중저음에 항상 품위 있게 행동하셨는데 마치 영화배우 조지 클루니를 연상시켰다. 그 외에 빅토리아, 발레리안, 일리나 교수님이 계셨는데, 내가 아프면 같이 병원에도 가겠다고 해주실 정도로 자기 자식처럼 생각해 주신 분도 계셨다.

토킹클럽

싱그러운 봄 햇살에 기숙사 단지의 꽃과 나무들은 저마다의 색으로 아름다움을 뽐내고 있었다. 기숙사 단지는 자연을 빼면 전부 회색 시멘트 천지라 칙칙하긴 하지만 산책할 수 있는 공간, 구기 종목을 할 수 있는 공간 등이 잘 조성된 편이다. 그래서 학생이 아닌 근처에 사는 가족이나 아이들도 놀러 오곤 한다. 여름에는 바다도 아닌데 잔디밭에서 비키니만 입고 부드러운 살에 오일을 바르고 강한 햇볕에 피부를 태우는 여학생들도 보인다. 정말 한국에선 상상도 할 수 없는 우크라이나의 선물이다.

"토킹클럽 갈래?"

"그게 뭐야 클럽이야?"

나는 일반 클럽을 생각했지만 매주 토요일 저녁 시간에 한 식당에서 여러 사람들이 만나 서로 이런저런 얘기를 나누는 걸 '토킹클럽'이라고 하는 모양이었다. 한국을 좋아하고 한국어를 할 줄 아는 사람들과 한국인들이 모여서 재밌는 시간을 보낸다고 했다. 궁금해서 따라가 보기로 했는데 진형이는 이미 너무 많이 가서 이제 안 간다고 했다. 대신 토킹클럽 회장의 연락처를 알려주고 연락해서 가보라고 했다.

"형은 토킹클럽 가요?"

"나도 안 가. 난 작년에 처음 1번 가고 안 갔어."

역시 재형이 형이다. 기숙사와 학교만 다니는 형. 나중에 직접 물어봐서 알게 된 사실인데 그가 여행, 친구, 술 등을 즐기지 않는 이유는 한국에 있었을 때보다 여유를 느끼고 싶기 때문이었다. 그걸 듣고 이 형도 자기 세상에서 정말 열심히 살았구나라는 생각이 들었다. 지방대를 나온 나도 나름대로 했는데 K대를 나온 형은 공부를 오죽했을까(이런 걸 두고 변두리 콤플렉스라 할 수도 있겠다. 하지만 절대 학력차별은 아니다).

어찌 됐든 나는 토킹클럽 회장과 연락이 닿아서 토요일에 가기로 했다. 현지인도 많이 온다고 하니 현지 친구도 더 만들 겸 가기로 했다.

회장이 사는 곳과 내 기숙사가 가까워서 우리는 만나서 가기로 했다. 기숙사의 다른 교환학생인 주식이 형과 민태도 같이 왔는데 둘 다 한국에서 우크라이나어를 전공하고 있는 학생들이었다. 그 둘의 룸메이트인 승구 형은 여자친구와 데이트를 하러 갔다. 여자친구는 베트남과 우크라이나의 이중국적을 가진 베트남계 우크라이나인이었다. 그 이후에 기숙사 단지에서 승구 형과 여럿이 모여서 병맥주를 마신 적이 있는데 그때 그 여자친구와 한 번 만났다. 키는 작지만 비율이 좋은 편이라 다리가 길다. 그녀의 이름은 '린이'. 언어는 러시아어과 우크라이나어를 구사하지만 생김새는 뚜렷한 베트남인으로 검은 눈동자와 햇빛에 태운 듯한 섹시한 검은 피부, 풍성한 흑발을 가졌고 승구 형과는 우크라이나 말로 대화한다.

"인사해. 여기는 내 이쁜 여자친구 린이야."

"그런 말 하지 마, 아이 ×…."

승구 형이 여자친구에게 무슨 말만 하면 친구들 있는 데서 말하는 게 부끄러웠는지 계속 한국말로 '아이 ×'라는 말을 끝에 붙였다. 그러면 승구 형은 애교 섞인 말로 능구렁이처럼 넘어가는데, 정말 재밌는 커플이었다.

토킹클럽에 가다가 바실콥스카역에서 회장을 만났다. 이름은 나탈리아. 줄여서 나타샤라 하는데 여기는 이름이 길면 보통 줄임말로 부른다. 일종의 애칭이다.

"안녕."

"아… 안녕?"

'안녕'이란 두 글자의 말투만 들어도 굉장히 자연스럽다. 놀랄 정도로 한국말을 잘한다. 어느 정도 잘하냐면 예전에 내가 어릴 때 아빠랑 집에서 밤늦게 보던 토요명화에 나오는 더빙영화를 내 눈앞에서 보는 느낌이다.

"몇 살이야?"

"나? 18살."

나이가 18살이니까 우리나라 나이로 하면 열아홉 혹은 스무 살이고 난 한국 나이로 24살이니까 4살 차이다.

"오빠는? 오빠라고 불러도 돼?"

"어, 응."

당연히 내가 오빠이긴 한데 여기는 외국이라 그런 건 신경 안 쓴다. 그래서 현지의 여자 친구들도 오빠라고 하다가 한국말을 조금 알게 되면 자연스레 '오빠'랑 '너'를 번갈아 쓴다.

우리는 지하철을 타고 토킹클럽 장소가 있는 깐뜨락또바 쁠로샤역에 도착했다. 이제 지하철역 에스컬레이터에서 중심은 잘 잡게 됐지만 여전히 그 길이와 빠른 속도에는 적응이 안 된다.

토킹클럽 장소는 '푸자따하따'라는 식당이다. 클럽에서 얘기를 하고 싶은 사람은 누구나 날짜와 시간에 맞춰서 이곳에 오면 된다. 이곳은 우크라이나 음식을 파는 식당인데 우크라이나 전통 음식인 '보르쉬(борщ)' - 우크라이나와 러시아 등의 전통 음식으로 고기, 야채를 넣은 스프 - 도 있고 돼지고기를 다지고 뭉쳐서 철판에 구운 고기, 스테이크, 한국에서는 보기 힘든 탄수화물을 쫙 빼서 단백질만 있는 뻑뻑한 커다란 소시지도 있다. 이런 식당이 내가 원하던 식당이다. 전혀 생소한 우크라이나 음식을 먹고 싶었기 때문이다.

우크라이나에 오기 전에 나는 지태에게 밥솥은 가져가지 말자고 말했다. 교환학생의 필수품이라는 걸 알고 있었지만 그러고 싶었다. '입맛이 안 맞아봐야 얼마나 안 맞는다고…'라는 생각이었고, 우크라이나 음식으로도 1년은 충분히 살 수 있다고 생각했기 때문이다. 지태는 나 때문에 밥솥을 안 가져갔지만 나중에 귀국하는 진형이에게 밥솥을 받았다. 민혜는 룸메이트이자 밥솥이 있는 지선이와 한국에서부터 연락이 닿아서 따로 가져갈 필요가 없었다.

푸자따하따 식당에 오기 전까지 나는 대형 마트에서 빵이나 파스타 등 간단한 것으로 끼니를 때웠고 고기는 첫날부터 귀국 전날까지 엄청 먹었다. 우크라이나의 물가가 싸다 보니 소, 돼지, 양 구분 없이 모두 비슷한 가격이다. 또 친구들, 지인들과 같이 식당에 가서 잘 먹고 다녔지만 이런 우크라이나 식당은 처음이다(아, 두 번째구나. 비카와 데이트할 때 한 번 가긴 했었다).

저녁 시간에 하는 모임이라 이미 해는 졌고, 우크라이나의 시원하면서 추운 밤바람이 불었다. 식당 쪽으로 걸어가는 중 넓은 광장을 지나치는데 광장에서 오른쪽으로 커다란 언덕이 보인다. 동네 산 정도의 높이 정도 되는 언덕인데 멀리서 봐도 정말 아름다운 성당이 하나 보인다. '안드리 성당'. 우크라이나 대표 관광지 중 하나인 이 성당은 밤에는 조명을 켜서 멀리서도 아름답게 볼 수 있다. 여기 사는 동안 나는 이 성당에 한 10번은 갔었다.

식당에 들어서니 생각보다 내부가 넓고 깨끗하게 되어 있었다. 음식 가격에 비해 고급스러운 인테리어로 되어 있었는데 유럽 귀족 파티에서나 볼 법한 조명들은 천장에서 노란빛을 뿜고 있었다. 바닥은 대리석으로 되어 있었는데, 그 빛이 반사되어 노란빛을 물들인 것처럼 보였다. 넓은 유리창들은 붉은 커튼으로 장식되어 있었다. 아기를 안고 밥을 먹는 가족도 보이고, 우리처럼 친구들이랑 같이 온 무리도 있었고, 노트북으로 밤늦게까지 일하는 것 같은 사업가와 수다를 떠는 여자 무리도 보인다. 식당에도 금발에 예쁜 여자들이 많다. 그냥 보인다. 우리는 벽이 온통 유리로 되어 있어서 내부가 다 보이는 게 흠이지만 방음이 잘되는 2층의 룸으로 이동해서 자리를 잡았다. 이 룸 안쪽이 보통 토킹클럽 장소로 쓰인다. 현지 사람들이 꽤 많이 왔다. 한국에서는 보기 힘든 뚱뚱한 여자도 오고 나보다 키가 훨씬 큰 여자도 오고 진짜 첫인상이 여신인 여자들도 보인다. 중요한 건 현지인은 여자만 왔다. 그들은 한국을 좋아해서 한국 남자를 보기 위해 왔다. 글쎄… 난 여자들이 관심 있게 볼 만큼 빼어난 외모가 아넌데… 어쨌든 나도 여기 있으니 Спасибо огромное(스파시바 아그롬나에)![3]

처음에는 적막이 우리를 뒤덮었다. 인종도 문화도 언어도 다르고 서로가 어떤지 전혀 모르는 상태에서 오는 적막이었다. 그러나 그 적막은 즉석 카레처럼 채 3분을 넘기지 않았고, 우크라이나 친구들이 먼저 자기소개를 하자는 말을 꺼냈다.

"야 쁘리예할리 이즈… 까레이."

"반가워."

나도 되지도 않는 러시아어와 우리말을 섞어 가며 서슴없이 말을 하기 시작했고, 친구들은 나에게 반갑게 인사해주었다. 15명 정도 되는 사람들이 얘기를 하다 보니 옆에 앉은 사람들끼리 무리가 나누어지면서 나도 자연스레 내 옆과 앞에 있는 친구끼리 얘기를 했다. 그중에 내 앞에 있는 여자에게 난 첫눈에 반해서 시간이 흐를수록 둘이서만 얘기를 하게 됐는데 그녀의 이름은 '이라'였다. 금발에 뒤로 묶은 머리를 했고 눈도 굉장히 컸다. 얼굴을 전체적으로 보면 중앙 부분으로 약간 눌린 스타일이지만 눈과 머리만 봐도 충분히 예쁘다. 이라와 나는 마주 앉은 덕에 얘기를 오래 하게 됐고 거리도 가까워졌다. 나는 따뜻한 곳에 계속 있어서 그런지 목이 말라서 맥주를 사러 맥주 판매대로 갔는데, 내가 일어난 것을 본 이라가 나를 따라 맥주 판매대로 들어왔다.

"뭐 먹게?"

"조금… 더워… 맥주…."

"조금 더워서 맥주 먹게?"

"다(응)."

이라가 문장이 아닌 단어로 된 내 말을 알아듣고 다시 부드럽게 말해줬다. 그리고 우리는 맥주 판매대로 갔다.

---

3) '매우 감사합니다'라는 뜻이다.

"음… 스텔라, 아발론, 스텔라 흑맥주."

"나도 하나 사줘."

뭐 먹을지 고르는 중에 이라가 하나 사달라고 해서 나는 스텔라 두 잔을 샀다. 여기는 고급 술집을 제외하고는 무엇이든 한국보다 물가가 쌌기에 한잔쯤은 별 것 아니다. 심지어 키예프 끝에서 끝으로 택시(대형 택시는 제외)를 타고 가도 한화 약 오천 원이면 해결된다.

"맥주 좋아해?"

"응, 좋지. 친구들이랑도 병째로 먹기도 하는데."

이런 코드 잘 맞는 우크라이나 여자를 봤나. 나도 맥주를 들이부어 마시는 건 싫지만 한잔 두잔 길게 마시는 건 좋아한다. 그런데 여기에서는 길거리에서도 맥주를 팔고 공원에서도 병맥주를 서슴없이 마신다. 이런 면만 봤을 때 맥주 주당들에게는 천국이라고 말할 수 있다. 맥주를 들고 자리로 돌아왔는데 친구들이 우리를 쳐다본다. 민태가 하는 말이 토킹클럽에 나오는 친구들은 술을 잘 안 먹는다고 한다. 그리고 보니 술은커녕 음식도 먹지 않는 사람들이 있다. 진짜 이런 건전한 모임은 한국 대학에서는 공부 모임을 제외하고 볼 수 없는 광경이다. 그래도 우리가 맥주를 마시기 시작해서 그런지 우리 다음으로 4명 정도 더 맥주를 사 먹는 친구들도 있다. 내가 외국인이고 한국인이다 보니 친구들의 질문이 많았다. 그래서 난 시시콜콜한 얘기도 했고, 살짝 올라 온 취기에 없던 일도 섞어가며 한국에 관한 얘기를 해줬다.

"우리 게임 하자."

"응? 게임? 뭐?"

"공공칠빵!"

뭐지? 누군가 게임을 하자고 했는데 '공공칠빵'을 제안했다. '그건 한국에만 있는 게임 아니었나? 어떻게 알고 있는 거지?'라고 생각했는데 민태가 하는 말이 이미 수많은 한국 학생들이 거쳐 간 이곳의 친구들은 대부분 한국게임을 알고 있다고 한다. 한국을 좋아하고 문화에 관심 있고 한국 친구들과 교류를 많이 했으면 그랬을 수도 있겠다 싶었다. 오히려 잘 됐다. 자석의 같은 극처럼 좁혀지지 않는 거리를 게임으로 좁혀야겠다고 생각했다.

"공, 공, 칠, 빵."

"…."

"너네 걸렸어!"

비카와 올랴가 걸렸다. 벌칙은 애교 혹은 댄스로 정했는데 벌칙이다 보니 강제성이 짙다. 누군가 핸드폰으로 음악을 까는데 어디선가 많이 듣던 노래가 나온다. **"1 더하기 1은 귀요미~"**

'와, 이런 노래도 알고 있네' 한국에서도 사진 찍기를 좋아하거나 SNS에 자기 생활 올리기를 좋아하는 여자들이라면 너나 할 거 없이 애교를 떨던 그 노래가 우크라이나에서도 들렸다.

다들 주목하는 게 민망한 듯 비카와 올랴는 처음에는 어쩔 줄 몰라 하다가 이내 얼굴에 철판을 간 듯 이 노래에 맞춰 벌칙 애교를 부렸다. 보는 사람으로서는 재미있었다. 동시에 '절대 난 걸리지 말아야지' 하고 생각했다. 이 사람들 앞에서 저 노래에 맞춰 벌칙을 한다면…. 생각만 해도 끔찍하다.

게임도 하면서 시간이 좀 흐르자 점차 하나둘 집에 가기 위해 속속 일어난다. 나도 더 놀고 싶긴 했으나 민태와 주식이 형도 가자고 그래서 기숙사에 가기로 했다. 집에 가려는 순간 우크라이나 친구들이 핸드폰 번호나 카톡 ID를 알려달라고 했는데 처음에 한 명에게 알려줬다가 나중에는 자꾸 많아져서 미안하다고 하며 그냥 나왔다. 그 짧은 순간 인기 연예인이 된 기분이었다. 물론 그 전에 이미 이라와 서로 번호를 교환했지만.

사랑과 전쟁?

토킹클럽에는 종종 새로운 사람들이 오고는 한다. 오늘도 새로운 누군가 왔고 우리는 얘기도 하고 게임도 했다. 오늘도 이라가 왔길래 오늘은 이라랑 시간을 보내야겠다고 생각했다.

"나가자."

"그래."

토킹클럽이 지루해진 나는 이라한테 나가자고 했고 이라도 순순히 따라 왔다. 식당 밖으로 나오니 멀리 보이는 언덕 위에는 여전히 안드리 성당이 조명을 받으며 빛나고 있었고 공원에는 밤이 깊어 가는데도 사람들이 자기만의 시간을 즐기고 있다.

"너 밥은?"

"괜찮아. 넌 방금 먹었지?"

"응."

"저기 마트 있다. 맥주 먹자."

"콜."

마트에서 우크라이나 맥주 '르비브스케' 2개를 한화 약 천이백 원에 사서 손에 들고 공원에 있는 벤치에 앉았다.

"줘봐, 내가 따줄게."

공원 벤치를 이용하여 병맥주 뚜껑을 따고 축배를 들 듯이 짠하고 건배하며 한 모금 마셨다.

"우크라이나 진짜 좋은 거 같아."

"왜?"

나는 우리 둘 사이에 정적이 오지 않기를 바라며 우크라이나를 칭찬하는 말로 입을 뗀다.

"철저히 내 기준인데 맥주도 그렇고 물가가 싸고 공원에서 이렇게 노상
해도 아무렇지 않잖아. 한국에서는 공원에서 안 먹거든 먹을 공원도 없고."

"한국은 술집 많다며."

"맞아. 그래서 밖에서 안 믹지."

공원에서 술을 마시는 건 우크라이나에 그만큼 술집이 없기 때문이기
도 하고, 있는 술집도 일찍 닫아서 그런 것도 있었다. 밤이 깊어지고 찬바
람이 불었다.

"추워."

"바람이 쌀쌀하네."

이라가 춥다면서 내 팔을 감싸고 옆으로 붙었다. 우리는 서로 의식하고
병을 부딪쳐 경쾌한 소리를 내며 맥주를 마신다. 그리고 이라가 말을 꺼
낸다.

"나는 한국 남자랑 결혼할 거야."

"왜?"

"한국 남자가 좋아. 우리나라보다 한국이 더 잘 살고."

"그래, 그래. 결혼할 남자는 있어?"

"웅. 지금 한국에서 일하고 있어."

나는 의아했다. 남자친구가 있는데 지금 나랑 늦은 시간에 공원에서 술
을 마시고 있는 건가?

"진짜로? 사진 봐 봐."

"여기."

이라가 핸드폰을 꺼내서 SNS에 있는 남자친구 프로필 사진을 보여줬다.

"잘 생겼네. 뭐 하는 사람이야?"

"울산에서 일하고 있어."

"울산? 너는 어떻게 알았어?"

"우리 오빠가 여기로 여행 왔었는데 그때 만나서 나한테 카드도 줬어."

"여행? 카드?"

"응. 여행 일주일 와서 만났는데 카드도 줘서 나한테 한 달에 한 번 30만 원씩 보내줘."

"하… 하…."

이게 무슨 막장드라마도 아니고 뭐하는 건가. 나는 이게 사랑과 전쟁이라고 했을 때 내가 나쁜 놈 역할이라는 것을 깨달았다.

그러니까 이라의 남자친구란 사람이 우크라이나 키예프에 여행을 왔을 때 서로 눈이 맞아서 사귀었고, 남자가 한국으로 귀국할 때 이라한테 카드를 줘서 지금도 한 달에 30만 원씩 보낸다는 건가. 나는 좋은 기분이 싹 가셔서 내 팔을 감싸고 있던 이라의 팔을 거의 때리다시피 강하게 뿌리쳤다.

"아야, 아파. 왜 그래?"

"네 남자친구란 사람은 네가 이런 짓 하는 거 알고?"

"무슨 짓?"

"이렇게 다른 남자랑 노는 거 아느냐고."

"아니 몰라."

"… 꺼져."

"왜? 뭐 어때 같이 술 마시면서 놀자."

"Сука(미친×), 꺼져라 나 간다."

그 말을 끝으로 기숙사로 돌아오는데 순간 멍했다. 여행 와서 결혼할 여자에게 카드 주고 돈 주고 하는 행동이 이해가 안 갔다. 백번 양보해서 진짜로 사랑해서 그런다고 하자. 근데 그 여자는 남자한테 돈 받고 하면서 다른 남자와 시시덕대는 건 개념이 있는 짓인가?

물론 나나 이라나 서로 인생을 간섭할 사이도 아니고 더 이상 보지 않을 사이긴 했지만 이건 아니었다.

기숙사 방에 도착하자 지태는 자고 있었고 예시는 노트북으로 영화를 보느라 아직 안 자고 있었다.

"예시 안자네?"

"아, 혼. 나 영화 보고 자려고."

"그래, 나 먼저 잘게. 스빠꼬이노이 노치(잘자)."

"스빠꼬이노이 노치(잘자), 혼."

화내기조차 아까운 일을 경험한 나는 눕자마자 바로 곯아떨어졌다.

일요일 오후 나는 금발의 여자친구가 있는, 우크라이나 인맥과 정보가 많은 승윤이 형에게 말했다.

"형, 이라 완전 쓰레기네요. 저 순간 이상한 놈 될 뻔했어요."

"이라랑 둘이 만났어?"

"어제 둘이 공원에서 술 먹고 놀다가…. 와, 걔 쓰레기던데요."

나는 이라가 나한테 한 말들을 그대로 승윤이 형한테 말했다.

"걔가 이상한 애라는 건 알고 있었어."

"알고 있었어요? 한 마디라도 좀 해주시지."

나는 승윤이 형이 알고 있었다는 말에 조금 기분이 언짢았다.

"나도 근데 그 정도로 쓰레기인 줄은 몰랐지. 그리고 너 한국에서 여기 오자마자 얼마 안 됐을 때 나한테 우크라이나 여자들이 막 번호 알려달라고 하고 연락한다고 말했었지?"

"네."

"그중에 이라도 있었지?"

"이라는 제가 여기서 좀 지낸 뒤였죠."

"그래도 거주 초기였잖아. 그때는 너 기분이 너무 좋아 보여서 그런 말 할 생각도 못 했지."

"아 그랬을 수도 있겠네요."

하긴 그때는 기분이 좋아서 아무 말도 들리지 않았었다.

"그래도 너 지킬 건 지킨다. 그런 거 막 안 가리고 놀 줄 알았는데."

"에이 형"

"농담이야. 앞으로도 조심해. 이라 같은 애 또 있을 수도 있어."

"네."

"이라는 아무튼 유명해."

승윤이 형이 하는 얘기를 들어보니 원래 그런 인간이구나 생각했다. 그런 인간을 잘 넘겨서 다행이란 생각도 들었다. 형이 한마디 덧붙인다.

"그리고 너 왜 한국 남자가 인기 많은 줄 알아?"

"한류 덕분 아니에요?"

"그것도 있긴 한데 한국 남자가 대표적인 '국제 ATM기'라는 소문도 있어."

'국제 ATM기….'

세상에 얼마나 여자들에게 돈과 선물을 갖다 바치면 국제 ATM기란 소문이 날까. 매달 이라에게 계좌이체를 해준다는 그 남자친구가 대표적인 ATM기였다.

K-pop 파티

"K-pop 파티?"

"응. 한국에는 없는 거라서 가면 재밌을 거야."

"재밌겠다. 그래, 가자."

토킹클럽 이후 나타샤와 친해져서 K-pop 파티에 대한 얘기를 들었다. 나는 처음 들어본 거라 재밌을 거 같아서 간다고 했다. 한국 친구들한테 케이팝파티 얘기를 하니까 토킹클럽보다 더, 꼭 한 번은 가봐야 하는 곳이라고 한다. 이유는 뭐 첫 번째 여자, 두 번째 여자, 세 번째는 한국에는 없는 문화를 느끼기 위해서다. K-pop 파티라… 참 별 게 다 있다. 싸이의 강남스타일 전에도 한류가 전 세계에 퍼져 있다고 듣긴 했지만 K-pop 파티라는 게 있다니 신기할 따름이었다. 근데 한국 여학생 중에서는 K-pop 파티에 한 번도 가보지 않은 학생들도 있었다. 민혜는 지선이가 안 가서 안 갔다고 하고, 기숙사 여자 층에 사는 우크라이나어를 전공하는 연화랑 주현이도 안 가봤다고 한다. 하선이는 현지 친구들 따라 가끔 간다고 한다.

이건 철저히 내 생각인데 여자들이 안 가는 이유는 첫 번째, 클럽문화에 전혀 관심이 없고, 두 번째, 우크라이나에는 잘생긴 남자들이 적고, 세 번째, K-pop 파티에는 외국 여자들이 대부분이기 때문일 거다.

K-pop 파티는 클럽 하나를 빌려서 하는데 신기한 건 그 클럽이 운영을 안 하는 시간대에 빌리는 것이다. 밤이 아닌 해가 쨍쨍한 낮에 클럽에서 파티를 한다는 거다. 오전 11시에서 오후 6시까지 할 때도 있고, 오전 10시에서 오후 4시까지 할 수도 있고 시간은 무작위다. 파티가 열리기 전에 우크라이나의 SNS인 'VK(우크라이나에서 가장 파급력이 강한 SNS. 이하 '브깐딱지')'에

장소, 시간 등 공지가 올라온다.

우크라이나 오기 전부터 기호형과 같이 나에게 많이 도움을 준 학교 선배 국영이 형에게 전화해 물어봤다.

"형, K-pop 파티 어때요?"

"오, 거기 가려고? 누가 가자고 해?"

"나타샤가 갈 거냐고 물어봐서 간다고 했죠."

"나타샤? 아~ 걔. 가 봐, 좋아. 그리고 나타샤랑도 그렇고 뭐든지 현지 친구랑 친해지면 좋아.

그리고 나타샤 K-pop 춤 엄청 잘 춰."

"아 그래요? 네 근데 형은 안 가세요?"

"형은 여기 오래 살았잖아. 형은 예전에 이미 많이 갔다 와서 이제 안 가. 가서 잘 놀고 친구들 많이 사귀어."

"네."

국영이 형은 한국 교환학생들 사이에서 잘 놀기로 소문이 자자했다. 놀 때는 정말 평생 한 번도 못 놀아본 사람처럼 잘 논다고 하는데 나는 본 적이 없어서 살짝 아쉽긴 하다.

파티 당일 투요일, 우리는 옷을 입고 파티 장소로 갔다. 패션 문외한인 나는 그냥 한국에서 가져온 옷 중 괜찮아 보이는 옷을 입었고 기라 주식이 형, 태호 형 그리고 나타샤는 200원짜리 지하철 표를 사서 클립이 있는 역으로 갔다. 태호 형은 같은 89년생 승윤이 형과 2인실에서 같이 사는데 승윤이 형은 여자친구인 비카와 데이트를 갔다. 한국 형들이 계속 데이트 갔다는 소리를 들으니 나도 점점 피가 끓었다.

우리는 한화로 약 오천 원 정도 하는 클럽 입장료를 내고 클럽 내부로 들어갔다.

클럽 내부는 아주 좋다. 지상 1층, 2층으로 이루어져 있는데 역시 클럽이다 보니 해가 떠 있어도 햇빛 따위 전혀 들어오지 않았다. 가운데에는 넓은 홀이 있고 그 홀 뒤쪽은 스테이지, 그 옆으로는 칵테일, 보드카 등

각종 주류를 파는 바가 있다. 바텐더들이 술을 만들어서 팔고 있었다. 홀과 바를 기준으로 넓게 원형으로 테이블이 있었고, 2층에도 테이블이 있었는데 2층에는 사람이 없었다.

나에게는 이곳이 그리스 로마 신화에 나오는 아테네 신전이나 아프로디테 신전처럼 보였다. 키가 크고 얼굴이 주먹만 한 여신들이 걸어 다니는 모습을 안구가 정화되는 느낌으로 바라봤다. K-pop 파티가 어떻게 돌아가는지 파악하기 위해 자리 잡고 앉아있는데 한쪽 구석에서 한국 과자와 컵라면을 팔고 있었다. 신기하면서 기막힌 아이디어라는 생각이 들었다. 컵라면 옆에는 뜨거운 물을 받을 수 있는 커다란 정수기 통도 있었다. 클럽에서 춤추고 먹고, 춤추고 먹고 하라는 뜻인 것 같은데 실상 클럽 안에서 먹는 사람은 없고 대부분 집으로 갈 때 사 간다. 다양한 사람들이 있었는데 대부분이 여자인 건 사실이었다. 거기에 우크라이나는 물론 우크라이나에 거주하고, 한국을 좋아하는 러시아, 폴란드, 독일 사람들도 있고, 베트남, 중국 등 아시아인들도 보였다.

자리에 앉아 있던 나는 물을 마시고 바에서 맥주를 들고 자리에 앉았다. 그 순간 무대에 조명이 집중됐고 DJ가 음악을 바꿨다. 그리고 마이크를 든 두 명의 여자 MC가 등장했다. MC라니. K-pop 파티에는 MC가 있는데 여러 팀이 나와서 K-pop 댄스 및 노래 공연을 할 때 그들이 진행을 본다. 공연 중간에 비는 시간이나 공연이 끝나는 시간에는 일반 클럽처럼 춤을 추는 것이다. 참 신기할 뿐이다. 이 동유럽 우크라이나에서도 한류가 엄청난 영향을 미치고 있다니. MC들은 K-pop 파티에 대해 얘기했고 공연이 시작됐다. 댄스팀들이 나와서 공연을 펼치는데 난 여기 와서 엑소를 처음 알았다. 엑소보다 더 들어본 적 없는 노래에 맞춰 춤을 추는 팀도 있었다. 그리고 내가 어렸던 90년대에 인기를 끌었던 그룹 신화 노래도 들을 수 있었다. 이들의 K-pop 사랑은 어디까지인가?

공연을 지켜보다가 한 팀이 나왔는데 보통 다섯 명 이상 나온 팀들과 달리 단 두 명뿐이다. 노래는 처음 들어본 노래였지만 한 명은 초록색, 한 명은 빨간색으로 티를 맞췄는데 빨간색 옷을 입은 여자가 눈에 들어왔다. 검은 단발머리를 하고 있었는데 문득 그 여자에 대해 알고 싶어졌다. 경연이 끝나면 그 여자 자리를 봐서 찾아가야겠다는 생각을 했다. 다음으로 샤이니, 엑소 등의 춤을 추는 그룹 참가자와 아이유 노래를 부르는 솔로 참가자도 있었다. 댄스 경연이 어느 정도 지나고 이제 쉬는 시간, 일반 클럽 분위기로 변했다. 홀에서 구경하던 사람들도 경연에 참여했던 사람들도 다 같이 놀고 있었는데 중요한 건 클럽 분위기일 때도 전부 K-pop이 흘러나온다는 거였다. 여기서 일종의 문화충격이라 할 수 있는, 지금도 기억이 생생한 경험을 했다. 그때는 크레용팝의 '빠빠빠'가 한국에서도 유행했을 때였다. 클럽에서 '빠빠빠'가 흘러나오다가 **'크. 레. 용. 팝. 게임~ 셋 레디~'** 이 부분부터 사람들 모두가 약속이나 한 듯 동작 준비를 하고 펌핑 동작을 하는 거였다. 수많은 사람이 한 번에 같은 동작을 하다 보니 예전 어릴 때 친구들과 오락실 앞에서 하던 두더지 게임이 생각났다.

"이제 가면 돼."

"그런 거 같은데 저도 가볼까요?"

"가자."

주식이 형과 태호 형이 일어나고 홀에 나갔다. 나도 반쯤 들어있는 맥주를 한 번에 마시고 의자에서 일어나 클럽 아닌 클럽 같은, 싱 비율이 상대적으로 여성이 높은, 사람들이 붐비는 중앙홀로 향했다. 그런데 그 순간 뒤에서 누가 내 등을 문처럼 똑똑 두들겼다.

"익스큐즈 미?"

"네."

"저기… 사진 같이 찍어도 될까요?"

경연에 참여한 사람으로 보이는 여자가 카메라를 들고 같이 사진을 찍자고 하는데 나는 의아했다.

"아, 예. 그러죠."

한 명이 나랑 사진을 찍자 여기저기서 눈치를 보던 사람들도 나에게 다가와 사진을 찍자고 했다. 난 연예인도, 유명인도 아닌데 왜 이러는 거지 싶었는데 한국을 좋아하는 K-pop 파티 참석자들은 한국 남자에 대한 로망이 있다고 했다. 전부 드라마가 만든 환상에 빠져 있는 것이다. 두 명, 세 명 더 찍어 주다가 카메라 플래시에 눈이 아파서 그만 찍고 사람들이 춤추는 곳으로 들어갔다. 계속 K-pop이 나왔는데 우크라이나에 와서 처음 들어보는 K-pop도 엄청 많다. 자기가 좋아하는 아이돌 노래의 첫 부분 전주가 흘러나오면 사람들이 환호성을 질렀고 그 노래에 맞는 춤을 췄다. 몇몇 노래에서는 마치 비보잉 대회를 연상시키듯 춤 잘 추는 사람들 몇 명이 홀 가운데에서 춤을 추기도 했다. 나머지 사람들은 옆으로 비켜서 구경을 하고 그 사람이 춤을 다 추면 다시 가운데로 몰려들어 다 같이 춤을 춘다.

춤을 추는 와중에도 사진을 찍자고 하는 사람들이 종종 있었고, 정말 이때 여자들이 말 그대로 '줄을 서서' 사진을 찍었다. 내가 들어도 거짓말 같을 정도로 많이 찍어달라고 했다. 마치 연예인 공유가 된 것처럼.

맥주도 먹고 사진도 찍고 하는 사이 나는 빨간색 맨투맨의 여자가 생각 났다. 나는 그녀를 찾아보려 했으나 어둡기도 하고 사람도 많고 찾지 못했다. 그래서 나타샤에게 가서 말했다.

"나타샤, 댄스 경연 때 검은 단발머리에 빨간색 티 입었던 여자 알아?"

"웅? 그렇게 말하면 잘 모르지. 빨간색 티? 잠깐만."

나타샤가 브깐딱지(우크라이나 SNS)를 보는데 얼마 지나지 않아 그녀를 찾은 듯했다.

"아, 여기 올라왔네. 비카 말하는 거야?"

"이름이 비카야?"

"웅."

오늘 파티에서 사진을 찍고 바로 SNS에 올린 듯하다. 단발머리에 빨간색 맨투맨 티. 내가 본 그 여자가 맞다.

이름은 빅토리아, 줄여서 '비카'다. 같은 이름이라도 남자는 '빅토르'라

부른다. 소치 올림픽 때 한국에서 러시아로 귀화하여 러시아 쇼트트랙에 역사를 쓴 '빅토르 안(안현수)'도 같은 이름이다.

"비카랑 친구야?"

"웅. 얘 너랑 같은 학교 한국어과야."

"지금 만날 수 있어? 여기 어두워서 잘 안 보여."

"기다려봐, 연락해 볼게."

그녀가 내가 교환학생으로 다니는 학교의 학생이란 말에 몇 번 서로 지나쳤을 수도 있겠구나 싶었다.

"비카는 집에 갔어. 가족하고 약속 있어서 금방 갔다고 하네."

비카랑 문자를 주고받은 나타샤가 나한테 알려줬다.

"혹시 번호 알려줄 수 있어?"

"너 비카 스타일 좋아하는구나. 잠시만 물어보고."

내가 여자 번호를 물어보는 이 상황이 재밌는지 나타샤는 미소를 지으며 다시 비카와 문자를 한다. 아마 나한테 번호를 줘도 되냐고 물어보는 것 같다.

"비카가 알려줘도 된대. 여기."

"스파시바(고마워)! 093-***-****. 저장했어. 고마워. 나타샤."

"잘해봐."

나타샤가 재밌다는 듯이 나를 응원해준다. 고마운 나타샤.

"뭐해, 놀아야지."

"아, 이쁜 여자 있길래 번호 받았어요."

"오, 벌써? 좋아, 좋아. 여기 친구들 많이 만나 보고 놀아 봐. 그리고 너 아까 막 사진 찍더라?"

"그게 저도 좀 희한하네요. 여자들이 막 사진 찍자고 하던데요."

나는 내가 말하면서도 웃긴 상황이라 크게 웃었다.

"여자들이 너 좋아하나 보다. 인기 많네."

"아 그래요? 이런 일 처음인데 기분 좋네요."

"저기 태호 형 아직 놀고 있어. 가자."

"네."

나는 주식이 형이 와서 잠시 둘이 얘기를 하다가 태호 형이 있는 홀 중앙으로 가서 여자들과 신나게 놀았다.

홀에서 놀고 테이블에 돌아와서 맥주도 먹고 하다보니 나, 주식이 형, 태호 형 모두 슬슬 지쳐간다. 시간이 얼마나 흘렀나 하고 시계를 보니 오후 3시다. 클럽에서 놀다 보니 K-pop 파티는 낮에 한다는 것을 까맣게 잊고 있었다.

"와, 클럽에서 아무리 놀아도 오후 3시네요."

"이게 K-pop 파티의 매력이라면 매력이야. 시간이 감이 안 오지?"

자리에 앉아 일반 클럽과 비교하면서 웃고 떠들다가 기숙사로 돌아가기로 했다.

"태호 형, 애 여자 번호 받았어요."

"어! 언제 받았어?"

지하철을 타고 기숙사로 돌아가는 길에 주식이 형이 태호 형에게 내가 여자 번호 받은 이야기를 하고 있었다. 그래서 나는 경연 때 비카를 봤던 얘기, 알고 보니 나타샤 친구였던 얘기 등을 다 해주었다.

"연락해봐."

"지금 피곤해서 기숙사 가서 하려고요."

"좋겠다."

그렇게 여자 얘기도 하고 사람들이 사진을 막 찍어서 렌즈 낀 눈이 아파서 죽겠다는 얘기도 하면서 기숙사로 돌아갔다.

K-pop 파티는 1개월 마다 열리는데 다른 나라에도 있다고 한다. 다시 한 번 한류의 힘을 느꼈고, 그들이 한국 남자를 상상 이상으로 좋아한다는 걸 느꼈다. 내가 우크라이나에 있는 동안에는 가능한 한 이 파티에 계속 와야겠다고 생각했다.

기숙사 708호

기숙사 708호는 내가 우크라이나 생활을 하면서 발견한 기숙사 내 최고의 휴양지다. 태호 형과 승윤이 형이 사는 이곳은 내가 아는 기숙사 방중에 와이파이가 가장 잘 터지는 방이다.

한국의 인터넷이 빠르다는 것은 알제리에서 온 내 룸메이트 예시도 안다. 여기는 인터넷이 느리기 때문에 스마트폰도 2G다. 스마트폰이 3G, 4G가 아닌 2G다. 속도가 정말 느려서 스마트폰으로 무슨 정보를 검색하는 건 그저 꿈 속에서나 가능한 일이다.

기숙사 복도에 공용 와이파이가 있기는 하지만 공용 와이파이 바로 밑에 있는 방을 제외하고는 방 안까지 전파가 안 터진다. 그래서 학생들 대부분이 복도에 나와 있다. 복도에 의자를 꺼내 와서 앉아 있거나 복도 바닥에 앉아서 핸드폰을 바라보는 학생들은 백이면 백 와이파이 때문에 나온 거라고 보면 된다. 예시도 가끔 스카이프를 통해 노트북으로 가족과 통화할 때 복도에 노트북을 들고 와서 통화하기도 한다.

그러던 중 승윤이 형이 자기 방에서 축구를 보자고 해서 방에 가게 됐다. 그런데 와이파이가 너무 잘 터지는 거였다. 그 뒤로 그 방은 서로 시간이 날 때 모이는 아지트가 됐다. 술도 먹고, 와이파이로 유럽축구도 보고(한국에서 새벽 4시에 봐야 했던 경기를 우크라이나에서는 저녁 8시에 본다. 정말 좋다, 유럽). 무엇보다 708호는 건물 끝에 있어서 테라스에서 기숙사 단지 중심부가 한눈에 보인다(복도 양 끝 8호 라인과 26호 라인에만 테라스처럼 넓은 바깥 공간이 있는데 원하는 방에 마음대로 갈 수는 없다). 정말 좋다.

여름에 병맥주를 마시며 테라스에서 바깥을 구경하다 보면 조깅을 하는 여자, 자리 깔고 누워서 책보는 여자, 축구하는 사람들, 우크라이나 여자에게 작업을 거는 아랍인까지 다양한 사람들이 보인다. 내가 민태와 종종 캐치볼을 하던 자리에는 엄마와 놀러 온 귀여운 꼬마들이 자기들만의 세계를 건축하고 있었다.

기숙사 단지 가로등에 불이 켜지고 소음은 거의 사라진, 기숙사마다 노란 전구가 빛나고 있는 밤. 나는 708호에서 술을 먹다가 잠깐 바람을 쐬려고 테라스에 나와 단지를 구경했는데 연화와 주현, 하선이가 기숙사 단지를 운동 겸 산책하고 있는 것을 발견했다. 그런데 동생들 근처에 있던 우크라이나 남자들이 그 애들에게 다가가 번호를 물어보는 거였다. 나는 7층 높이에 있어서 목소리는 당연히 안 들렸지만 나도 남자가 여자한테 번호를 물어볼 때 어떻게 하는지는 다 안다. 나는 걔네가 줄까 안줄까 궁금했지만 밤바람에 추위를 느껴 방으로 들어왔다.

"형, 여자애들한테 우크라이나 남자들 붙었네요."

"응? 우리 애들?"

"네. 연화랑 주현이랑 하선이요."

"아, 그래? 애들이 음…. 걔네가 번호 줬어?"

"그거까지 보려 했다가 추워서 들어왔어요. 지금은…. 다 가고 없네요."

승윤이 형과 얘기를 하다가 다시 테라스 문을 열고 봤는데 아무도 없었다.

"걔네도 연애해야지. 근데 걔네 남자 생각 없을 건데."

"쟤네는 근데 연애 안 해도 현지 말 잘하잖아요."

"쟤네 지금 여기 2년 차야. 그만큼 공부했으니 잘하긴 하는데 연애하면 그 이상으로 더 잘하게 되겠지. 네가 여자랑 놀려고 공부하는 것처럼."

"에이, 꼭 형은 나를…."

"네가 좋아서 그래, 인마."

연애를 해야 언어가 금방 는다는 것은 사실이다. 나는 그냥 놀고 싶어서 공부하는 중이고, 승윤이 형은 여기 오래 살아서 그런지 더빙 수준으로 말을 잘하지만 공부를 꾸준히 한다.

나는 문득 여동생들 얘기가 정말 쓸데없는 얘기라는 것을 느꼈다.

"제 코가 석 자인데 쓸데없이 다른 사람 연애 얘기를 하고 있네요."

"너 맞아…. 너 이라…."

승윤이형이 마시고 있는 맥주를 뿜으며 비웃는 뉘앙스로 말했다. 그러다 미안한지 다시 말을 이어간다.

"너 K-pop 파티 때 번호 얻었다며, 어떻게 됐어?"

"만나기로 약속했어요. 그녀도 형 여자친구랑 이름이 같아요."

"이름은 중요하지 않고, 잘해봐."

"근데 여기는 데이트 어디서 해요?"

형이 데이트하기 좋은 장소를 몇 군데 알려줬다. 고마웠다.고마움의 표시로 안주를 하나 더 만들려고 했는데 늦은 시간이라 한 층당 두 개씩 있는 공용 부엌이 문을 닫아서 그러지 못했다. 나머지 맥주는 안주 없이 마시고 나는 방으로 올라갔다.

빅토리아 알비나

"안녕하세요."

"안녕하세요."

"K-pop 파티 때 춤추는 거 보고 이름이라도 알고 싶었는데 안 보이시더라고요."

"그때 가족이랑 저녁 약속이 있어서 금방 갔어요."

"네, 저랑 같은 학교라고 들었는데 어디 사세요?"

"바실콥스카역 근처요. 나타샤한테 저도 조금 들었어요. 저를 만나고 싶어 한다고."

"네."

나타샤한테 번호를 알아낸 뒤 우리가 주고받은 문자다. 글로만 표현했지만 서로 호감이 있다는 걸 알 수 있었다. 그 뒤로 몇 번 더 문자로 연락을 주고받았다.

'바실콥스카역 근처면 나랑 가까이 사네.'

"저도 그 역 근처에 사는데 가깝네요? 주말에 시간 돼요?"

"네, 돼요. 역 앞에서 볼까요?"

"네, 좋아요."

짤막한 내용이지만 뭔가 서로 적극적으로 호감을 표현하고 싶은 욕망이 글자 속에 담겨 있는 듯했다.

승윤이 형과 708호에서 술을 먹은 뒤 3일이 지났다. 그녀와의 약속 당일이다. 햇볕은 정말 따가운데 건조한 기후를 가진 나라라 그런지 그늘에 가면 바람이 굉장히 차갑다. 우리나라처럼 습한 기후의 한여름과는 전혀 다르다.

나는 약속장소인 바실콥스카역에서 비카를 기다리고 있었다. 역 앞에서 옷가게를 하고 있는 아주머니도 있었고, 역 옆면에서 자리를 잡고 앉아 품질이 그리 좋지 않아 보이는 채소를 팔고 있는 할머니도 계셨다. 또 컨테이너를 개조한 가게도 있었다. 출출할 때 먹으면 최고인 샤우르마를 파는 곳과 한화로 약 이천 원에 머리를 자를 수 있는 컨테이너 미용실이 있다. 근데 이 미용실에는 머리 감는 곳과 파마 기계 등은 없어서 남자들만 이용한다.

"안녕하세요."

한 여자가 뒤에서 인사를 한다. 뒤를 돌아보니 검은 단발머리를 하고 있다. 비카다. 어두운 데서 보다가 밝은 데서 가까이 보니 내 눈이 틀리지 않았다는 확신이 들었다.

"안녕하세요."

"갈까요?"

"어디 가요?"

"오션에서 커피?"

"그래요."

오션 플라자는 대형마트, 쇼핑몰, 영화관, 카페, 레스토랑 등 여러 편의 시설이 갖추어진 곳이라 데이트나 장을 보러 갈 때 자주 가는 곳이다.

"근데 우리 말 편하게 할까요?"

"응!"

내가 존댓말 하는 게 불편해서 말을 놓자고 하자 비카가 망설임 없이 동의했다. 우리는 지하철을 타고 오션으로 향했다. 지하철은 말을 해도 소음이 심해서 잘 안 들리다 보니 오션에 도착해서 대화를 시작했다.

"지하철은 항상 귀가 아프네."

"응. 한국보다 별로 안 좋아. 맞지?"

"한국 가봤어?"

"응. 나도 너처럼 한국에 1년 동안 있었어."

비카는 2년 전에 한국에 있었다고 했다. 나처럼 교환학생으로 1년간 있었는데 K대 어학당에서 지냈다고 했다. 전공이 한국어라고 다 한국어를 잘하는 것은 아닌데 비카는 한국어를 정말 유창하게 한다.

"와, 어쩐지 한국말 잘하더라. 공부도 열심히 했겠네."

"너도 러시아말 잘하는데?"

"아니야, 못해. 그래도 고마워."

웬만하면 러시아말만 쓰고 싶었지만 몇 단어들은 러시아어로 생각도 안 나고 문장을 구사하는 데 무리가 있어서 한국말과 섞어서 말을 했는데 칭찬을 들으니 기분은 좋았다.

"우크라이나 어때?"

"좋아. 특히 물가가 한국보다 싸서 좋아."

"맞아. 여기 고기, 채소, 과일 전부 다 싸. 한국은 너무 비싸. 여기서 많이 먹어."

"그래 여기서 많이 먹을게."

우리는 그렇게 나라와 물가에 대해 말하는 자신이 웃기다는 듯 서로 웃으며 얘기한다.

오션에 도착한 우리는 2층에 있는 카페로 들어가 커피를 시킨 후 자리에 앉았다. 테이블이 5개 정도 있는 카페라 크기는 작았고 사람들도 노트북이나 책을 읽는 사람들뿐이어서 조용하고 분위기가 좋았다.

"근데 나 어떻게 알았어?"

비카는 그 날 춤만 추고 금방 갔는데 내가 자기를 어떻게 알았는지 궁금한 모양이다. 나타샤가 연락을 해줘서 번호는 알았지만 나타샤도 그 이상은 오지랖이라 생각해서 말을 하지 않은 것 같다. 오히려 말을 안 한 게 좋았다.

"K-pop 파티 때 춤 추는 거 봤어. 그때 알았지."

"나 그거 못춘거란 말이야, 창피해."

비카가 그때 춤춘 것이 민망한지 고개를 숙이고 창피하다고 말한다. 이 모습이 굉장히 귀엽게 보인다.

"아니야, 진짜 잘 췄어. 거기 사람들 떼로 나오는 것보단 둘이서 추는 게 훨씬 보기 좋던데?"

"진짜?"

"응."

비카가 수줍게 말하는 게 귀엽게 보여 미소가 나왔다. 비카가 눈을 마주치는데 그 눈을 본 순간 심장 소리가 커졌다. 이 여자와 꼭 잘 되고 싶었다.

커피 벨이 울려서 나는 커피를 가지러 카운터로 갔다. 카운터에서 라떼 2개를 가져온 나는 다시 자리에 앉아 비카를 본다.

"그만 봐."

아무 말 없이 쳐다보기만 해서 그런지 비카가 애교 섞인 말투로 보지 말라며 얼굴을 가린다.

"알았어."

나는 지금 이 일이 마냥 재밌다.

"너 어디 살아? 바실콥스카역이면 나랑 가까운데?"

"나도 기숙사 살아."

"기숙사? 근데 왜 말 안 했어? 완전 가깝네!"

"바실콥스카역 근처에 산다고 했잖아. 바보야."

"바보 아니야. 눈치만 조금 없을 뿐이야."

"그게 그거지."

"아니거든?"

바실콥스카역 근처에 살고 셰브첸코 대학 다니는 것만 가지고 기숙사에 살 거라고 내가 어떻게 추정을 하겠는가. 여기 지리도 잘 모르는데. 눈치가 없다고 바보란 소리를 들었지만 내가 모르는 것은 모르는 것이기 때문에 그러려니 하고 넘어갔다.

"그럼 집은 어디야? 가족은 어디 사셔?"

"뽈타바(полтава)에 살아."

"거긴 어디야?"

"여기서 버스 타고 두 시간 정도 가면 돼."

"아, 그래? 나중에 여행할 때 거기도 한번 가봐야지."

"여행?"

"응, 우크라이나에 온 김에 방학처럼 시간 될 때 여행해보게. 너는 K-pop 좋아해?"

나는 케이팝으로 화제를 돌려봤다. 아마 한국어과면 좋아할 확률이 높다.

"좋아하지. 인터넷으로 내려받아서 듣기도 해."

빙고. 대화 주제를 잘 정한 것 같았다. 나는 여기 와서 처음 듣는 케이 팝도 많았다는 얘기도 하고 비카와 케이팝에 대해 얘기를 했다.

"와, 그럼 춤추는 것도 좋아해?"

비카가 또 부끄러운 듯 말에 애교가 섞인다. 부끄러우면 애교가 들어가는 스타일이다. 귀엽다.

"아니, 그건 친구가 계속 하자고 해서 어쩔 수 없이 간 거야. 춤은 안 춰."

비카는 수줍게 말하면서도 계속 안 하는 건 확실히 안 한다고 단호하게 말하는데, 여기에 또 매력을 느끼는 나다.

춤은 정말로 친구가 부추겨서 한 것이고, 비카는 그 이후로 정말로 댄스 경연에는 나가지 않았다.

로션 초콜릿

시계를 보니 어느덧 저녁 시간이 되었고 우리가 이렇게 오래 얘기를 했나 싶을 정도로 시간은 금방 흘렀다. 시켰던 라떼도 진작에 다 마셨기에 비카와 나는 밖으로 나왔다.

바깥은 북적북적했다. 햄버거를 먹으려고 맥도날드에 줄을 선 사람들도 있었고 그 옆에 KFC에도 치킨을 먹으려고 줄을 선 사람들이 보였다. 한국에서는 잘 안 먹는 음식들이지만 이곳에는 먹을 게 마땅치 않다 보니 나도 많게는 하루에 두 번 KFC를 먹기도 했다.

여기가 지어진 지 별로 안 된 대형 쇼핑몰이다 보니 지방에서 키예프로 관광 온 사람들도 여기에 들러서는 사진을 찍기도 했고, 갓길에는 손님을 기다리는 택시들도 즐비했다. 이용객을 기다리는 택시기사들은 샤우르마나 핫도그 등을 먹으며 서로 수다를 떨고 있었다.

광장에는 쓰레기도 없었고 주차는 금지되어 있었다. 그래서인지 넓고 깨끗했다. 날 좋은 봄, 여름에는 맥도날드와 KFC가 야외까지 자리를 넓혀 장사를 했고 광장에는 술을 파는 가게도 생긴다. 한 여름밤 야외 술집에서 술을 먹으면 그 기분 또한 말로 표현할 수 없었다.

"저녁인데 밥 먹으러 가자. 뭐 먹고 싶어?"

"음, 난 다 좋아."

"그럼 끼따이 레스토랑(중국식당) 갈래?"

처음 국영이 형이 밥을 사준다기에 따라가서 알게 된 식당인데 우크라이나에 있으면서 정말 자주 가던 중국식당이다. 가격도 저렴하고 오순도순하게 술 한잔 하면서 있기에 딱인 분위기다. 한국에 있는 중국집이 아니라 진짜 중국 음식을 파는 식당이다. 주방장 아저씨가 잉글랜드 축구

아스날 팬이라 아스날 축구가 있는 날에는 커다란 TV로 아스날 경기를 보여준다.

"끼따이(중국) 식당? 그래. 근데 나 로셴에서 초콜릿 사고 가면 안 돼?"

"당연히 되지, 가자."

대형 몰 옆에 로셴이라는 큰 초콜릿 가게가 있는데 현 우크라이나 대통령 포로셴코가 세운 동유럽에서 제일 잘 나간다는 초콜릿 브랜드다. 듣기로는 폴란드, 체코, 헝가리 등에도 공장이 있고 러시아에도 있다는데 최근 러시아와 관계가 안 좋아진 데다, 로셴 창업주인 포로셴코가 대통령이 되면서 우크라이나와 러시아는 가까워지기는 쉽지 않을 거라는 의견이 많다.

어쨌든 로셴 초콜릿은 그리 비싸지 않고 종류도 다양해서 여자들한테 인기가 많다. 싸고 맛있고 종류도 많은 초콜릿이 있다 보니 한국에서 온 여자들은 초콜릿 때문에 평균 8㎏ 정도 찐다는 얘기가 있는데, 이 얘기는 믿거나 말거나다.

나중에 한국에 와서 보니 한국에도 로셴 초콜릿을 판다. 근데 비싸다. 그래서 안 먹었다. 대륙을 건너와서 관세도 붙고 하나 보다. 그러니 당연히 가격 변동이 있겠지. 그래도 안 먹는다.

"한글로 로셴 어떻게 쓰는지 알아?"

"응? 당연하지!"

갑자기 장난기가 발동한 나였다. 비카는 핸드폰을 꺼내서 자신 있게 '로'를 쓰다가 '셴'에서 멈췄다.

"셴? 쉔? 섄?"

나는 소리 내어 웃었다. '셴'은 외국발음을 그대로 표기한 거라 '셴'이 정답이라 할 수는 없지만 글자를 자신 있게 쓰려다가 헷갈려 하는 게 마치 어린아이가 받아쓰기하다 헷갈려 하는 것처럼 귀여워서 웃었다(내가 외국인에게 한글을 못 쓴다고 웃는 것이 비웃는 것이 아니라는 것을 알았으면 한다).

"왜 웃어."

"아니, 그냥."

"어떻게 써?"

나는 글자를 고쳐줬다.

"아, 이제 너 러시아어로 써봐."

비카가 새초롬하게 말한다.

"초콜릿 사고 가자 빨리."

나는 못 들은 척하고 초콜릿이 진열되어 있는 곳으로 갔다. 초콜릿 중에 영화에서 마피아들이 피우는 시가처럼 돌돌 말려서 길게 생긴 초콜릿이 있는데, 어릴 때 먹던 추억도 있고 맛있어 보여서 하나 집어 들었다. 비카는 캔디 코너에서 봉지를 꺼내 사탕 모양의 초콜릿들을 담고 있었다.

"이런 초콜릿 좋아해?"

"초콜릿은 다 좋아하는데 오늘은 이거 먹고 싶네."

"근데 여기 초콜릿 되게 많다."

"우리나라 초콜릿으로도 유명해."

"아, 그래? 초콜릿에 대해서 잘 몰라서 오늘 처음 알았네."

우크라이나에서 한국으로 귀국할 때 선물로 초콜릿을 많이 가져간다고 한다. 그러나 난 여기 올 때부터 초콜릿 따위는 선물 명단에 없었다. 내 선물은 오로지 보드카였다.

비카가 네모나고 작은 투명봉지에 초콜릿 몇 개를 담더니 직원에게 준다. 여직원은 기계에 올려 무게를 달고 가격표를 붙여주고는 다시 비카에게 준다.

"줘. 내가 사줄게."

초콜릿 정도는 내가 사주기로 하고 내 것과 비카 것을 계산했는데 한화로 약 4천 원밖에 안 나왔다. 우크라이나 물가 만세.

"고마워."

비카가 인사를 잊지 않고 한다. 내가 좋아서 한 일이라 인사 안 해도 괜찮았는데 인사해주니까 기분이 더 좋다. 이제 우리는 저녁을 먹으러 간다. 대형 쇼핑몰을 등지고 앞으로 20분 정도 걸어가면 식당이 있는데 가는 길에 구경할 건 없다. 우리나라도 식당 가는 길에 딱히 뭐가 없는 것처럼 차도와 인도, 차도에 달리는 차와 인도에 걷는 사람뿐인데 그나마 구경할 거리는 가끔 보이는 '정말 옛날 차'다. 대우에서 나왔던 '라노스'가 택시로 돌아다니고 우리나라 70년대에나 볼 법한 조그만 차들도 다닌다. 사람은 키도 크고 덩치도 큰데 차가 좁으니 운전하는 사람들은 천장에 머리가 닿아 허리를 숙이고 운전을 한다. 그 모습이 웃긴 한편 위험해 보이기도 한다.

빨간빛을 내는 전구가 대롱대롱 매달려 있는 문을 열고 들어갔다. 두 테이블에 손님이 있었는데, 한쪽에는 중국인, 다른 한 테이블에는 부부로 보이는 우크라이나인이 있었다. 비카와 나는 거울이 배치된 옆쪽 테이블에 앉아 직원이 가져다준 메뉴판을 보았다. 이 식당의 장점은 메뉴판에 음식 사진이 있어서 모르는 단어들이 있어도 무슨 음식인지 감이 온다는 점이었다.

"여기 이거랑 이거 하나씩 주세요."

"네."

국수와 돼지 귀를 시켰는데 내 입맛에는 맞는데 비카가 좋아할지는 의문이었다. 지금은 잘 기억나지 않지만 족발 비슷한 맛인 것으로 어렴풋이 기억한다.

"여기 어떻게 알았어?"

"내가 아는 형이 몇 번 데려와서 알게 됐어. 처음에는 직원이 나한테 중국인이냐고 물어봤어."

비카가 피식 웃었다.

"형? 여기 한국 사람 알아?"

"응. 한국에서 내 학교 선배인데 여기서 알게 됐어. 잘해줘."

얘기 하는 동안 우리가 시킨 음식이 나왔다.

"젓가락질 할 줄 알아?"

말이 끝나기 무섭게 젓가락을 든다. 그러더니 아무렇지 않게 국수를 집었다.

"잘하네."

"한국에 있을 때 컵라면만 먹어서 그래."

비카는 한국에서 교환학생으로 있을 때 물가를 감당하기 힘들어 컵라면을 자주 먹었다고 했다. 어디 외국 학생만 그런가… 요즘 보면 컵밥, 컵라면 등등 싸고 간단한 음식으로 식사를 때우는 한국인도 늘고 있고, 내 경우에는 김밥도 예전에 비해 비싸서 잘 안 사 먹는다. 그렇다고 기본 1,500원짜리 김밥을 사면 단무지만 커다랗게 있고 나머지는 들어있는 건지 없는 건지 구별도 안 될 정도라서 안 먹는다.

국수를 빨아들이듯이 먹은 나는 국물까지 다 먹고 돼지 귀도 먹고 있었다. 근데 비카는 국수도 면만 먹고 돼지 귀도 처음에 좀 먹다가 안 먹었다. 입맛에 안 맞는 것 같았다.

"안 먹어? 더 먹지."

"배불러."

배부르다며 비카는 더 이상 먹지 않았고 나는 남아있던 음식도 다 먹었다.

저녁을 먹고 우리는 기숙사 단지로 놀아왔다.

"너 어느 동에 살아?"

"나 저기."

비카가 손으로 가리키는데 다 같은 회색 건물들이라 한눈에 들어오지 않았다. 나는 그 앞에서 가서야 어느 동인지 알았다.

"어? 내가 사는 동이랑 되게 가깝네!"

"웅!"

비카가 사는 기숙사 건물은 내가 살고 있는 건물과 관중석, 트랙(트랙이라야 시멘트 위에 흰 페인트로 트랙을 표시한 것이 다다)을 사이에 두고 맞은 편에 있었다.

"잘 가. 초콜릿 챙겼지?"

"웅. 오늘 고마워. 잘 먹었어."

오늘은 그렇게 헤어지려 하는데 둘이 그냥 서 있다가 눈이 마주친 순간 내가 팔을 벌렸다. 비카는 내 품에 들어왔다.

초콜릿이 녹을 만큼 오래 안고 있으면 좋겠다는 생각이 들었지만 우리는 살짝 포옹만 하고 기숙사로 들어갔다.

한글학교의 시작

나는 기숙사 침대에 누워 초콜릿을 오물오물 먹고 있었다.

'고기와 초콜릿은 배신을 하지 않지.'

초콜릿은 맛있다. 로셴 초콜릿의 장점은 우리나라 초콜릿보다 더 진하고 맛있다는 점이다. 맥주가 우리나라 것보다 외국 것이 더 진한 것과 비슷한 느낌이다. 대신 단점은 조금만 먹어도 너무 달아서 많이 먹으면 금세 살찌는 소리가 들리는 것이다.

내일은 셰브첸코 대학교 한국어과 교수님과 미팅하는 날이다. 교수님으로부터 미팅을 하자고 연락이 왔다.

"한국어과 교수님이 우리 좀 보자고 하시네."

재형이 형이 알려줬는데 교수님이 교환 학생 중 몇 명에게 대사관에서 지원하는 한글학교 선생님 아르바이트를 제안하려 한다고 한다. 급여는 200달러. 한화로 약 22만 원. 여기 우크라이나에서 200달러면 꽤 두둑한 돈이고, 아이들도 가르칠 수 있으니 일석이조의 보람찬 일거리다.

"200달러면 좋네요! 저 할래요."

"어, 그래. 콜. 내일 나랑 같이 갈 거야 너랑 지태랑."

"근데 이건 교환학생만 하는 거예요?"

"그건 아닌데 거의 교환학생을 뽑으셔. 특히 우리 학교랑 너희 학교에서 온 학생들 위주로 뽑으시더라."

"나이스."

다음날 점심시간, 우리는 학교 교내식당에서 교수님을 만나기 위해 기다리고 있었다. 한글학교 선생으로 나가는 학생은 내가 다니는 W대의 2명, K대의 2명, H대의 1명 그리고 여기서 유학 중인 유학생 1명까지 총 6명이다.

"형은 작년부터 하는 거예요?"

"응. 나는 전에 있던 교환학생에게 인수인계를 받아서 했거든. 그래서 교수님도 알게 되었고. 근데 너희가 마무리할 때는 어떻게 될지 모르겠어. 나처럼 인수인계를 할지, 따로 연락이 갈지."

"애들 말 잘 들어요?"

"대체로 잘 듣는데 심할 정도로 말 안 듣는 애가 1명 있어."

"아, 누구예요?"

"이름은 기억 안 나는데 수업시간에도 돌아다니고 말도 안 듣고 그래."

"말 잘 들으면 그게 애인가요 뭐."

나는 꼬마들 생각에 웃음을 지으며 말했다. 어린아이들 보면 그냥 기분이 좋아서 한글학교도 왠지 재밌을 것 같다는 생각이 들었다.

"근데 그 말 안 듣는다는 애는 여기서 계속 살던 아이예요?"

"여기 한국 대사님 아들이야."

"오, 대단하네."

그 당시 한국 대사관에서 업무를 수행하던 대사님의 아들이 한글학교 학생으로 있었다. 그 아이는 너무 어린 나이에 아빠를 따라 외국으로 자주 옮겨 다녀야 했을 것이다. 여러 나라를 다니면서 적응을 못해서 말을 안 듣는 게 아닐까. 이게 내 주관적인 결론이었다.

"아, 반가워요. 여러분."

식당 문을 열고 교수님과 어떤 여자분이 우리에게 다가오셨다. 여자분은 교수님과 나이가 비슷해 보였는데, 한글학교에서 교감 선생님 역할을 하는 분이라고 했다. 안경을 쓰고 윗머리가 좀 없는 탈모증을 가진 평범한 아저씨로 보이는 교수님은 얼굴에 웃음기가 가득했다. 유쾌한 성격을 갖고 계신 듯 했다.

"점심시간인데 배고프죠? 다들 먹을 것 좀 들어요."

"감사합니다."

푸드 코너에 가서 뷔페식으로 진열된 샐러드와 생선요리, 고기 등을 고르고 교수님께서 주신 돈으로 점심값을 낸 뒤 자리에 앉았다.

"이걸 먹는 순간 여러분은 한글학교 선생님이 되셨습니다."

교수님의 농담이 재밌었다. 하지만 그 농담에 진담이 섞여 있었다. 이 점심값도 대사관에서 한글학교 지원비로 나온 것이기 때문이다. 우리는 다들 한글학교에 긍정적이라 당황스럽지는 않았다.

점심을 먹으면서 이런저런 얘기를 하는데 교수님도 한 학생의 아버지라 그런지 자기 자식 자랑을 계속 하셨다. 우크라이나에서 한국식당을 운영하는 한 주인 아주머니도 우리에게 자식 자랑을 하시는 경우가 종종 있었는데, 거기서 거기인 이미 알고 있는 뻔한 이야기였지만 귀 기울여 들었다.

"… 아무튼 우리 애가 이번에 Y대에 갔는데 가서 무슨 K대 어쩌고 하는 노래를 배우고 K대는 이겨야 한다고 막 하는 거야 서구랑 재형이 너네도 이런 거 부르고 했어?"

교수님이 K대에 재학 중인 서구 형과 재형이 형에게 질문 아닌 질문을 했다.

"저희는 교양있는 것만 배워서 그런 건 해본 적이 없습니다."

서구 형이 재치있게 넘겨서 다 같이 크게 웃었다.

"교수님 우리 신생님들 이제 수업 가야 할 시간이에요."

교감 선생님이 시계를 보여주면서 말했다.

"그럼 각자 몇 학년을 맡을지만 말해주고 끝낼게요. 먼저 고등반 홍서구 군, 중등반 이재형 군…"

우리는 각자 맡는 반을 듣고 헤어졌다. 나는 초등학교 5, 6학년 반을 맡았는데 말로만 듣던 말 안 듣는 아이가 5학년이 되어 우리 반에 배정되었다.

"야, 너 마음 단단히 먹어. 걔 보면 화 날 수도 있어."

"괜찮아요. 별 수 있나요. 그냥 잘해 봐야죠."

나는 우크라이나에서 한글학교 선생님 일을 할 생각에 기분이 마냥 좋아서 서구 형과 재형이 형이 걱정해주는 것도 웃어넘겼다.

와인 한잔

"한글학교?"

"응 여기 살고 있는 어린 한국 학생들에게 국어 가르치는 거야."

"와, 대단해! 선생님이네?"

"선생님이지. 근데 대단한 건 아니고…."

"그래도, 열심히 해."

"고마워."

학교가 끝난 뒤 저녁에 기숙사 단지에서 비카를 만나기로 했다. 비카가 기숙사 문을 열고 내 앞으로 걸어왔다. 앞에서 기다리던 나는 두 팔을 벌 렸고 비카도 두 팔을 크게 벌리며 내 품에 들어왔다. 이제 만날 때와 헤어 질 때 인사는 포옹으로 하는 것이 자연스러워졌다. 우리는 벤치에 앉아 얘기를 나누고 있다.

벤치는 트랙 옆에 긴 쇠막대와 못 등의 철제물과 나무판자로 만들어 져 있는데 여러 사람이 앉을 수 있는 넓은 공간이라 많은 사람들이 앉 아있다.

여러 학생들이 단지로 나와서 운동을 하고 있었고, 벤치에는 키오스크 (맥주, 신문 등을 파는 가판대)에서 사 온 값싼 병맥주를 사와 마시는 사람들이 있었다. 기타를 들고 나와 연습하는 사람들과 데이트를 즐기는 사람들도 있었다. 또 스포츠 웨어만 입고 조깅이나 달리기를 하는 여자들도 보였 다. 기숙사는 저녁 시간이 되면 이렇게 각자 자기 시간을 즐기는 학생들 로 활기를 띠었다. 나도 그중 하나였다.

"나도 국어책 있어."

"국어책? 너 무슨 책인지 알아?"

"응. 한국 초등학교에서 쓰는 거잖아."

"너 어떻게 알아?"

비카가 한국 초등학교 국어 과정 교과서를 안다니 나는 놀랍고 신기한 마음에 눈을 동그랗게 뜬 채로 말했다.

"학교에서 교수님에게 선물로 받았어."

셰브첸코 대학 한국어과에 초등학교 국어 과정 교과서가 많이 있었고 교수님은 한국어를 공부하는 학생들에게 종종 나눠 주신다.

"우리 바 갈래?"

"바? 지금?"

나란히 앉아서 사람들을 구경하던 중 나는 출출해서 비카한테 바에 가자고 제안했다.

"응. 나 저녁 안 먹어서 좀 배고프네. 가서 저녁도 먹고 맥주도 좀 먹고."

"나도 안 먹긴 했는데 음… 가자. 나 맥주는 안 먹어."

"그래, 알았어. 가자."

비카와 만나는 약속 시간 전에 시간이 조금 남아서 냉장고에 있던 이천 칠백 원짜리 스테이크용 소고기 한 팩을 꺼내 금방 불에 구워서 먹으려고 했다. 그런데 가스레인지 버너 4개가 붙어 있던 공용 부엌에 들어가니 평소에 요리를 즐겨 하던 중동 애들도 요리를 못 하고 있다. 그 이유는 한 중국 학생이 예전 만화 '요리왕 비룡'에서나 볼 법한 커다란 프라이팬을 들고 요리를 하느라 비어 있는 3개 버너까지 차지했기 때문이었다. 중국 애들이 모두, 자주 그러는 것은 아니지만 이건 민폐가 이만저만 아니었다. 저녁 시간이라 사람도 다른 시간대보다 더 많았고. 그래서 몇 명은 나처럼 자기가 가져온 요리도구와 재료를 가지고 방으로 다시 가는데… 요리를 하던 중국 학생도 미안했는지 자기 할 것만 계속 숨죽여서 하는 눈치였다.

나는 그 중국 학생이 방에 돌아가기 전에 뭘 만드나 봤는데 우리나라의 신라면을 끓이고 있었다. 그 커다란 프라이팬에 신라면 두 개를 끓였다.

그 광경을 보면서 '프라이팬이 저거 하나인가?'라는 생각이 들었다. 종종 형들 방에 가서 한국 라면과 한국 음식들을 먹었는데 확실히 한국에서 먹던 것보다 더 맛있긴 했다. 하지만 내게 라면은 별로 맛있는 음식이 아니었는데, 타지에 와 있는 중국인들도 한국 라면을 먹는다는 것을 알게 된 거다. 이것도 한류의 힘이라면 힘이다.

나는 노란 가로등 불빛들이 비춰주는 길에서 비카에게 부엌에서 있던 일을 얘기했다.

바는 기숙사에서 바실콥스카역 반대편인 븨스타코븨 쩬뜨르역으로 가는 길에 있다. 문을 열고 바에 들어가는데 많은 손님 중 대다수가 검은 머리에 자기들보다 작은 체격의 동양인인 나를 쳐다봤다. 대부분은 내가 한국인인지 일본인인지 구분을 못할 것이다. 우리가 우크라이나, 폴란드, 체코 사람을 따로따로 구분하지 못하듯이 말이다.

내 나이 또래로 보이는 무리가 있는데 그 중 비쩍 마른 한 명이 나를 뚫어지게 바라봤다. 술에 취해서 초점이 안 맞는 건지 눈을 비비다가 실눈으로 나를 보곤 하는 것이었다.

"사람들이 우리 본다. 신기한가 봐. 내가."

"빨리 앉자."

사람들이 보는 게 싫었던 비카가 손을 잡고 빈 테이블이 어딨는지 찾았다. 그러다 웨이터가 와서 손님이 많다며 지하로 안내해줬다. 지하로 내려와서 신세계를 체험했다. 술집인데도 지하여서 그런지 와이파이나 데이터가 안 된다.

피자하고 맥주를 시키고 우리는 둘이 앉아있다. 어두운 곳에서 작은 조명 여러 개가 빛을 내고 있는데 분위기도 좋았고 뭔지 모를 노래도 흘러나왔다. 비카도 분위기가 마음에 들었는지 한 손으로 턱을 받치고 나를 보고 웃었다.

"여기 좋다. 어떻게 알았어?"

"지난번에 친구들하고 와봤어."

나는 그렇게 말하고 턱을 괴지 않은 다른 한쪽 손을 잡았다.

우리가 그곳의 분위기에 취할 때쯤 웨이터가 맥주를 들고 왔다. 우크라이나의 '르비브스케' 생맥주 0.5리터였다. 내가 우크라이나에 있으면서 정말 죽어라 마신 맥주다. 맥주를 마시는 동안 피자도 나왔다.

"피자 빵 되게 얇다."

"여기는 원래 이래. 그리고 피자가 대부분 다 얇아."

피자를 잘 먹지 않는 나는 빵 두께에 대해 잘 몰랐다.

"한국은 엄청 두꺼운데. 막 이렇게 두껍잖아."

"맞아 한국 피자는 두꺼워. 그건 프랜차이즈 피자잖아. 이거 먹어 이런 게 더 맛있는 거야."

나는 얇은 피자를 두 조각을 겹쳐 들고는 햄버거처럼 먹었다. 한국에서 두꺼운 빵이 있는 피자를 먹다가 얇은 피자를 먹으니 양이 적은 느낌이었다.

"우리 와인 먹을래?"

"너 술 안 먹는다고 했잖아. 그래서 맥주도 내 것만 시켰는데."

술을 안 먹는다던 비카가 피자를 한 입 먹고는 와인을 제안했다. 그리고 내가 막하니 지금 자기 상황이 웃긴지 웃어버린다.

"지금 오니까 먹고 싶네. 그리고 나 맥주만 안 먹는다고 했는데?"

비카가 능구렁이 담을 넘듯 와인 안 먹는다고는 안 했다고 말한다.

"그래 와인 먹자. 와인 마시고 싶은 거 있어?"

"아무거나 레드 와인으로."

나는 비카의 제안에 맥주를 금방 비우고 웨이터를 불렀다.

그냥 메뉴판을 보고 레드 와인 하나 달라고 말했더니 알겠다고 했다.

"좋다."

와인을 한 모금 하면서 나는 자연스레 좋다는 말이 나왔고 비카가 그에 맞장구를 친다.

"맞아 좋네."

"Maybe, you don't have to smile so sad. Laugh when you're feeling bad"

영화 '비긴 어게인'에서 여주인공이 불렀던 음악이 흘러나왔다. 조용히 흘러나오는 음악처럼 나도 비카 옆으로 조용히 자리를 옮겼다.

"야."

비카가 놀랐지만 분위기는 깨기 싫었는지 조용히 속삭이듯 말했다.

"뭐, 왜."

"아니…"

비카는 아무것도 아니라며 옆에 살며시 기대 앉았다. 와인을 먹으면서 나는 비카를 끌어 안은 채 와인이 담겨 있는 잔을 들고 영화에 나오는 부르주아들이 하는 폼을 따라 하며 분위기를 즐기고 있었다. 아기를 쓰다듬듯 조심스레 비카의 진한 검은 머리를 쓰다듬던 나는 문득 생각이 났다.

"비카 너는 서양보단 동양에 더 가까운 것 같아."

"무슨 말이야?"

"보통 여기 우크라이나 여자들은 금발이거나 갈색 머리고, 눈도 파란 눈이나 다른 비슷한 색인데 너는 검은 머리에 갈색 눈을 하고 있잖아."

"아, 그거 우리 할머니가 터키 사람이라 그래."

"그럼 너 터키계야?"

"아마도?"

유독 진한 검은 머리를 하고 있는 비카는 터키계였다. 지금 생각해보면 금발의 여인보다 비카를 좋아하게 된 이유는 그녀가 검은 머리이기 때문인 것도 같다. 금발보다 흑발이 훨씬 더 내게 가깝게 느껴졌달까.

"그게 궁금했어?"

비카가 고개를 돌려 눈을 보고 얘기하는데 눈빛에서 독특한 빛이 뿜어져 나왔다. 나는 순간 그 눈빛에 이끌려 대답도 못 하고 살짝 입맞춤을 한 뒤 그녀를 쳐다봤다.

즐거운 시간을 보내고 기숙사로 돌아가는 길, 공기는 쌀쌀하고 한적한 길이지만 둘은 싱글벙글 웃으며 걸어가고 있다.

"지금 꼭 잡은 손 놓지 마~ 널 너무 사랑해~" 어딘가에서 코요테 노래가 크게 들렸다. 뒤를 돌아보니 여자 두 명이 얘기하면서 우리랑 같은 기숙사 방향으로 걸어 오고 있었다. 밤길이라 목소리만 들릴 뿐 얼굴은 잘 보이지 않는 거리에 있었다. 나는 두 사람의 키가 비슷해서 지선이와 민혜인 줄 알았다.

"누구지? 한국사람인데."

"가자. 나 졸려."

"그래."

나는 누군가 하고 계속 보다가 비카가 졸리다고 귀여운 투정을 부리는 바람에 그냥 돌아갔다. 그 여자들과 우리는 꽤 멀리 떨어져 있었지만 주변이 조용해서 그들이 얘기하는 목소리가 다 들렸다.

기숙사 입구인 철문에 다다랐을 때 승윤이 형을 만났다.

"안녕하세요."

"어, 안녕. 너 그 여자…"

승윤이 형은 이렇게만 말하고는 금방 지나갔다. 이 밤에 여자친구 집에 가는 길이었다.

"한국사람 되게 많이 만나네."

"그러게. 오늘 짧은 시간에 3명이나 봤다."

같이 손잡고 걸어가는 것을 내 지인들이 보는 게 부끄러운지 비카는 고개를 들지 못했다. 아마 조금 전 졸리다는 것도 노래를 부르며 얘기하는 우리 뒤에 오는 두 여자와 마주치기 싫어서 그랬던 것 같다.

"괜찮아. 밤이라 얼굴 안 보였어."

비카를 여자 기숙사 앞까지 데려다주고 나도 내 기숙사 방으로 돌아왔다. 지태는 침대에 누워서 브깐딱지로 누군가와 채팅을 하고 있었고, 예시는 저녁으로 바게트 가운데에 소세지와 채소 등을 넣어 만든 샌드위치를 먹고 있었다.

며칠 뒤 알게 된 사실인데, 비카와 같이 있을 때 코요테 노래를 부르던 여자들은 연화와 주현이었다. 주현이가 노래를 불렀다고 했다. 그 일로 나는 한동안 주현이를 볼 때마다 놀렸다.

　"너 지금도 밤길에 노래 크게 부르고 다녀?"

　그러면 주현이가 웃으면서 얘기한다.

　"아니야!"

대사관저에서의 저녁 만찬

한글학교가 개강했다. 비록 일주일에 한 번 있는 한글학교지만 개강하기 전에 학부모 초청회도 했다. 한글학교 교장을 맡은 한국어과 교수님부터 나를 비롯한 한글학교 선생님들, 한글학교에 다니는 학생들, 학부모님들까지 모여서 꽤 북적북적했다.

아이들은 생각보다 말썽도 부리지 않았고 내 말에 잘 따라주었다. '유독한 녀석만 빼고…'라고 말하기엔 '문제의 그 아이'가 형들 걱정과는 달리 괜찮은 아이였다. 내가 너무 기대를 하지 않은 걸 수도 있다.

그 아이의 이름은 김의찬. 읽기를 시키거나 다른 질문을 할 때는 자리에 앉은 상태로 점프하면서 "아 몰라요~!" 라고 대답을 하는데 나는 그냥 귀엽게 보여서 넘어간다.

그래서 말썽부리는 아이를 굳이 따지자면 의찬이 한 명인 데다, 반 인원도 적다 보니 화가 날 일은 생기지 않았다.

대체로 아이들을 볼 때 부모님들께서 오히려 외국에서 자란 아이가 건방지다는 말을 듣지 않게 하시려고 옳고 그름을 확실히 가르치시는 것 같다.

한글학교 학기 중 한번은 대사님이 우리를 저녁 식사에 초대하셨고, 한국 대사관저에 가기로 했다. 사실 초대받은 날 저녁에 K-pop 파티가 예정되어 있었다. 평소 같으면 거기에 갔겠지만 그깟 K-pop이 문제겠는가. 내가 대사님의 초대를 받았는데.

우리는 어떤 분의 차를 타고 우크라이나 한국 대사관저로 향했는데, 차를 태워주신 분은 매년 한글학교를 위해 아낌없이 봉사해 주시는 학부모님이라고 했다. 그분의 남편분이 운전을 해주셨는데 아내 덕에 매년 대사관에 초대되어 밥을 먹는다고 하며 농담을 하셨다.

나는 이때 처음으로 우크라이나에서 교통체증이란 것을 느꼈다. 이곳에 차가 많은 편은 아니지만 차로가 더 부족해서 중심지를 항상 지나게 된다. 한국처럼 이곳도 중심지는 언제나 막히는 모양이었다. 대로를 지나서 한참 더 달린 뒤에야 어느 골목으로 들어갔는데 거기에 한국 대사관저가 있었다.

대사관저를 보면 양 나라 간의 외교 협력 수준을 볼 수 있다는 말을 들은 적이 있다. 우리나라 대사관저는 다른 선진국 대사관저에 뒤처지지 않을 정도로 컸다. 물론 다른 대사관저는 본 적 없지만. 게다가 그 당시에 다른 곳에 더 크게 대사관저를 짓기 위해 공사를 계획하고 있다고 했다. 아마 지금쯤 한창 공사 중이지 않을까.

"어서 오세요."

현관을 열자 대사님의 부인께서 반겨주신다. 우리도 자동으로 인사를 했다.

"안녕하세요."

대사관저라 그런지 비서로 보이는 사람들도 있었다. 여자 비서 분이 운전해 주신 아저씨의 겉옷을 받아 옷걸이에 걸었고 우리는 계단을 올라 2층으로 향했다. 2층에는 홀이 있었는데 대충 훑어보니 여기가 대사님이 대사관저에 계실 때 업무를 보거나 손님을 맞이하는 곳 같았다.

홀에는 가운데에 커다란 카펫이 깔려 있었고 홀 입구 정면에는 비서로 보이는 우크라이나 남성이 맥주와 음료 등 다과를 차려놓고 대기하고 있었다. 카펫 양쪽에는 소파가 두 그룹으로 나뉘어 배치되어 있었다.

자리 한편에는 이미 한국어과 교수님과 대사님이 앉아 계셨다. 반대쪽에 대사님 부인 되시는 분과 한글학교 교감 선생님을 맡은 분, 그리고 나와 같이 일하는 형, 친구, 동생이 앉았다.

교수님과 대사님은 경제, 사회 얘기 등을 하며 맥주를 마셨다. 우리는 그냥 아주머니들께서 하는 '엄친아' 얘기나, 자기 어렸을 적 얘기도 들으며 이런저런 얘기를 하고 있었다.

"우리 의찬이 선생님이 누구시죠?"

"아, 접니다."

부인께서 의찬이 선생님이 누군지 물으셔서 내가 대답했다. 수업시간에 가만히 있으라고 말한 적은 있는데 설마 엄마에게 말한 건가?

"의찬이가 선생님 재밌다고 하네요."

"아, 그래요? 재밌게 하려고 노력은 하는데 이런 한글학교 선생님은 이번이 처음이라…"

"처음이어도 잘하시는 거 같아요. 한글학교 끝나고 오자마자 선생님이 재밌다고 얘기를 많이 하더라고요."

"재밌다니 다행이네요."

나는 재밌다는 반응을 보인 의찬이 덕분에 기분이 좋았다. '그런데 몇 주 동안 안 나오기도 했었는데…. 재미있었던 게 맞겠지…?'

"식사 준비 끝났습니다."

"저녁 먹으러 가시죠."

웨이트리스가 대사 부인에게 말하자 부인께서 우리 모두에게 식사하러 가가고 하셨다. 식당은 홀 맞은편에 있었는데, 그 안에는 우리 12명이 모두 앉을 수 있는 테이블과 여러 개의 의자가 흰 천으로 덮혀 있었다.

"자, 모두 한잔 받으세요."

우리를 초대해 주신 대사님께서 와인 잔을 들고 말을 꺼냈다. 그러자 현지인 웨이터가 자리를 돌며 천천히 와인을 따라줬다. 이 순간만큼은 장원급제 안 부럽다.

"한글학교를 위해 힘을 써주시는 분들에게 밥 한 끼라도 대접하고 싶어서 오늘 초대를 했는데 이렇게 다들 와주셔서 감사합니다."

대사님이 한마디 하자 교수님도 한마디 하셨다.

"저희야말로 이렇게 식사에 초대해주셔서 감사합니다."

두 분은 이 일로 오랫동안 만난 가까운 사이였다. 만찬을 즐기는 동안에도 두 분의 대화는 끝이 없었다.

"술 먹어. 이거 다 공짜야, 공짜."

교수님이 술 때문에 기분이 좋으신지 우리에게 술을 계속 권유하셨는데, 나는 마다하지는 않았지만 기분 좋을 정도로만 적당히 마셨다.

음식도 다양했다. 연어와 게 요리, 스테이크부터 한국 음식까지 고루고루 준비해 주셨다.

우크라이나는 내륙이라 '오데사' 등 해양도시를 제외하면 해산물이 무척 비싸다. 그래서 나도 이곳에 온 뒤로는 해산물은 잘 먹지 못했다. 그런데 여기에는 해산물도 있고 평소에 먹던 싸구려 스테이크가 아닌 고급 스테이크도 있었다. 음식 하나하나가 입안에 들어갈 때 혀가 즐거웠다.

"그래서 지금 우크라이나와 러시아가 서로 안 좋잖아요. 푸틴 대통령이 지금 정말 너무 잘못된 강경책을 펼치고 있어."

대사님과 교수님은 술 때문에 빨개진 얼굴로 푸틴 대통령 얘기를 하고 계셨다.

"아무튼 푸틴 대통령이 이대로 가면 예전 그 누구야, 독일 히틀러처럼 갈 수도 있어요."

"아 거기까지 갈까요?"

"이건 아주 최악의 상황을 얘기하는 건데 지금 러시아 내에서도 푸틴 대통령이 외교정치를 잘못하고 있다는 말이 나오고 있어요."

"그런 말이 나오고 있긴 하죠. 근데 또 푸틴 대통령이 워낙 강경하게 하니까."

실제로 러시아 야권대표 넴초프는 푸틴 대통령을 강력하게 비판하는 태도를 보이며 진보적 성향인 국민들의 성원을 받았는데, 크렘린 근교에서 암살되었다. 암살 장면이 녹화된 CCTV가 미디어를 통해 전파됐고 암살범을 잡아 그 뒤에 누가 있는지 밝혀야 한다는 말도 나왔지만 러시아 경찰은 체첸공화국에서 건너온 테러범이라고 결론지었다.

"예전에 2차대전 때도 독일 내에서 히틀러가 잘못됐다는 것을 판단하고 암살하려 했잖아요. 그 작전이 뭐였지 영화로도 나왔는데 뭐더라…"

"발키리입니다."

대사님이 말이 막히자 내가 중간에 거들었다. 그랬더니 놀랍다는 눈빛으로 나를 쳐다보셨다. 아마 내가 세계사에 전혀 관심이 없게 생겼나 보다. 관심 없는 것은 맞는데 발키리는 영화 덕에 알았다.

어느덧 3시간이 흘렀다. 음식도 다 먹었고 술도 더 이상 마실 수 없었다. 다들 가고 싶은 눈치였다.

그러나 대사님과 교수님은 여전히 이야기보따리를 풀고 있었는데, 대사 부인께서 잘라 말했다.

"여보, 이제 그만 해요. 선생님들 집에 가야지."

"아, 시간이 벌써 이렇게 됐나? 교수님하고 만나서 얘기할 때 보통 5~6시간 하는데 오늘은 손님도 많고 하니까 이만하죠."

"네, 그러죠. 많이들 먹었어?"

"예. 잘 먹었습니다."

우리는 그렇게 자리에서 일어나 1층으로 내려갔다.

"선생님, 의찬이 잘 좀 부탁드릴게요."

"아니에요, 저도 최대한 재밌게는 하려고 하는데 아이들이 잘 따라와 주면 고맙죠."

"그럼 저희는 이만 가보겠습니다. 안녕히 계세요."

"선생님들 다음에 또 봐요."

"네."

우리는 서로 인사를 나누고 대사관저를 나왔고 다시 한 번 건물 외관을 둘러봤다.

"대사관저 멋있네요, 크고."

"우크라이나가 우리나라를 높게 본다는 뜻이야."

이렇게 말하고 우리는 기숙사로 돌아갔고 의찬이는 한글학교에 더 이상 나오지 않았다.

이란전 패배

어느 태평한 날. 창문에서는 시원한 바람이 들어왔고, 창문 너머에는 높지 않은 소련식 건물들과 끝도 없이 펼쳐진 하늘이 보였다. 그 풍경이 아름답기보다는 황량하다. 나는 기숙사 방에서 보이는 그 황량한 풍경에 계속 빠져들었고, 가끔가다 아무 생각 없이 창문 너머에 있는 것들을 보고는 했다. 그 날도 나는 창밖 풍경을 보며 옷장과 책꽂이 등 여러 수납공간이 둘러싸고 있는 침대에서 SNS를 하며 시간을 보내고 있었다. 며칠 전에 비카와는 헤어졌다. 서로 좋아했는데 많은 연인이 헤어지듯 우리도 헤어졌다.

"야, 뭐해."

승윤이 형한테 전화가 왔다.

"방에 그냥 있죠."

"우리 방으로 내려와. 비카 초대해서 밥 먹기로 했어."

"그럼 둘이 드세요. 저 끼면 안 될 거 같은데요."

"이란 친구도 오고 비카 친구도 올 거야 괜찮아."

지금은 방학 기간이었다. 나는 방에 있다가 점심 무렵에 승윤이 형 전화를 받고 708호로 내려갔다.

열려있는 708호의 방문을 보고 방으로 들어갔다. 그런데 아무도 없었다. 웬일인지 청소를 해 놓아서 평소에는 까맣던 방바닥이 연주황색의 제 타일 색을 찾았고, 침대와 책상을 계속 오가던 옷 무더기도 모두 옷장에 들어가 있었다. 평소 보이지 않던 공간이 생기니 좁은 방이지만 넓어 보였다.

형에게 전화하니 부엌으로 오라고 했다. 내가 곧장 방으로 오는 바람에 부엌에 있는 형을 보지 못했었나 보다.

톡톡톡톡. 부엌에서 형 혼자 넓은 요리 테이블을 어지럽히며 요리에 몰두하고 있었다. 방학이라 외국인 학생들은 대부분 고향에 갔다. 나는 1년 후에 어차피 갈 예정이라 한국에 가지 않았다. 승윤이 형은 이번 여름이 끝나기 전에 2년간의 우크라이나 생활을 마무리하고 돌아갈 예정이다.

"뭐 하세요?"

"말했잖아. 친구들 와서 밥 먹기로 했다고."

"그래서 지금 요리하는 중이에요?"

"어."

재료가 많다. 감자, 당근, 양파, 카레 가루. 메뉴는 카레인데 고기 대신 새우를 넣었다.

"태호 형은요?"

"몰라, 또 여자들 만나러 갔겠지."

정답이다. 태호 형은 여동생들에게 인기가 많다. 형은 남 이야기를 잘 들어주는 편인데 여자들의 말도 끝까지 다 들어주는 편이다. 그래서 한번 부르면 놓아주지를 않았다. 역시 오늘도 어딘가에서 얘기를 들어주고 있는 모양이었다.

"이제 거의 다 했네요."

"어. 카레 가루 가라앉지 않게 조절하면서 넣어주고 살살 저어주기만 하면 돼."

재료를 모두 냄비에 넣고 마무리만 하면 되는데 주방이 아이방처럼 어질러졌다.

"되게 더럽네요."

"네가 치워줘."

"싫어요."

"한 번만 해줘."

"그래요."

주방에서 요리하다 남은 음식들은 방 냉장고에 집어넣고 쓰레기는 모두 치우는데 여기저기 바람에 날린 양파 껍질이나 감자 껍질뿐이라 청소하는 데 오래 걸리지는 않았다.

좁은 방에 가능한 많은 인원이 둘러 앉도록 하기 위해 가장 적당한 곳에 테이블을 옮겼고 카레 냄비를 가운데 놓았다. 손님 맞을 준비는 이제 마쳤다.

"친구 누구 와요?"

"비카랑 이란 친구 올 거야."

"비카 친구도 온다고 했지 않아요?"

"안 와."

'이런…!' 속았다. 비카 친구도 온다고 해서 도와줄 겸 왔는데 안 온다니….

"나 1층에 갔다 올게."

"네."

손님이 도착했다. 여기는 기숙사라서 외부인이 들어오려면 여기서 지내고 있는 학생과 같이 1층 안내 데스크에 있는 불곰을 닮은 할아버지에게 말해야 한다. 사실 전에는 기숙사에 놀러 오는 사람도 놀다 가라고 들여보내줬다는데, 하도 소란스러워서 이제는 꼭 몇 호 누구 친구인지 확인을 한다고 한다.

"야, 밖에서 뭐해 들어와."

잠시 방에 혼자 있던 나는 경관이 좋은 베란다에 나와서 잠시 구경을 하고 있었다. 그때 승윤이 형이 친구들을 데려왔다. 형 여자친구인 금발의 백인 비카와 형이 우크라이나에 살던 초에 친하게 지내던 이란 친구가 왔다.

"하이."

우리는 서로 인사를 하고 미리 세팅해 둔 식당 테이블을 가장한 책상에 둘러 앉았다. 의자는 평소 냄비 받침으로 쓰이기도 하는 의자와 언제 세

탁했는지 모를 매트리스, 침대까지 동원했다. 냄비 뚜껑을 열자 카레 냄새가 진동했다. 비카가 말했다.

"승윤, 이거 네가 만든 거야?"

"응 많이 먹어."

비카랑 승윤이 형은 우크라이나어로 대화하는데 비카가 한국 이름을 말할 때는 조금 어색했다.

나는 비카와 이란 친구, 승윤이 형에게 카레를 떠주고 나서야 먹기 시작했다.

"맛있게 드세요."

"고마워요."

이란 친구 이름은 모하마드 이자르. 승윤이 형이 우크라이나에 처음 왔을 때 외국인 교환학생 중에서 친해진 친구라고 한다. 나도 언어가 안되다 보니 언어의 장벽이 조금 정적을 만들었는데, 그래도 아는 단어를 동원해 초대받은 친구들에게 말을 걸어 봤다.

"이름이 빅토리아 맞죠?"

"네."

"이름에 빅토리아가 들어간 여자는 전부 아름답더라고요."

"오, 고마워요. 근데 빅토리아가 이쁜 선 어떻게 알았죠?"

비카가 말을 잘 받았다.

"얘 여자친구 이름도 비카였어. 지금은 없고."

"아."

그렇게 얘기도 하고 밥도 먹다가 비카랑 형이 베란다로 나가 담배를 태웠다. 나랑 이란 친구도 배불러서 잠시 먹는 속도를 줄였다. 이자르는 키는 나랑 비슷한데 모든 게 옆으로 크다. 배, 팔뚝, 다리 등 다 두꺼운데 한마디로 종교 때문에 먹지 않는 음식 빼고는 먹고 싶은 걸 다 먹으면서 운동하는 스타일로 보였다.

승윤이 형과 비카가 담배를 다 태우고 방으로 들어왔다. 밥상을 치우고 디저트로 수납장에 있는 과자를 몇 개 뜯었다.

"이란 축구 잘하지?"

이자르를 향해 내가 한마디 던진다.

"그럼, 우리 잘해."

이자르 말투에 자신감이 있다.

"근데 한국이 더 잘해."

"웅? 아닌데?"

"진짜야. 우리가 잘한다고."

"왓?"

축구 얘기로 말이 오가는 동안 옆에 승윤이 형이 나한테 한마디 한다.

"이란한테 0:1으로 진 경기 그때 애랑 같이 봤어."

"아, 저런…"

지난 2014 브라질 월드컵 아시아 최종 예선, 울산에서 열린 이란전은 월드컵 본선 티켓은 물론 두 나라의 자존심이 걸린 경기였다. 결론은 우리나라가 0:1로 패배. 조 2위로 월드컵 본선에 올라갔지만 경기 내용은 볼 것도 없었고 이런 경기력으로 월드컵에서 잘할 수 있냐는 비난만 쏟아졌다. 골 득실로 3위가 되어 북중미 나라와 월드컵 0.5장 티켓이 걸린 플레이오프에서 탈락한 우즈베키스탄이 우리나라 대신 월드컵에 나가야 된다는 말도 나왔다.

그런데 우리가 0:1로 진 경기를 이자르가 직접 봤다니 내가 할 말이 없었다.

아시아 최종예선에서 이자르의 고향인 이란에 패배했고, 월드컵에서 룸메이트 예시의 고향인 알제리에 패배했다. 2014년 한국축구는 너무 어두웠고 축구 팬인 나도 침울했다.

히드로빠르크(Гидропарк)

무더운 여름이 계속되고 있다. 근처 마트에만 다녀와도 땀이 나는 날씨지만 꼭 가야 할 곳이 있다. '히드로빠르크'(러시아어 발음)다. 키예프에서 여름에 절대 빼놓을 수 없는 휴양지다. 키예프에는 서울의 한강처럼 드니프로라는 강이 길게 펼쳐져 있다. 도시에 있는 강, 강 양편에서 육지를 연결해주는 다리, 그 위를 지나가는 자동차, 지하철까지. 한강과 그 모습이 비슷하다. 그런데 인조 풀장을 주변에 조성해 놓은 한강과 달리, 드니프로에는 강 주변에 해수욕장을 연상시키는 모래사장이 있다는 차이점이 있다.

히드로빠르크. 우리말로 하면 '물의 공원'쯤으로 해석이 가능하겠다. 이름에 걸맞게 전철 출구부터 샤슬릭(바비큐)을 파는 가게와 해머 오락 기계, 사격을 할 수 있는 오락시설이 있고, 아이스크림과 샤우르마, 솜사탕을 파는 가게도 있다. 한낮의 더위를 피하기에 적격인 여름 휴양지다.

묵서 파는 가게를 지나 조금만 더 걸어가면 모래사장으로 내려갈 수 있는 다리가 나온다. 다리를 내려가면 남자아이들이 다리 난간에 올라가 다이빙하는 걸 볼 수 있다. 고소공포증이 없는 사람도 난간에 올라가면 무서울 높이인데, 그 높은 난간에서 다이빙을 즐기는 사람들이 생각보다 많다.

그런데 다이빙을 할 때 절대적으로 지켜야 할 규칙이 있다. 꼭 한 명씩 뛰어내려야 한다는 것이다. 두 명 이상이 뛰어내리게 되면 큰 부상을 당할 위험이 있어 반드시 한 명씩 해야 한다. 한 명이 다이빙을 하면 높이가 상당하다 보니 물에 들어가면 한참 뒤에 떠오르지만 기다려야 한다. 재밌는 광경에 사진도 여러 장 찍었다.

친구들끼리 다이빙을 하면 맨 먼저 한 친구가 맨 나중에 하는 친구가 할 때까지 물에서 기다리다가 마지막 다이빙이 끝나면 다 같이 모래사장 쪽으로 헤엄을 친다. 어릴 때부터 강에서 놀았는지 수영이 수준급이다.

　다리에서 모래사장으로 내려왔다. 모래는 정말 해수욕장에 있는 모래와 같아서 피서 온 느낌이 물씬 난다. 남녀노소 할 것 없이 수영복을 입고 강에서 수영도 하고 물놀이를 즐기고 있다. 모래사장에는 배구를 할 수 있는 배구코트와 맥주, 끄바스(빵으로 만든 음료로 여름에 대표적인 음료) 등을 파는 가게, 간이 탈의실 등이 있다. 정말 신기한 휴양지다.

여름 휴양지 히드로빠르크

　여기는 국가 소유의 땅이라 해수욕 모래사장에 불법으로 파라솔, 돗자리 등으로 자리를 선점해서 돈을 받는 사람들이 없어서 좋았다. 우리나라에서는 종종 있는 일이지만 이곳은 그런 부분에 있어서 철저히 관리를 하는 것 같았다.

　수영복이 없던 나는 기숙사에서 수건과 축구바지(평소에는 잠옷, 수영복, 평상복으로도 쓴다)를 챙겨 왔다. 간이 탈의실에 길게 줄 서 있는데 탈의실 근처에 콘돔이 떨어져 있었다. 그걸 보고 '에이 여기서…'란 생각을 하며 옷을 갈아입고 나왔다.

돗자리 깔고 자리 잡은 승윤이 형과 비카에게 갔다. 한국에서도 마지막으로 바다에 간 게 언젠지 기억이 안 날 정도로 오랫동안 휴양지에 안 갔는데 이곳에 오게 되어서 어린아이가 된 듯 신났다.

사람들을 둘러보다가 이곳 사람들은 모두 수영복을 입고 있다는 점이 눈에 띄었다. 어른, 아이 할 것 없이 마른 사람, 통통한 사람, 체격 좋은 사람, 뚱뚱한 사람까지 모두 수영복을 입고 있었다. 우리나라처럼 가리기 위해 수영복 위에 티를 입은 사람은 보기 드물었다. 낯선 풍경이었다. 나는 군이 비교하자면 한국 해수욕장보다는 여기가 더 좋았다. 바가지요금에 시달릴 일도 없는 데다, 남의 시선 때문에 티셔츠를 입고 다닐 필요도 없었기 때문이다.

잠시 음료 가게로 가서 400원짜리 끄바스로 목을 축이고 있는데 비카가 진지한 표정으로 말한다.

"저기 저 사람 있지, 조심해."

"왜?"

"집시야."

"아… 알았어. 고마워."

집시라… 내가 집시에 대해 아는 것 한 가지는 그들이 남의 물건을 잘 훔친다는 것이다. 블로그, 카페 등 SNS에서 '외국에 있을 때 집시들을 조심해라', '집시에게 당했다'는 글을 본 적 있어서 조심해야겠다는 생각만 들었다. 물론 모든 집시들이 다 그렇진 않을 것이다.

시원하게 빵 맛이 나는 끄바스를 들이키고 다시 물에서 노는데 다리에서는 계속 다이빙이 끊이질 않았다. 다른 사람들이 다이빙 하는 모습을 물속에서 보니 더 짜릿했다.

많고 많은 사람 중에 예쁜 여자에게 눈이 가는 것은 당연하다. 다들 타고난 몸매를 훤히 드러내며 비키니를 입은 우크라이나 여자들 중에서도 유독 눈에 띄는 여자가 있었다. 모래사장에 자리를 깔고 책을 읽고 있었다. 자세를 보니 책에만 집중하고 있다기보단, 남의 시선을 약간 신경 쓰는 것 같았다. 디즈니의 인어공주처럼 다리를 옆으로 쭉 뻗고 누워 책을 읽는데 정말 모델처럼 다리가 길고 몸 비율도 좋았다. 몸에는 오일을 바른 듯 윤기가 난다. 역시나 어떤 남자가 다가간다. 멀리서 봐도 말하는 내용이 다 들리는 듯했다. 남자가 여자의 시선을 맞추려고 쪼그려 앉았고 여자는 남자를 힐끗 보더니 고개를 좌우로 돌린다. 남자가 단념하는 듯 일어나다가 다시 한 번 얘기를 했는데 여자가 단호하게 거절했다. 남자는 헛웃음을 치면서 돌아갔는데 순간 그 남자의 심정이 어떨지 이해할 수 있었다. 맞아, 그 기분 잘 알지.

첨벙첨벙하며 어린애가 된 듯 마냥 기쁘게 놀고 있는데 외국인인 내가 신기했는지 같이 비치볼을 가지고 놀자는 꼬마 아이가 나타났다. 근데 몇 번 던지다 뭐가 마음에 안 들었는지 표정이 굳어지더니 제 엄마에게 다시 돌아간다. 세게 던지라고 했는데 내가 너무 살살 던져서 재미가 없었나? 다음에는 내 또래로 보이는 사람들이 와서 같이 놀자고 한다. 같이 놀았다. 한국인이라 하니까 그들이 한국에 대해 궁금한 것을 물어봤다. 그래서 내가 알고 있는 단어로 열심히 말하긴 했는데 알아들었는지는 모르겠다. 시간이 얼마가 지났을까 몸이 처지면서 물에 있는 게 힘들어졌다. 나는 물에서 나와 일행이 있는 곳으로 갔다.

"형 안 들어 오고 뭐해요?"

"아까 많이 들어갔잖아. 힘들어. 이거나 먹어."

"나이스."

형이 흑맥주를 사 왔다. 500cc 플라스틱 컵에 들어있는 맥주를 마시고 잠시 누워서 주변을 살피다가 배구코트로 눈이 갔다.

"여자들도 배구 잘하네요."

"그러게. 자주 하나 보네."

"비치 발리볼~"

히드로빠르크가 너무 편안해서 천국에 온 것 같았다. 콧노래가 나왔다. 웬 할아버지 한 분이 수건을 걸치고 배구코트 옆에 서 계셨다. 같이 하자고 말하는 것 같았는데 배구를 하고 있는 사람들이 흔쾌히 수락한다. 할아버지가 내 또래들과 배구를 하다니 볼 수 없는 광경이다. 그리고 더 신기한 볼거리는 할아버지가 걸치고 있던 커다란 수건에 가려져 있던 몸이었다. 수건을 벗으니 몸이 장난이 아니었다. 흔히 말하는 몸짱이시다. 탄탄한 몸을 가진 할아버지는 여름의 강렬한 햇볕 때문인지 더 선명하게 빛났다. 구릿빛 근육만 보면 할아버지로 분장한 것은 아닌지, 백발도 염색한 것은 아닌지 의심이 갈 정도로 몸이 대단했다. 배구 실력도 젊은 사람들에게 뒤지지 않을 정도였다.

한글학교와 아이들

장을 보거나 분수가 시원하게 나오는 공원에서 벤치에 앉아 책을 읽고 싶은 마음이 드는 화사한 토요일, 나는 한글학교에 아이들을 가르치러 왔다. 한글학교는 토요일에 일찍 일어나야 한다는 것만 빼면 스트레스 받을 일은 없다. 수업도 현재 한국 교육부에서 제공하는 초등학교 국어책으로 하기 때문에 어려울 게 없다. 다만 시 부분은 아이들이 지루해 하는 바람에 금방 넘어갈 수밖에 없었다.

나는 수업이 지루해질 때쯤, 국어책과 상관없지만 알아두면 좋을 얘기나, 역사의 큰 틀 등을 알려주기도 했다. 수업이 매주 토요일 오전 10시에서 오후 1시까지 3시간 동안 진행되다 보니 국어책만 다루기에는 문제가 있었다. 그렇게 수업 외의 이야기를 하다가 한 번은 어릴 적 태권도 배울 때 줄줄이 외우고 다녔던 삼강오륜을 알려준 적이 있다. 칠판에 '군위신강, 부위자강, 부위부강 - 삼강', '군신유의, 부자유친, 부부유별, 장유유서, 붕우유신 - 오륜'이라고 적었다. 아이들이 초등학교 6학년이라서 이런 것도 알려줄 수 있던 것 같다.

"이게 뭐예요?"

매주 빠지지 않고 나오는 학생 중 한 명인 지아가 물어본다.

"삼강오륜이라고 하는 건데 알아두면 좋은 거야. 근데 강요는 안 할게. 달달 외울 필요는 없어."

정말로 외우라고 강요할 생각은 없었다. 이런 걸로 스트레스 주고 싶지 않았고, 한글학교의 목적이 먼 타지에서 한글을 잊지 말라는 것이기 때문에 그냥 이런 글도 있다는 것을 보여주고 싶었을 뿐이다. 그러나 아이들은 공책에 적기 시작한다.

"음, 얘들아. 이거 적지 않아도 돼."

"그래도 알아 두면 좋은 거라면서요."

지아 뒤에 있는 남자아이 시우가 말했다.

"그러면 여러 번은 적을 필요 없으니까 한 번만 적어. 집에서 인터넷할 때 '삼강오륜' 한번 검색해 봐. 인터넷에도 잘 나와 있어."

"네."

나는 순간 한국 외딴곳에 있는 시골학교를 떠올렸다. 물론 외딴 시골학교에 다닌 적이 없지만. 학년 당 3개 이하의 반과 소수의 아이들, 그리고 선생님이라 불리기 부끄러운 나를 비롯하여 한글학교 선생님으로 불리는 사람들을 보면 이 학교가 그런 시골학교처럼 순수하게 돌아가는 것 같다는 생각이 들었다.

"이거는 현대 시대에서는 있어서는 안 되는 거야."

삼강오륜 뜻을 알려주면서 '부부유별'에 대해 설명을 한다. 여자 가장과 워킹맘, 전문직 여성 등과 공동육아, 공동살림 등 남녀평등이 이제 당연한 시대에 부부유별이란 단어는 있어서는 안 된다고 했다.

"그래서 지금 시대에서는 삼강오륜이 아닌 삼강사륜으로 불러도 무방하다, 이거지."

말이 너무 길어졌나, 아이들이 십중팔을 잃은 표정이다.

"그리고 맨 밑에 '붕우유신'. 이거 발음 잘해야 돼. 잘못하면 '붕신'으로 들릴 수 있으니까 실수하면 안 돼요."

이 말에 집중력이 흐려졌던 아이들의 표정이 웃는 얼굴로 바뀌었다. 큰 소리로 웃는 아이도 있었다. 이런 맛에 선생님을 하나보다.

"잠시 쉬었다 하자. 간식 먹자."

점심시간이 겹쳐서 진행되는 한글학교에서는 학부모님들이 십시일반 모아주신 돈과 대사관에서 나오는 지원비로 산 빵과 음료 등 간식이 나온다. 오늘은 슈크림 빵과 바나나, 요구르트가 나왔다.

선생님이 먹을 것도 같이 나와서 나도 간식 시간이 좋았다. 이 시간에는 아이들과 여행이나 음식 같은 사소한 얘기도 많이 했다.

"나는 샤우루마가 맛있던데."

"선생님 샤우루마 드세요?"

"응, 맛있잖아. 우리나라로 치면 떡볶이 같아. 길거리 음식."

"그거 왜 드세요!"

나랑 같이 얘기하던 지아와 수연이가 놀라듯이 물어본다. 그리고 나온 다음 말에서 미소가 나왔다.

"그거 비둘기 고기래요."

"누가?"

"학교 친구들이요."

"나 비둘기 고기 좋아해."

"꺅!"

농담으로 던진 말에 아이들이 놀라고 웃는데 그 모습이 참 재밌다. 어릴 때 학교 선생님들이 농담을 던지면 나와 친구들이 보이던 반응이 이런 장면이었을까 하는 생각도 든다.

"선생님 우리도 나가요!"

"응?"

"동생들 밖에서 놀고 있어요."

수업 중에 효인이가 느닷없이 밖으로 나가자고 한다. 창밖에는 아무도 없었지만 교실에서 보이지 않는 학교 정문 쪽에서 아이들이 놀고 있다.

알고 보니 혜은이가 이 날 사정이 있어서 승윤이 형한테 대신 일을 해 달라고 부탁한 것이었다. 그런데 이 형이 수업 중간에 아이들을 밖으로 데려가서 '얼음 땡' 놀이를 하고 있다. 아무도 해 본 적 없는 일이다.

"나가서 놀아요."

"하던 거 마저 해야지."

"아, 그냥 나가요. 쌤."

이것을 해도 되는지 고민을 한다. 부모님들이나 여기 다른 선생님들(교장,

목사, 회계 등) 눈에 들어와도 괜찮은 건가? 하고. 하지만 그냥 마음을 비웠다.

"근데 곧 수업시간 끝날 시간이라 별로 못 놀 텐데?"

"괜찮아요."

"그래 이번 수업시간 끝날 때까지만 놀자."

"네!"

그리고 우리가 나가려는 찰나, 승윤이 형네 반이 들어왔다.

"형 끝났어요?"

"어, 애들 다 놀았어."

"근데 나가도 된대요?"

"몰라."

그렇게 승윤이네 반 아이들은 교실로 들어갔고 우리 반은 풀밭에 벌레를 잡고 뛰어다니면서 놀았다. 나는 처음에는 이래도 되는 건가 싶었지만 곧 그게 쓸데없는 생각이란 것을 알았다.

한 달 정도 되는 여름방학을 보내고 한글학교가 다시 열렸다. 그동안 바뀐 게 많았다. 교장 선생님도 바뀌었고 중고등수학 전담 선생님도 생겼다. 김수민 목사님께서 수학 선생님을 담당해주셨다. 한글학교 장소도 바뀌었다. 봄 학기에는 셰브체코 대학교에서 강의실을 빌려서 사용하다가 현대에서 센터를 하나 빌려주어 거기로 이동해서 수업을 했다. 그리고 이번 학기에는 키예프에 있는 영어학교를 토요일마다 빌려서 한글학교를 여는데 아이들과 진짜 학교에서 하니 진짜 선생님이 된 기분이었다. 아이들도 많이 바뀌었다. 그동안 부모님을 따라 다른 나라로 가게 된 아이들도 있었고, 새로 들어온 아이들도 있다. 한번은 수업하기 전에 교실 뒤편에 붙어 있는 세계지도를 봤다. 원래 영어학교 선생님이 붙여 놓으신 모양이었다. 그런데 그 지도를 보니 동해에 'Japan Sea'라고 적혀 있었다. 'East Sea'라는 글자는 없었고 그저 'Japan Sea'라고만 표기가 되어 있었다. 께름칙한 기분이 든 나는 매직으로 'Japan Sea'를 지우고 그 위에 'East Sea'라고 적어놨다. 그 지도가 지금도 남아있는지는 모르겠다.

한국, 우크라이나, 터키

"지금 몇 시야?"

"9시."

"이제야 노을이 지는구나."

"해 엄청 길어."

서머타임이 적용된 한여름 밤에 우리는 기숙사 캠퍼스 한편에 자리 잡아 맥주를 마시고 있었다. 밤 8시인데도 해가 아메리카 대륙으로 넘어갈 생각을 안 하고 멀쩡히 떠 있었다. 서머타임 기간에는 밤 8시에 해가 떠 있는 경우가 허다하다. 해가 가장 길 때는 밤 10시에 지고 새벽 4시에 뜬다. 그런 날에는 새벽 일찍부터 해가 강렬한 햇빛으로 방 커튼을 뚫고 들어오기 때문에 숙면을 취하기 힘든데, 그럴 때는 수면안대를 사용했다.

"슬라바 우크라이니(우크라이나에 영광을)!**"**

"게로얌 슬라바(영웅들에게 명예를)!**"**

노을이 지고 점차 어두워지는 한여름 밤. 술과 분위기에 취한 학생들이 자신의 조국 우크라이나를 향해 큰 함성과 환호를 지르고 있었다. 우리나라로 치면 **"대한민국 만세! 대~한민국! 짝짝 짝짝 짝"** 정도 되는, 나라를 위한 외침이라 볼 수 있다. 보통 이 말을 2, 3번 외친다.

"슬라바 우크라이니!"

"게로얌 슬라바!"

"푸틴~!"

"후일로~!"

한 여학생이 푸틴을 외치자 다른 사람들이 뒤에 다른 구호를 크게 외쳤다. 이것은 유로-마이단 사태 이후 반러감정이 격해진 우크라이나 국민들이 외치는 함성인데, "푸틴 대통령 × 먹어라"라는 뜻으로 해석할 수 있다.

이게 참 재밌는 게, 같이 어울리다 보면 외국인인 내가 해도 모두 호응해준다는 거다.

"슬라바 우크라이니!"

이렇게 선창하면,

"게로얌 슬라바!"

라고 후창을 해준다. 그러면 외국인인 내가 하는 게 신기한지 재밌는지는 모르겠지만 박수를 치는 사람들도 종종 있었다.

"대단해. 굿."

페트로가 손에 들고 있던 병맥주로 건배 제스처를 취하며 말한다. 나는 우크라이나 친구 페트로와 터키 친구 아즈만이랑 같이 기숙사 캠퍼스에 있었다. 페트로와 나는 체르니깁스케 맥주를 마셨는데, 아즈만은 종교가 무슬림이라 술을 전혀 입에 대지 않았다.

"너 진짜 안 먹어?"

"뭐, 술? 진짜 안 먹어."

"한 번도 안 먹어봤어?"

"응."

"근데 무슬림 중에도 조금씩 먹는 사람들 있잖아."

"그 사람들은 가짜야."

엄청난 신자다. 어릴 때부터 음주를 안 하는 환경에서 자란 탓이 크겠지만 친구들이 먹는데 안 먹는 것은 엄청난 결단이다. 술 얘기를 하다 보니 돼지고기 얘기도 물어보게 됐다.

"돼지고기도 안 먹어?"

"응. 근데 어릴 때 한번 먹어봤어."

그랬더니 옆에서 듣기만 하던 페트로가 물어봤다. 돼지고기를 먹어봤다는 이야기에 궁금증이 생겼나 보다.

"어릴 때 부모님이 한 번 먹어보라고 줬어. 그리고는 지금까지 한 번도 안 먹었어."

들어보니 무슬림도 돼지고기를 평생에 한 번은 먹는다고 한다. 어릴 때 돼지고기가 무슨 맛인지 부모님이 조금 먹여 주시는 거다. 그리고는 "무슨 맛인지 알지? 이제 먹지 마"라고 교육을 한다는 거다. 이유야 여러 가지가 있겠지만 아즈만 가족의 경우는 한 번도 먹지 않고 자라면 나중에 돼지고기가 무슨 맛일까 하고 궁금증에 손을 댈까 봐 미리 준 거였다고 한다. 실제로 궁금증을 참다가 오히려 돼지고기에 입을 대게 되는 경우도 있다고 한다.

"대단하다."

"근데 할랄 도장 찍혀있는 것은 가끔 먹어."

돼지고기는 안 먹지만 소나 양 중에 할랄 도장이 찍혀있는 것은 먹었다. 여기서도 일부러 할랄 고기를 사기 위해 기숙사에서 꽤 멀리 있는 마트에 갔다 오는 경우가 종종 있다.

"저기 3명."

"어디?"

"한 명 금발, 두 명 흑발."

사람들이 제각기 즐거운 시간을 보내는 가운데 여자 3명이 눈에 들어왔고, 우리는 마치 액션영화처럼 표적에 대해 얘기했다.

"아즈만, 가자!"

"에이, 나 안 해."

우리 중에서 키가 제일 큰 아즈만을 선두에 내세워 놀아보려고 했는데, 얘가 셋 중 제일 소심하다는 게 문제였다. 키 큰 사람은 싱겁다더니, 딱 아즈만을 두고 하는 얘기다.

"이쁜데."

페트로가 맘에 드는 여자가 있는지 계속 주시해서 보고 있다.

"페트로, 가서 합석하자."

말 끝나기 무섭게 페트로가 자리 잡고 앉아있는 여자 3명에게 다가간다. 가서 말을 주거니 받거니 꽤 길게 하더니 여자들이 아즈만과 내 쪽을 힐끗 바라봤다. 그리고 얼마 지나지 않아 페트로가 돌아왔다.

"쟤네가 같이 놀자는데."

"오, 페트로 능력자."

솔직히 나도 아즈만도 반포기 상태로 페트로를 보고 있었다. 그 여자들도 그냥 바람 쐬러 나온 걸로 보였는데 이렇게 흔쾌히 받아줄 줄이야. 그 순간 한국, 우크라이나, 터키 3국 연합이 결성됐다.

"하이."

"하이."

우리는 여자들이 있는 곳으로 가서 한 사람씩 비집고 들어갔다. 3명 모두 우크라이나 사람이었다.

"술 먹어요?"

"아, 이거요? 이거 다 먹었어요. 잠시만요."

손에 병맥주를 들고 있던 나는 남은 맥주를 비워서 쓰레기통에 버렸고 페트로도 마저 다 마셨다.

"천천히 마셔도 돼요."

"아니에요. 괜찮아요. 우리 둘만 마시면 보기 안 좋잖아요."

갑자기 여자들끼리 무엇인가 빨리 말하기 시작했다. 언어가 서툰 나른 당연히 알아듣지 못했고, 아즈만도 정신없는 듯했다. 그래서 페트로에게 무슨 말이냐고 눈짓을 보냈는데 자기도 여자들이 빨리 말하는 건 모르겠다는 제스처를 취했다. 하긴 한국말로도 여자들끼리 빨리 말하는 건 못 알아듣는 게 많으니, 그것과 비슷한 상황이었다.

"어디에서 왔어요?"

"저 한국에서 왔어요."

옆에 있는 흑발의 여자가 물어본다. 검은 눈동자가 다 보일 정도의 큰 눈은 살짝 밑으로 처져있었고, 얼굴과 턱은 둥글둥글한 편이었다. 얼핏 보면 울상이라고 착각할 수도 있지만 금세 굉장히 귀여운 강아지 상의 얼굴이라는 생각이 들었다.

"와, 한국! 저 한국 되게 좋아해요!"

"아, 그래요?"

'오췬 하라쇼(Very good)!' 한국을 좋아한다니! 알고 보니 지금 내 옆의 강아지 상인 그녀도 한류에 빠진 여자였다. 한류 덕에 호감을 얻은 것 같아 기분이 좋았다. 한류 만세. 조인성, 김수현처럼 생기지 않아도 일단 한국에서 왔다고 하면 호감도가 상승하는 것이다.

"셰브첸코 다니죠? 전공이 뭐예요?"

"이탈리아어요. 그쪽은요?"

"저는 교환학생으로 와서 러시아어 배우고 있어요."

"여기서 처음 배우는 거예요?"

"네 3월에 알파벳부터 배웠어요."

"그럼 별로 안 됐는데? 되게 잘하네요!"

여자의 예의 있는 뻔한 칭찬인데도 불구하고 나는 기분이 좋아졌다.

"아, 아니에요. 이탈리아어로 '안녕'이 뭐예요?"

난 내가 이렇게 말한 것이 다행이라고 생각했다. 처음에는 이탈리아란 단어만 듣고 피를로, 가투소, 토티, 마테라치 등의 이탈리아 축구선수 이름을 말할 뻔했기 때문이다. 그녀는 이탈리아 인이 아니라 이탈리아어를 전공하는 것뿐이고, 축구선수 얘기가 흥미를 끌 가능성은 희박했다. 여자는 눈꼬리가 살짝 내려간 매력적인 눈웃음을 보이며 알려줬다.

"챠오(안녕하세요)."

"챠오?"

"네, 맞아요."

"챠오, 제부슈까(안녕, 아가씨)."

이렇게 서로 나름 재밌는 시간을 보내다가 페트로와 아즈만을 봤다. 페트로도 나처럼 옆에 앉은 여자와 얘기를 했는데, 그 사람이 페트로가 처음 마음에 들어 했던 여자였는지는 모르겠다. 그리고 나와 페트로 때문에 오게 된 아즈만은 긴 다리를 어찌하지 못하고 어정쩡한 자세로 앉아 여자랑 말을 하고 있었다. 여자 표정으로 봐서는 아즈만도 생각보다 적극적으로 얘기를 하는 듯했다.

"이제 들어가야겠다."

아즈만과 같이 있던 여자가 일어나면서 말했고, 같이 있던 친구들도 덩달아 일어났다.

시간이 꽤 지났는지 기숙사 캠퍼스에 있던 학생들이 방으로 들어갔다.

"그래요. 우리도 가야지."

나랑 아즈만, 페트로도 일어났다.

"아띠오(잘 가요)."

강아지 상의 그녀와 얘기를 하는 동안 느려터진 2G 스마트폰으로 이탈리아어 작별인사를 검색해 뒀다. 인터넷이 느려서 답답했지만 꼭 찾아서 말하고 싶었다.

"아띠오(잘 가요)."

그녀는 귀여운 눈으로 나를 보며 인사했다. 그리고 친구들과 기숙사로 돌아갔다.

번호는 묻지 않았다. 딱히 이유는 모르겠지만 왠지 묻고 싶지는 않았다. 단지 이 시간만 즐기고 헤어지는 게 좋겠다는 생각이 들었다.

"네 옆에 여자 예쁘던데?"

아즈만이 말했다.

"응. 예뻤는데 이름도 모르고 번호도 몰라. 너는?"

"나도 번호 안 물어봤어."

아즈만도 나랑 같은 기분이었을까. 그냥 이 시간에만 얘기하면서 노는 것이 좋다는 기분.

"페트로는 번호 교환한 거 같은데?"

"응. 번호는 교환했지."

페트로는 같이 얘기하던 여자와 번호를 교환했다는데 그 이후에 사귀었는지는 모른다.

여자들은 이미 안 보인지 오래였고 우리도 기숙사 건물 쪽으로 걸음을 옮겼다. 가는 길에 멀리서 한국말이 들리기에 그 방향으로 고개를 돌렸더니 연화랑 주현이 민혜, 슬기가 산책로를 걷고 있었다. 잠깐 걷기 운동이라도 하려고 나온 듯했다.

브라질 월드컵

습기가 전혀 없이 건조한 기후가 이어지는 우크라이나의 6월. 브라질 월드컵이 얼마 남지 않았는데 한가지 걸림돌이 있었다. 인터넷도 느리고 TV도 없는데 월드컵을 어디서 봐야 하나라는 고민 아닌 고민이 생긴 것이다.

나우키 대로 10번지 한 중국집.

"아까 우크라이나 애 키 엄청 크더라."

"와, 진짜 장난 아니었어요. 코트에 있는 다른 사람들보다 훨씬 크던데요."

"물어봤는데 키가 2미터래."

나는 한국 형들과 기숙사 캠퍼스의 농구 코트에서 농구를 하고 저녁을 먹으러 중국집으로 왔다. 우리 테이블에는 볶음밥 세 개와 탕수육 두 개가 놓여있었고, 각각 한 잔씩 스텔라 맥주를 마셨다. 익현이 형, 민준이 형, 호영 형, 지원이 형까지 모두 승윤이 형을 통해 알게 된 식상인 멍들이다. 다들 가끔 셰브첸코 기숙사 캠퍼스로 농구를 하러 오는데 그 형들이 승윤이 형을 부르다 보니 나도 같이 나가게 됐고 지금은 이렇게 다 같이 친해졌다.

오늘도 농구를 하는데 어떤 팀에 유독 키 큰 사람이 있었다. 너무 커서 민준이 형이 물어봤는데 키가 2미터라고 했다. 농구를 자주 하지는 않았지만 형들이 오면 우리는 선수 출신인 호영이 형을 필두로 항상 팀을 꾸렸는데, 나를 비롯한 몇몇이 구멍이라 호영이 형 혼자서 그 구멍을 다 메우기는 어려웠다.

"너네 많이 먹어. 먹고 더 시켜도 돼."

"네, 감사합니다."

소치 올림픽 등 국제대회나 기업들을 상대로 통역 일을 맡아서 하는 익현이 형이 많이 먹으라고 했다. 그래서 많이 먹고 또 먹었다.

"곧 월드컵 하는데, 16강 올라가겠죠?"

"아, 맞아. 곧 월드컵 하네."

형들도 관심 있어 하는 월드컵으로 대화 주제를 바꿨다. 우리 같은 축구 팬들이 월드컵을 기다리는 이유는 한국 경기 결과가 궁금한 것도 있지만, 그 외에도 다른 재밌는 매치가 많기 때문이다.

"개막전이 브라질이랑 어디지?"

"브라질이랑 크로아티아요."

축구선수 이청용을 판박이로 닮은, 여행사에서 일하는 지원이 형이 물어보자 내가 바로 대답했다.

"와, 그거 진짜 봐야 하는데."

역시 스포츠 좋아하는 사람들은 통한다. 개막전인 '브라질 대 크로아티아'부터 빅 매치라는 것을 아는 것이다.

"한 곳에서 보면 좋을 텐데. 볼 데 없나."

내가 기다리던 말이다. 월드컵을 같이 볼 수 있고 편한 공간 말이다.

"음, 일단 집주인한테 물어봐야지. 학생회장네는 유학생들 주류가 많이 가서 불편할 거 같고."

한국인 유학생회장의 집이 넓긴 하지만 거기는 일단 탈락이다. 집을 제공해 줄 만한 시은 누나, 용준이 형 등 많은 사람의 이름이 오르내린다.

"은아한테 말해볼까?"

"근데 은아가 축구를 좋아할지 모르겠네요."

익현이 형과 승윤이 형이 그렇게 대화를 하는 동안 나는 옆에서 맥주를 마시고 있었다. 나는 방금 형들이 말한 사람들을 몰랐기 때문이다.

며칠 뒤, 월드컵을 볼 장소가 정해졌다. 마지막에 이 자리에는 없던 은아 누나 집으로 가기로 했다. 은아 누나는 승윤이 형과 동갑으로, 나보다

2살 많았다. 누나는 집에 혼자 사는데 열댓 명이 모여도 좁지 않은 넓은 집에서 생활하고 있었다. 우리는 맥주와 치킨, 요리할 여러 재료들을 사 들고 집에 찾아갔다. 월드컵 하기 몇 시간 전부터 모여서 부엌에 앉아 요리도 하고 술도 먹기 시작했다. 여자 혼자 사는 집에 남자들이 월드컵을 보러 왔으니 요리와 설거지는 우리가 했다. 우익이 형, 재광이 형 등 처음 보는 분들과도 서서히 얼굴을 익히고 친해지게 됐다.

우익 형은 군인 신분으로 현재 소령이고 우크라이나로 파견을 와서 키예프 군사대학을 다니고 있다. 군인 신분으로 일하러 오다 보니 우리처럼 마음대로 외국 여행은 하지 못한다고 했다. 여권 색도 우리와 다른 빨간색이라고 했던 것 같다(정확하지는 않다). 또 재광이 형은 여기서 지낸 지 오래된 사람중 한 명으로 대사관에서 일을 하고 있다.

그렇게 월드컵으로 뭉친 우리는 집주인인 은아 누나에게 고마워하며 개막전인 '브라질 대 크로아티아'부터 한국이 조별리그에서 떨어질 때까지 월드컵을 즐겼다.

"나이스!"

학생들은 한화로 5천 원, 직장인은 만원 이상의 금액인 흐리브나를 걸고 스코어 맞추기 내기를 했다. 개막전인 '브라질 대 크로아티아'는 3:1로 브라질이 승리했다. 12냥이 내기에 참가해서 돈이 꽤 모였는데, 그 돈은 3:1을 맞춘 승윤이 형이 독식했다.

"개막전 끝났네. 다시 술이나 좀 먹고 가자."

다들 술을 마셔서 여기서 자고 가고 싶었겠지만 여자 혼자 사는 집에서 그럴 순 없기에 집으로 돌아갔다. 하지만 월드컵 기간 동안 이런 일이 몇 번 반복되니 은아 누나도 집에서 자는 것을 허락해줬다. 나랑 승윤이 형, 민철이 형 등 은아 누나 또래는 손님 방으로 사용한다는 방에서 잤고 직장인 형들은 거실에서 자고 갔다.

"한 명은 광 팔고. 자 돌린다."

동양문화, 꽃의 전쟁이라는 화투패도 등장했다. 러시아전이 열리기 2시간 전, 은아 누나네 집은 경기를 즐기러 온 사람들로 붐볐다. 경기 전에 고스톱으로 흥을 돋웠는데 나는 패 맞추기만 할 줄 알 뿐, 점수 세는 법을 몰라서 참여는 안 했다. 고스톱을 안 하는 사람들은 부엌에서 이런저런 얘기도 하고 맥주와 안주를 먹으며 기다렸다.

"경기하기 전에 또 스코어 해야죠?"

나는 A4용지와 펜을 준비한 뒤 형들이 스코어를 쓰기를 기다렸다.

"러시아? 러시아라… 러시아, 이기겠지."

다들 러시아가 이긴다는 시나리오로 예상했다. 스코어는 2:1, 2:0, 3:2 등 다양하게 나왔다.

"저는 1:1 무승부 봅니다."

나는 1:1 무승부를 썼다. 우리나라는 대체로 월드컵은 1승 1무 1패 전략을 내세운다. 객관적으로 봤을 때 우리나라가 16강에 오를 수 있는 경우의 수 중 그게 가장 가능성이 높기 때문이다. 그래서 그중 1무는 왠지 러시아일 것 같아서 1:1 무승부를 썼다.

"나는 1:0으로 우리나라가 진다."

승윤이 형이 농담 반 진담 반으로 쓰자 웃는 사람들도 있었다.

"왜 그렇게 써?"

"저는 내기에서 한번 이겼기 때문에."

재미로 하는 내기라 금액이 크지 않기 때문에 한 번 이긴 사람은 이렇게 여유를 부리기도 했다.

러시아전 결과는 다 아시다시피 1:1 무승부. 이날 내기 판돈은 내가 가져갔다. 그때 모인 돈은 한화로 9만 원 정도 됐다. 나도 맞춘 내가 놀라웠다.

역시 우리나라는 1승 1무 1패 전략이다.

알제리도 다 같이 모여 응원했지만 처참한 패배였다. 마지막 벨기에서 꼭 이겨야 16강 희망이 있었으나 벨기에 선수 스테번 드푸르가 퇴장당했음에도 불구하고 1:0으로 패배하였다.

이날은 그동안 참석하지 못했던 민준이 형의 여자친구 시은이 누나도 왔다. 시은이 누나는 우크라이나어를 현지인 수준으로 잘했다. 월드컵 이후에는 몇 번 만나서 같이 밥도 먹고 술도 먹고 놀았는데 말할 때 콧소리가 섞여 나오면서 굉장히 매력 있는 목소리를 가지고 있었다. 한국인 친구들 사이에서 인기가 가장 많았던 걸로 기억한다.

은아 누나에게는 여전히 고맙다. 축구를 전혀 모르는 사람 집에서 남자들이 월드컵을 봤으니까. 누나가 아니었다면 우리가 월드컵을 그렇게 편하게 보기는 힘들었을 것이다.

한 가지 아쉬운 것은 우크라이나가 프랑스와 월드컵 티켓을 건 플레이오프에서 패배하여 브라질 월드컵에 참가하지 못했다는 점이다. 우크라이나가 월드컵 본선에 갔다면 정말 재밌었을 텐데.

프랑스 원정 1차전에서 2:0으로 승리한 우크라이나가 홈에서 열린 2차전에서 내리 3골을 먹혀 최종 스코어 2:3으로 떨어질지 누가 알았을까.

우크라이나 해양도시 오데사

밤 11시의 데밉스카역.

"오데사 오면 버스가 두 번 멈추거든, 첫 번째 말고 두 번째에 내려서 전화해."

"네, 알겠습니다."

키예프에서 오데사로 가는 버스가 출발하기 전 대학교 과 선배랑 통화했다. 버스 기사에게 표를 보여주고 버스에 올랐다.

"오빠, 잘 갔다 와."

"웅, 고마워."

좌석을 찾아 앉았다. 창밖에서 연화랑 주현이가 점프하면서 해맑은 미소로 잘 갔다 오라고 손짓한다.

키는 나랑 비슷한 170㎝ 중반인데 여자다 보니 나보다 더 커 보이는 연화랑 주현이. 이 둘은 항상 '원 플러스 원'으로 붙어 다녔다. 학교, 기숙사는 물론 여행, 시장, 운동, 산책 등을 모두 둘이 같이한다. 그래서 연화가 연락이 안 되면 주현이한테 연락하면 되고, 주현이가 연락이 안 되면 연화에게 연락하면 된다.

한번은 방학 때 연화랑 주현이랑 셋이 처음이자 마지막으로 술을 먹은적이 있었다. 주현이랑 연화… 술 엄청 잘 먹었다. 처음에는 내가 보드카 1L짜리 1병을 사 와서 그것만 마시기로 했다. 그런데 서로 외국생활, 한국생활, 이성 얘기 등을 하다 보니 생각보다 금방 술이 동났다. 1L면 충분할줄 알았는데 오히려 부족했다.

"우리 와인 있어. 이거 먹자."

"어? 와인? 콜."

술이 부족했던 참에 연화가 침대 위에 있는 수납장에서 와인 두 병을 꺼냈다. 어디 거냐고 물어보려다 말해줘도 모를 것 같아서 넘어가기로 했다.

"여기 와인 잔."

주현이가 와인 잔을 줬다. 와인 잔은 위에는 크고 다리는 짧다. 다리가 짧은 게 나를 좀 닮았다.

"와인 잔도 있어? 되게 분위기 있게 먹는다."

"와인 잔에 와인 먹는 게 분위기 있게 먹는 거야?"

"그냥 하는 말이지."

보드카로 기분이 알딸딸해지니까 싱거운 농담을 해도 웃음이 끊이질 않았다.

"연화, 주현이를 위하여."

"오빠도 위하여."

와인 잔은 경쾌하게 부딪히며 안에 담겨 있는 와인을 출렁이게 만들었다. 경쾌한 술잔 소리가 계속 이어졌는데 어느새 와인도 다 마셔갔다.

"술 더 먹어야지."

연화가 술을 더 먹어야 한다고 말한다. 연화랑 주현이가 술이 생각나는 날에 내가 우연찮게 연락을 한 것인지, 내가 싫어하는 술을 사 와서 앞으로는 사 올 엄두도 못 내게 끝장을 내려고 하는 것인지 모르겠지만 술은 계속 넘어갔고 이 자리는 끝날 분위기가 아니었다.

"야야, 술 없다. 이제 그만 먹자. 나 갈게."

"어디가… 술 없으면… 사 오면… 되지… 우리가… 사 올게…."

"야… 너희 진짜 더 먹을…?"

딸꾹.

나는 말하다가 딸꾹질이 나서 말을 끝맺지 못했다.

"왜… 오빠 못 먹어…? 먹고, 먹고… 해장술 먹으면… 되지!"

연화가 말했다. 나는 내가 술 동무로 너무 과한 상대를 만났다는 생각이 들었다.

　셋 다 혀가 꼬였지만 연화, 주현이는 술을 사 오겠다고 했다. 그래서 난 기다렸다. 기다리는 동안 동생들이 키우는 고양이와 놀려고 고양이를 불렀다.

　"가을아 이리와."

　이름을 부르면서 고양이를 끌어안는 순간 가을이가 거부하며 발을 계속 휘저었다. 결국 놓쳤는데 그 순간 쨍그랑! 하고 와인 잔이 깨졌다.

　"오… 이런…."

　가을이를 찾았지만 녀석은 이미 잽싸게 침대 구석으로 숨어버렸다.

　"오빠 술 사 왔어."

　주현이가 캔맥주와 페트병 맥주를 책상에 올리면서 말했다. 그러다 시선이 깨진 와인 잔으로 향했다.

　"와인 잔 깨졌네?"

　"가을이랑 놀려다가 가을이가 발로 찼어. 미안."

　"괜찮아. 오빠는 다쳤어?"

　"아니."

　"그럼 됐어."

　시원한 성격으로 무장한 연화와 주현이는 아무렇지 않다는 듯 얘기했다. 와인 잔에 크게 여의치 않아서 다행이었다. 나는 동생들이 사온 캔을 따서 마셨다. 머리가 빙글빙글 돌았다. 이제 정말 마지막 술이었다.

　"우리 사진 찍자."

　연화가 사진 찍자면서 흰색 캐논 카메라를 꺼냈다. 카메라가 이쁜 게 남자보단 여자들이 좋아할 만한 카메라 같았다.

　"이리… 와. 주현이… 너도… 하나, 둘…."

　그렇게 사진을 몇 장 찍고 나서 연화는 팔과 다리로 숫자 8을 만들며 누웠다. 그런 연화를 주현이가 순간적으로 업어서 침대로 올려 놓았고, 앉아서 졸고 있던 나까지 둘러메고 8층 방으로 데려다 주었다.

다음 날 눈을 뜬 나는 중간중간 기억이 나지 않아 걱정되어 주현 연화 방에 가 봤다. 그랬더니 둘은 업어가도 모를 정도로 쥐 죽은 듯 침대에서 자고 있었다. 연화가 가끔 쓰는 안경은 바닥에 깨져 있었고 맥주 한 병은 냉동실에서 꽁꽁 얼어있었다. 나는 일어나면 냉수로 정신이라도 일단 차리라고 6L짜리 물 한 병을 사 놓고 다시 방으로 올라왔다.

며칠 뒤 그 날 찍은 사진 좀 보자고 연화한테 말했더니 삭제된 건지 술에 취해 찍은 척만 한 건지 사진이 없어졌다고 했다. 사진 찍었을 때의 기억은 3명 모두 없었고 나머지 기억들도 듬성듬성 날 뿐이었다.

아무튼 아마 그때부터 연화랑 주현이랑 더 친해지지 않았나 생각한다. 지금 연화랑 주현이가 데밉스카역에서 나를 배웅해주고 있는 것도 내 방의 인터넷이 느려 시간 확인이 안 됐는데 그 애들이 데밉스카역을 지나는 길이라며 나보다 먼저 도착하여 시간을 알아봐 줬기 때문이다. 나는 창밖에 서 있는 연화랑 주현이에게 들어가라고 손짓한 뒤 출발했다.

출발은 밤 11시, 도착 예정시간은 오전 9시다. 지도를 보니 대략 480㎞가 된다. 10시간이 걸리는 장거리 여행이지만 버스에서 푹 자고 아침에 도착하면 되니 괜찮은 시간대였다. 밤 11시에 출발한 건 그 날 오데사에 가고 싶은 마음이 모두 들었기 때문이었다. 그곳에 살고 있는 선배한테 연락한 다음 가장 빠른 시간대 표를 알아본 건데 그 표가 밤 11시 출발이었다.

버스는 생각보다 좋았다. 좌석은 왼쪽, 오른쪽 모두 2명씩 앉는 크기인데 우리나라 고속버스보다 편안했고 비행기처럼 영화나 음악을 듣는 TV도 있다. 이렇게 좋은 고속버스도 만들면서 왜 400원짜리 시내버스는 구닥다리인지 모르겠다.

"삼촌, 언제 도착해?"

"조금 기다려. 곧 도착할 거야."

"아까도 기다리라며. 얼마나 기다려?"

만 3세 정도로 보이는 커다란 파란 눈을 가진 남자아이와 키가 180㎝은 족히 넘어 보이는, 삼촌이 같이 탔는데 조카가 지루한지 계속 삼촌을 못살게 군다. 심야 시간이라 자는 손님들이 많아 아이 목소리가 더 크게 들리는 듯하다.

"삼촌."

"쉿, 사람들 자지? 떠들면 안 돼."

삼촌이 눈치가 보였는지 조카를 진지한 눈빛으로 바라봤고 조카는 바로 조용해졌다. 그리고 그 아이도 졸렸는지 3분도 안 돼서 바로 잠들었다.

나는 앞에서 3번째 좌석에 앉았는데 맨 앞에 앉은 버스 안내원도, 내 옆에 앉은 여자 승객도 잠을 자고 있었다. 내가 좌석에 앉았을 때 옆에 있던 승객은 나를 보더니 놀란 듯이 바라봤다. 동양인을 처음 본 모양이었다. 나와 눈을 마주치니 순간적으로 고개를 돌린 그녀는 계속 하던 핸드폰에 시선을 고정했다. 그녀는 브깐딱지로 친구와 채팅을 하는 것 같았는데 '내 옆에 중국인이 탔어'라고 썼을지 궁금했다.

나는 이상하게 잠이 안 오는 바람에 억지로 잠을 청했다. 그러나 새벽 4시면 찾아오는 너무 부지런한 해 덕분에 얼마 자지도 못하고 일어나야 했다.

키예프에서 오데사로 가는 길, 고속도로에 차는 하나도 보이지 않았고 바깥에는 끝없는 지평선이 펼쳐져 있었다. 풀과 흙밖에 없는 지평선은 한국에서 보기 힘들었기에 내 시선을 훔치기에 충분했다. 창밖의 지평선을 바라보며 멍하게 있는 순간 버스가 한번 멈췄다.

"다 왔다. 내리자."

삼촌이 자고 있는 조카를 깨우며 짐을 챙겨 내렸다. 여기는 정류장도 아닌 것 같은데 왜 내리나 싶었다. 넓은 지평선 가운데 멈춰 선 버스 주변에는 달랑 주유소만 있었는데, 그곳에 삼촌과 조카만 내렸다.

오데사에 도착했다. 우크라이나 해양도시 오데사. 우리나라 부산처

럼 도시와 바다가 함께 어우러진 곳이다(단, 우리나라처럼 바가지요금을 씌우진
않는다).

시간은 아침 5시 30분. 인터넷과 터미널에 쓰여 있는 예상도착시간인 오
전 9시보다 3시간 30분이나 일찍 왔다. 키예프에서 오데사까지 버스가 속
도를 줄일 일이 없어서 그런 건지 몰라도 너무 빨리 도착해 버린 것이다.

'선배한테 연락해야지.'

안 받아도 이상하지 않을 시간이었지만 주소도 몰랐기 때문에 멍하니
역에 서서 선배한테 전화를 걸었다. 다행히 선배는 전화를 받았다.

"선배님, 저 오데사 도착했어요."

"어, 그래. 좀만 기다리라. 형이 택시 보내줄게. 그거 타고 온나."

경상도 사나이인 경한이 형은 중저음의 목소리로 굉장히 진한 경상도
사투리를 쓴다.

"동양인 타세요."

택시기사가 나를 보며 말했다. 그 주변에 동양인은 나밖에 없었다.

"네."

경한이 형이 택시회사에 동양인 한 명이 역에 있다고 말했나 보다.

"어디서 왔어요? 중국?"

아침 이른 시간임에도 택시기사가 피곤한 기색 없이 나한테 궁금한 것
을 물어본다.

"한국에서 왔어요."

"아, 한국? 남쪽이요, 북쪽이요?"

"남쪽이요."

택시기사가 궁금해하는 걸 최대한 전달이 잘되도록 말하며 오다 보니
경한이 형이 보였다. 목적지에 도착했다.

"잘 가요."

"안녕히 가세요."

택시기사랑 인사하고 경한이 형에게 인사했다.

"안녕하세요."

"어, 그래 키예프에서 보고 오랜만이다."

1달 전인가 그때 오데사에 살던 경한이 형이 키예프에 여자친구와 놀러 와서 그때 같이 술 먹고 놀았다.

키 190㎝에 몸무게 110㎏의 거구인 경한이 형은 스킨헤드도 두렵게 만들 것 같은 인상을 가졌다. 또 경상도 특유의 사투리를 구사하니 상남자 포스가 흘러넘쳤다.

"시간이 아직 이르니까, 일단 집으로 가자."

"네."

형은 나처럼 학생 때 교환학생으로 와서 우크라이나 생활을 잠깐 한 뒤 졸업하고 우크라이나로 다시 돌아와 대학원을 다니고 있다. 오데사에서 대학원을 다니는 이유는 살기 좋은 곳이고 한국사람도 없기 때문이다. 오데사는 목사님 등을 포함하여 대략 10명의 한국인이 거주한다고 했다.

집으로 들어온 나는 짐을 풀었다.

"일단 자자. 너도 자."

"예, 저도 자야겠어요. 버스에서 잠을 못 자서."

우리는 일단 자기로 했고 눈을 뜨니 오전 10시였다.

"오데사 구경 좀 할까요."

우리는 바다로 갔다. 수건과 수영복으로 쓸 축구 바지를 가지고. 집에서 15분 정도 걸으니 바다에 도착할 수 있었다. 바다하고 집이 가까워서 좋다.

"여기는 내가 조깅 할 때 이용하는 코스."

"지금도 하세요?"

"지금은 잘 안 해."

모래사장과 바다가 한눈에 보이는 인도에서 사람들이 조깅을 하고 있는 사람들을 피해 모래사장으로 내려갔다. 아직 성수기를 맞이하기 전인 바다에는 붐비지 않을 정도의 사람들이 있었다. 충동적으로 왔지만 날짜를 잘 맞춰 온 것 같았다.

우리나라처럼 파라솔로 자리를 선점해서 바가지를 씌우는 사람은 없다. 돈을 내야 하는 것은 해안 의자 뿐이다. 사람들은 선베드에 누워있거나 앉아서 햇볕을 쬐고 있었고, 아이들은 모래성을 쌓거나 집에서 가져온 튜브로 물놀이를 하고 있었다. 우리는 자리를 잡아 돗자리를 펴고 누웠다. 살을 좀 태워볼까 했는데 선크림이 없었다. 그래도 그냥 누웠다. 한국에서도 바다에 잘 안 가는 나는 바다에 오랜만에 와서 이 시간을 여유롭게 즐기고 싶었다.

"히드로빠르크 아시죠?"

"그럼 알지. 형도 교환학생 때 많이 가서 놀았지."

"거기도 그렇고 여기도 그렇고 우크라이나는 전부 수영복 차림이네요."

"우리나라처럼 티셔츠 입은 사람이 드물지?"

히드로빠르크처럼 여기도 모두 수영복 차림이고 여자들도 어린아이부터 할머니까지 대부분이 비키니 차림이다. 살을 예쁘게 태우려고 선탠하는 20대 여자들 중에는 비키니 자국이 생길까 봐 끈을 풀고 엎드려 있는 사람들도 있다.

"형님 오데사 좋네요."

"너무 뚫어지게 보지 말그라."

"네."

자리에서 일어나 모래를 털고 바다로 걸어갔다.

"와, 너무 추워."

바다에 발만 살짝 담갔는데 더운 날씨와는 달리 바닷물은 너무 차갑다. 처음엔 경한이 형과 가위바위보로 진 사람만 물에 들어갔다 왔는데 나중에는 그냥 들어갔다. 물에서 모래사장을 보니 선탠하고 있는 여자, 책 읽는 여자에게 저절로 눈이 간다.

"아 추워."

바닷물이 너무 차가워서 10분 이상은 물에 있지 못했다. 물에서 나오니

햇볕이 다시 몸을 뜨겁게 만들고 모래사장이 발바닥을 따듯하게 해줬다.

"배구 할까?"

"저 잘 못해요."

"괜찮다. 그냥 하면 된다."

원래 스포츠를 좋아하지만 잘하지는 못했던 나는 생전 해본 적도 없던 비치발리볼을 하게 됐다. 공을 보고 뛰어가는데 모래에 발이 왜 이렇게 푹푹 빠지는지 비치발리볼 선수들 체력이 엄청나다는 것을 새삼 느꼈다.

"너 왜 이렇게 못해?"

"헉… 헉… 그러게요."

온몸에 진이 빠졌다. 그 와중 어떤 몸집이 큰 아저씨가 와서 말을 건넸다. 2:2 배구를 하자는데 내가 워낙 못하다 보니 우리 쪽에서 정중히 거절했다. 그리고 다시 자리로 가서 쉬다가 집으로 돌아왔다. 집으로 돌아와 샤워하고 옷을 갈아입었다. 시내 구경을 하기로 했기 때문이다. 우리는 집 앞에 바로 버스정류장이 있어서 버스를 탔다.

"제가 낼게요."

천 원도 안 되는 버스비지만, 나는 형에게 고마워서 내가 내겠다고 했다.

"아니, 여기는 키예프랑 달라서. 내가 할게."

우리나라에서는 버스 카드를 찍으면 되지만 여기서는 현금을 직접 운전자에게 줘야 한다. 키예프는 버스 기사에게 몇 명이 타는지 말하고 현금을 내는 시스템이다. 혹 사람이 많을 때 뒷문으로 타면 돈을 사람들 통해 버스 기사에게 전달하는 경우도 있다. 거스름돈이 있는 경우에는 다시 뒤로 전달해줘야 하기 때문에 조금은 번거로운 면이 있다.

그런데 오데사에서는 목적지를 미리 말하고 요금을 내는 시스템이었다. 이곳의 지명을 모르는 내가 버스비를 내봐야 당황스러운 상황이 생길 게 뻔했기 때문에 형이 낸다고 한 것이다.

오데사 시내에 도착하자 경한이 형이 가이드를 자처했는데 굉장히 감사했다. 덕분에 오데사를 편하게 돌아다녔다.

"일단 형 여자친구도 온다니까 만나기로 한 곳으로 가자."

"오, 형수님이요? 네."

이미 낮에 바다에서 편안한 시간을 보냈기에 시내에서는 저녁 먹거리만 사고 돌아오기로 했다. 저녁에는 방에서 월드컵 보면서 학교 선후배끼리 보드카를 한잔하기로 했다. 오데사 주요 관광지는 그 다음 날 구경하기로 했다.

우리는 걷다가 어느 커다란 건물 앞 광장에 왔다.

"여기는 오데사 노동조합 건물이야."

"근데 왜 이렇게 됐어요? 완전 새까맣네요…."

"여기도 대도시다 보니까 마이단처럼 친우크라이나랑 친러시아 세력이 붙었어. 전에 국영이가 키예프 동생들 데리고 왔었거든. 하필 걔네가 놀러 왔을 때 유혈사태가 나 가지고 제대로 돌아다니지도 못하고 집에만 있다가 돌아갔지."

2014년 5월, 키예프에서 벌어진 '유로-마이단 사태'처럼 오데사에서도 푸틴을 지지하는 친러시아 분리주의파와 우크라이나 친정부 시위대가 충돌하면서 유혈사태가 벌어지는 안타까운 상황이 일어났었다. 친러시아 분리주의파가 오데시 노조건물을 점거하여 시위를 벌이고 있었는데 이를 보다 못한 우크라이나 친정부 시위대가 결국 노조건물의 출입구를 봉쇄하고 건물을 향해 화염병을 던졌다. 그로 인해 건물 안에 있던 친러시아 분리주의파 사람들은 질식사하거나 불에 타 죽었고, 탈출을 위해 뛰어내린 사람들이 추락사하는 등 수많은 인명피해가 있었다.

"운이 좋은 건지 안 좋은 건지 모르겠네요."

"뭐가?"

"제가 우크라이나에 왔을 때도 유혈사태가 조금 사그라진 시점이었고, 여기에 온 것도 그 사단이 났었는데 사그라질 때쯤 왔잖아요. 제가 가는 곳은 일단 크게 한바탕 소동이 벌어지네요."

"충돌이 진행 중일 때 오는 것보다 백배 낫지. 운이 좋다고 생각해."

나는 럭키가이다.

"네."

"여기 온 것도 기념인데 사진 찍어줄게."

기분 좋게 여행을 왔지만 이곳에서만큼은 웃을 수 없었다. 사진을 찍고 나서도 한참을 그곳을 바라보다 광장을 배회했다. 광장에는 사망자의 사진이 이름과 함께 나열되어 있었고, 그 앞에는 추모의 뜻이 담긴 붉은색 장미 여러 송이가 놓여있었다. 사망자의 사진 옆에는 그 당시 처참했던 피해 상황이 그대로 담겨있는 사진들이 있었다.

광장에서 타오르던 큰 횃불, 화염병을 들고 있는 청년, 건물 안이 불에 탄 장면, 얼굴은 온데간데없고 온몸은 불에 그을린 시체, 온몸이 화재에 덮여 창문 바깥을 바라보고 죽어있는 시체 등이 찍힌 여러 사진이 광장 한가운데에 진열되어 있다.

"어, 왔다. 인사해. 형 여자친구야."

"즈드라스트부이쩨(안녕하세요)."

"즈드라스트부이쩨(안녕하세요)."

키가 굉장히 큰 금발의 미녀. 하이힐을 신었다지만 190㎝의 경한이 형과 어느 정도 눈높이가 맞는 걸 보면 키가 상당히 큰 것 같았다. 지금 내 앞에 서 있는 사람들이 키 클 때 난 뭐했지?

"학교 후배라고요?"

"네. 반갑습니다."

"반가워요. 재밌게 놀다 가세요."

금발과 적어도 178㎝은 되어 보이는 장신, 그리고 파란색 눈동자가 다 보일 정도로 큰 눈과 오똑한 코는 전형적인 백인 여자의 모습이었다. 다시 한 번 우크라이나 드림(Ukraine dream)이 몸에서 끓는다.

"형, 대단하시네요. 저런 분을 옆에 두고."

"다 할 수 있다. 너도 현지 여자친구 있었잖아."

경한이 형 여자친구 이름은 올랴다. 오데사 한 병원에서 간호사를 하고 있다. 세 명이서 맥도날드에 갔을 때 둘이 만나게 된 러브스토리와 내가 지금까지 오데사 와서 찍은 사진을 구경하며 놀았었는데, 그리고는 곧바로 헤어졌다. 올랴는 일하다 나온 참이어서 다시 병원에 가봐야 했기 때문이다.

"우리는 마트 가서 저녁거리 사 가지고 돌아가자."

"네."

"더 구경할래?"

"아뇨, 관광지는 내일 가기로 했으니까 괜찮아요. 밤에는 축구 보면서 쉬는 게 좋겠어요."

혹시나 놀러 온 내가 심심할까 봐 걱정하는 형에게 나는 괜찮다고 했다. 아침 일찍 도착한데다 바다에서도 놀았고 시내를 계속 걸어 다녔더니 피곤해서 정말 쉬고 싶었기 때문이다.

"장만 후딱 보고 가자."

우리는 실포마트라는 대형 마트에 들어가 저녁거리를 샀다.

"많이 사셨네요. 이건 뭐에요? 생닭도 있고 또…"

"백숙 먹자."

형이 백숙요리를 하는 동안 나는 보조를 했다. 백숙 재료인 닭과 채소들을 손질했는데 꽤 능숙했다. 아마 혼자 살아서 그런 것 같았나. 나는 자취할 때 요리는 잘 안 했지만 밥은 해먹었었고 다시 한국에 왔을 때는 연화, 주현이가 알려준 돼지주물럭도 해 먹었다. 지금은 부모님과 살다 보니 다시 어설퍼졌다.

"이제 끓기만 하면 된다. 먼저 한잔하자."

나는 TV를 틀어 스포츠 채널에 맞추고 미리 사다 둔 보드카를 냉동실에서 꺼냈다. '이탈리아 대 우루과이' 경기가 이미 하고 있길래 그걸 보면서 술을 마시기 시작했다.

"누가 이길 거 같나? 나는 축구는 잘 몰라서."

"이탈리아도 잘하는데 수아레즈가 너무 잘해요. 누가 이기거나 비겨도 이변은 없는 경기인데 여기서 이탈리아가 지면 월드컵 조별리그에서 떨어져서 그게 이변이에요."

"뭐? 이탈리아가 16강도 못 가고 탈락해? 그런 것도 있어?"

역시 축구를 잘 모르는 사람들도 이탈리아가 축구 강국인 것은 알고 있다. 그런 이탈리아가 조별리그에서 떨어질 수도 있다는 건 역시 놀랄만한 일이다.

"학교 어때 재밌나?"

"뭐 그냥 그렇죠. 재밌을 때도 있고, 없을 때도 있고."

우리는 축구 얘기, 학교 얘기 등을 하면서 먹었다. 백숙도 완성되어서 방으로 가져와서 먹었는데 대추, 인삼 등이 들어간 한국 백숙과 똑같이 만들지는 못했지만 맛은 꽤 비슷했다. 오데사에서 백숙을 먹다니, 이것도 행운이라면 행운이다.

이때 나는 이탈리아가 이긴다고 하고 형은 우루과이가 이긴다고 해서 내기를 했는데 1:0으로 이탈리아가 지는 바람에 벌칙으로 맥주잔에 보드카를 가득 채워서 마셨다. 이탈리아가 떨어지다니… 이탈리아가… 잉글랜드전에서는 전통강호다운 모습을 보였는데….

저녁도 먹고 축구도 본 우리는 바로 잤다. 방이 넓어서 마음껏 뒹굴 수 있을 정도였다.

다음날 우리는 오페라 극장과, 포템킨 계단 등 유명 관광지를 천천히 둘러 보기로 했다. 햇빛이 눈부셔서 나는 예전에 승윤이 형이 준 7천 원짜리 싸구려 선글라스를 계속 쓰고 선크림도 꼬박꼬박 발랐다.

관광지 안으로 들어오니 전날에 보지 못했던 오데사 투어 버스도 보인다. 4열의 관광 좌석이 배치된 앙증맞은 미니투어버스는 빨간색으로 디자인됐다. 이 빨간색의 앙증맞은 버스는 관광객을 꽉 채우고 오데사를 누비고 있다.

오데사를 비롯한 우크라이나의 모든 관광지는 넉넉잡아 하루면 주요 볼거리를 모두 볼 수 있게 되어 있다.

"저 건물 보이지? 저게 오페라 극장이야."

오페라 극장에 도착했다. 근데 분명 처음 온 곳인데 왠지 낮이 익었다. 아무래도 여기가 주요 관광지다 보니 SNS에 올라 온 사진을 봤기 때문이었다. 그래도 눈으로 직접 보니 역시 다르다. 키예프에 있는 오페라 극장보다 더 아름다웠고 왜 오데사 관광명소 중 하나로 꼽히는지 알 것 같았다. 건물양식에 관련된 전문적인 지식은 없지만 설명해 보자면 외부에서 보이는 2층짜리 극장은 둥그런 형태였다. 그 입구 양옆은 대리석으로 만든 동상이 장식했다. 건물 맨 위에도 서양식의 대리석 동상이 여러 개 있었다.

극장 앞에서 가이드에게 영어로 설명을 듣고 있는 한 여행 무리를 지나 안으로 들어갔다.

"지금 '돈키호테' 하네. 너 한번 보고 올래? 한국보다 훨씬 싸니까 보는 것도 나쁘진 않아."

우크라이나가 오페라, 발레로 유명하고 티켓도 저렴하다는 건 이곳에 와서 많이 들었었다. 그런데 나는 연극에는 관심이 없는 편이어서 괜찮다고 했다.

"아니요, 괜찮아요. 사진이나 몇 방 찍고 가죠. 여기 왔던 사람들은 다 오페라 건물 사진이 있더라고요."

"유명하니까."

오페라 극장이 다 나오도록 사진만 몇 장 찍고 이동했다.

그다음에는 어느 계단에 갔다. 계단 위에서는 빨간색 지붕과 흰색 기둥으로 된 등대와 항구에 튼튼하게 정박해있는 대형 여객선, 그 뒤로 넓게 펼쳐진 오데사의 바다가 보였다.

"여기 계단이 되게 유명해. 위에서 보는 거랑 아래서 보는 거랑…"

경한이 형이 얘기를 해주는데 나는 항구 뒤에 끝없이 펼쳐진 수평선에 시선이 사로잡혀 아무 소리도 들리지가 않았다. 나중에 블로그에 사진을 올리고 나서야 여기를 잘 아는 동생이 댓글로 계단에 대해 알려줘서 알게 됐다.

이 계단이 유명해진 것은 1925년에 소련에서 세르게이 아이젠스타인에 의하여 제작된 무성영화 '전함 포템킨'에 등장했기 때문이다. 그로부터 1년 뒤 교환학생이 끝나고 한국에서 러시아문화 교양 수업을 들었는데, 교수님께서 러시아 무성영화의 일부를 보여줬는데 그 영화가 바로 그 '전함 포템킨'인 줄도 몰랐고 내가 갔던 곳인 줄도 몰랐다.

190개가 넘는 계단은 위에서 보면 좁은 계단들이 안보인다고 했다. 반대로 맨 아래에서 보면 좁은 계단들만 보인다는데 난 정작 그때 바다에 정신이 팔려서 계단을 제대로 보지 못했다.

"오, 독수리다."

관광지다 보니 계단 양옆으로 장사하는 사람들이 늘어 서 있었다. 그들은 대부분 동물을 끈에 묶어 조련시킨 뒤 원하는 관광객이 있으면 그 사람 어깨나 손에 동물을 올리고 사진을 찍게 해줬다. 키예프에는 비둘기밖에 없었는데 여기에는 독수리도 있고 원숭이도 있었다. 이것이 관광해양도시의 위엄인가? 내가 독수리의 평균 크기는 모르지만 딱 봐도 큰 축에 속했다. 대략 60㎝ 정도 되는 독수리들이 떼로 날아다니며 관광객의 눈을 사로잡고 있었다. 동물들과 사진을 찍는 사람들이 몇몇 있었는데 그때는 왠지 동물하고 사진을 찍는 게 싫었다. 근데 지금 생각하면 조금은 아쉽긴 하다.

탁! 원숭이가 우리 앞에서 걷고 있는 여행객을 때린다.

"와, 원숭이가 사람을 때리네요!"

"저건 나도 볼 때마다 재밌어."

사람처럼 손을 자유자재로 쓰는 원숭이는 자기 근처에 오는 여행객들을 보면 어깨나 팔을 한 대 탁 때린다. 주인 머리나 어깨 위에 있다가 한 대씩 여행객을 때리는데, 호객행위를 하는 거 같긴 하지만 맞는 사람은 기분 나쁠 듯하다.

"바다 왔는데 배 타야지?"

"배요? 오 지금 탈 수 있어요?"

"부두 가면 크게 한 바퀴 도는 유람선 탈 수 있어. 나도 여기 초반에 왔을 때 몇 번 탔지."

"좋아요, 가요."

우리는 부두로 가서 표를 사려고 대기하고 있었다. 날이 몹시 더웠는데 다행히 줄을 설 정도로 사람이 많지는 않았다.

"에취!"

순간적으로 재채기가 나왔다.

"будь здоровь(건강하세요)."

매표소 안내원이 나에게 말했는데 내가 잘 못 들어서 답변을 못했다. 그러자 옆에 있는 현지인 청년이 대신 대답해줬다.

"спасибо(감사합니다)."

"아… спасибо(감사합니다)!"

뒤늦게야 이어서 내가 대답했다. 우크라이나에서는 누군가 재채기를 하면 그 옆에 어느 누가 됐든, 어떤 관계든 상관없이 '건강하세요', '아프지 마세요' 등의 응원을 한마디 해준다. 나도 친구들끼리 종종 하는데 우리나라에도 있었으면 하는 문화 중 하나다.

표를 사러 배에 들어갔다. 그곳만 배에 햇빛을 가려주는 차광막 천장과 안전과 편안함은 전혀 고려하지 않은 싸구려 좌석이지만 싼값에 바다 한 바퀴 돌아보기에는 적당한 배였다.

"할머니! 나 엄마 아빠랑 배 탔어요!"

우리 뒤에는 부모님과 한 꼬마 아이가 앉았는데 전화상으로 할머니에게 배를 탔다고 자랑하고 있었다. 보통 가족이 많이 오는 것 같았다. 작은 배가 손님으로 꽉 찼다. 가이드가 앞에서 마이크를 잡고 인사를 했다. 이제 출발을 할 모양이었다.

'부우웅-!'

배가 시끄러운 고함을 지르면서 출발한다. 육지에서는 바람이 잘 안 불더니 배 타고 바다로 나오니까 바람이 시원하게 불었다. 나는 에어 샤워를 하는 것처럼 일어서서 가만히 바람을 맞으며 바다를 바라보고 서 있었다. 육지와 점점 멀어지는 배에서 끝없이 펼쳐진 수평선을 멍하니 바라봤다.

'정말 넓구나.'

넓은 바다밖에 볼 것이 없었지만 그것만으로 볼거리는 충분했다. 끝없이 펼쳐진 수평선을 바라보니 일본 애니메이션 '원피스'나, 할리우드 영화 '캐리비안의 해적'의 해상전투 장면도 떠올랐다.

'이 바다를 건너면 어디지?'

잡생각에서 다시 정신이 돌아오니 배는 뱃머리를 돌리는 상황이고 내가 있는 방향에서는 육지가 보였다. 등대가 보이고 시가지와 멀리 떨어진 곳에는 어선이 그물로 생선과 해산물을 낚고 있었다. 그 어선 위에는 갈매기들이 날고 있었다. 나는 수평선을 조금이라도 더 보고 싶어서 내 좌석이 있는 반대편으로 가서 항구에 배가 도착할 때까지 수평선을 뚫어져라 바라봤다.

"유로2012 때 나라에서 표를 막 나눠줬어."

"와, 진짜요? 대박."

"응, 나라에서 우크라이나에 있는 학생들에게 모두 경기장 가서 보라고 줬지. 근데 키예프에서 열리는 경기랑 우크라이나 경기는 안주고 다른 도시, 다른 나라끼리 매치하는 표를 줬지."

"그게 더 좋은데요. 저는."

"그렇지. 외국인인 우리한테는 그게 좋았지. 그래서 아는 형들 차 타고 다른 도시로 가서 보고 그랬지. 국영이도 포르투갈 경기 보러 가서 호날두도 가까이서 보고 했어."

우리는 배에서 내려 집으로 가는 길이었다. 관광지도 다 봤고 기념품 가게도 들어가 봤다. 저녁거리도 샀으니 집에서 저녁이나 먹으며 또 월드컵을 볼 계획이다. 무료로 유로 2012를 봤다는 말에 나는 부러워 하며 말했다.

"아 그때 왔었어야 됐는데…."

"그때 교환학생 오지 뭐했어?"

"군대에 있었죠."

"어이구, 저런…."

집 가는 길에 잠시 재래시장에 들렀다. 저녁거리는 샀지만 여기는 장 보는 재미가 있다. 해산물도 여러 가지고, 철갑상어로 보이는 상어가 통째로 여러 마리가 층을 쌓아 누워있었다. 과일은 별로 사고 싶지 않게 생겼었는데, 산더미처럼 쌓여 있었다. 고기는 덩어리째로 팔고 있었는데 그것 역시 질이 좋아 보이진 않았다.

키예프에서도 재래시장에 간 적이 몇 번 있었는데 한번은 시장 중간에 있는 문으로 들어갔다. 그곳은 소형 정육점이 여러 개 모여있는 장소였다. 말이 정육점이지 그냥 아주머니들이 냉장하지도 않은 채 고깃덩이들을 팔고 있는 곳이었다. 손님은 나를 포함해서 세 명이 전부였는데 정육점 아주머니들이 "이 고기 보세요", "여기로 와서 보세요" 하면서 정신없이 호객행위를 하고 있었다. 문득 어릴 때 봤던 동대문시장 상인들의 반말 호객행위가 떠올랐다.

'여기서 고기를 사는 일은 없을 거야.'

나는 하다 못해 냉장실에도 들어가 있지 않은 커다란 고깃덩이들을 보며 혼잣말로 중얼거렸다. 그러고는 그 곳을 나왔다.

이날도 방에서 보드카를 마시며 16강의 다른 경기를 봤는데 어떤 경기였는지 기억이 나질 않았다. 그리고 다음날 버스터미널에서 키예프로 가는 버스 앞에 섰다.

"잘 가고 다음에 기회 되면 또 와. 아니면 한국에서 보고."

"네, 형님. 덕분에 오데사 구경 잘 했습니다. 감사합니다."

"그랬다니 다행이네. 어여 가, 잘 가라."

"형님 안녕히 계세요."

"어야."

내가 탑승한 버스가 오데사를 뒤로 하고 키예프를 향해 출발했다. 여섯 시간 동안 달려서 저녁이 되어서야 도착했다. 기숙사 방으로 돌아와서 성인 한 명이 들어가면 꽉 차는 샤워실에서 샤워를 하고 잤다. 그리고 며칠 뒤 연화랑 주현이를 만나서 오데사에 대해 얘기했다.

"오빠 잘 갔다 왔어?"

"응. 덕분에 잘 갔다 왔지. 바다 좋더라."

"좋겠다. 오빠, 거기 흑해잖아. 진짜 검은색이야?"

"어? 거기 흑해였어?"

"응. 오데사 바다 흑해야. 오빠 몰랐구나."

몰랐다. 들어보기는 했지만 흑해가 어디에 있는지는 몰랐다. 내가 다녀온 곳이 바로 그 흑해였다니. 근데 바다가 까맸나? 흑해인 줄도 모르고 그냥 봤으니 바다색이 어두운색인지 무슨 색이었는지 모르는 게 당연했다.

작은 도시 폴타바

오데사에 다녀오고 나니 다른 도시로도 여행을 가고 싶어졌다. 도네츠크나 하르코브에도 가고 싶었는데 그곳은 러시아와 전쟁 중인 동쪽 지방이라 갈 수 없었다.

그래서 다른 우크라이나 도시에 대해 검색을 하다가 신전처럼 여러 기둥이 우뚝 솟아있고 원형으로 제작된 랜드마크 건물 하나를 발견했다. 폴타바라는 작은 도시에 있는 관광명소였는데 키예프에서 차로 2시간 정도밖에 걸리지 않았다.

'오케이. 여기로 가자.'

나는 다음 날 아침 일찍 나섰다. 버스터미널로 가서 폴타바행 표를 샀는데 버스가 오데사처럼 큰 버스가 아니었고 마르슈트까(маршрутка)로 불리는, 시내버스로 사용되는 버스였다. 우리나라로 치면 광역 버스 정도되는 것 같았다.

폴타바에 도착했는데 도시에 대해 아는 것이 없으니(인터넷에서 본 랜드마크 사진이 내가 아는 것의 전부였다) 터미널 매점에서 지도 한 장을 샀다. 삭은 비스 터미널에 중앙에 매점이 4개가 모여 있었는데 매점 주인들이 모두 나를 신기한 듯 쳐다봤다.

"여행 잘하세요."

지도를 판 아주머니가 친절하게 말씀해 주셔서 나도 감사의 인사를 했다. 터미널 밖으로 나와 지도를 봤는데 지도에 표시되어 있는 시가지가 작았다. 도시 자체가 작아서인지 해 떠 있을 때만 여유롭게 걸어 다녀도 볼거리를 다 볼 수 있을 듯 했다.

'근데 버스는 왜 안 오니…'

터미널 앞에 있는 버스정류장에서 기다리는데 버스가 오지 않았다. 나는 잘못 왔나 하고 지도를 다시 봤지만 지도에 표시된 버스터미널 근처 정류장은 여기뿐이었다. 10분은 더 기다려서야 버스가 왔는데 마르슈뜨까는 아니고 위에 전깃줄과 연결되어 전기로 가는 트램이 왔다.

우크라이나에는 아브또부스(우리나라랑 매우 흡사하게 생긴 일반버스), 마르슈뜨까(일반버스보다 더 작은 마을버스), 트램(전기로 가는 전동차), 미뜨로(지하철) 등의 다양한 대중교통이 있었다.

"얼마에요?"

트램에 오르면서 돈을 받는 직원에게 물어봤다. 나랑 또래로 보이는데 목소리도 한껏 업되어 있었고 성격이 굉장히 밝아 보였다.

"1 흐리브나요."

이때 당시 1 흐리브나가 우리나라 돈으로는 90원 정도 했던 것 같다. 러시아와의 전쟁으로 흐리브나 값이 끝없이 추락했는데 그 이후로 현재까지도 올라가지 않고 있다.

키예프는 트램이 1.5 흐리브나인데 여기는 그보다 저렴한 1 흐리브나다. 키예프가 수도다 보니 다른 도시보다는 물가가 비싼 것 같았다.

나는 지도에 나온 시가지로 제대로 가기 위해 트램에서 일하는 직원에게 물어봤다. 그러더니 도착하면 알려준다고 했고 20분 정도 걸린다고 했다. 시가지로 가다 보니 트램에 탑승하는 사람은 점점 늘어났는데, 그중 외국인은 나 혼자였다.

"헤이, 다 왔어요. 여기에 내리시면 돼요."

"아, 고마워요."

"잘 가요 구경 잘하고 즐거운 시간 되세요!"

"네. 고맙습니다."

직원은 필요하지도 않은 말까지 친절하게 해주면서 구경 잘하라고 손짓도 해줬다. 나는 주요 관광지인지는 모르겠지만 공원을 찾아 걸어갔고 그곳 벤치에서 잠시 쉬었다.

공원 가운데에는 큰 탑이 세워져 있었는데 그 위에는 금으로 장식된 독수리가 있었다. 지도에도 이 탑이 있는 공원을 중심으로 다른 관광지가 설명되어 있었는데 누가 봐도 폴타바 관광지라서 사진을 찍었다. 혼자서 찍다가 근처에 사람들이 지나가면 탑이나 꽃밭을 배경으로 찍어달라고 부탁하고 있는데, 그곳을 산책하던 부부 중 아주머니가 다가와서 사진을 찍어주겠다고 했다. 그래서 감사인사를 하며 그 아주머니에게 한 컷 부탁했다. 폴타바는 날씨도 좋고 친절한 분들도 많은 곳이었다.

사진을 찍고 나서 지도를 보다가 배가 고파 식당을 찾아다녔다. 길을 따라 가다 보면 식당이 있겠지 하는 생각으로 가면, 정말 식당이 나온다. 날이 좋아 대부분 식당들이 야외에 테라스를 펼쳐 장사를 하고 있었는데 그중에서도 시야가 확 트여있는 식당으로 갔다. 자리에 앉으니 스튜어디스처럼 머리를 질끈 묶은 예쁜 웨이트리스가 와서 살갑게 인사했다.

"안녕하세요."

"안녕하세요. 메뉴판 좀 주세요."

"여있습니다."

메뉴판을 보는데 웨이트리스가 옆에 계속 서 있었다. 내가 메뉴를 정할 때까지 기다리는 것 같았는데 메뉴를 보는 데는 시간이 좀 걸릴 것 같아서 양해를 구했다.

"천천히 보고 이따 고를게요."

"네."

그렇게 대답하고 웨이트리스는 다른 웨이트리스가 있는 곳으로 가서 수다를 떨었다. 가게 안으로는 들어가지 않았지만 야외에는 지금 나랑 어떤 뚱뚱한 외국인 남자 둘 밖에 손님이 없어서 둘이 수다를 떨 시간은 충분해 보였다.

'외국인 배려는 하나도 없네.'

물가는 싸서 좋았으나 메뉴판에 있는 단어를 전부 알 수 없었던 나는 사진도 없는 메뉴판을 보고 너무하단 생각이 들었다. 어쩔 수 없이 각 요리 이름에 쓰여 있는 단어를 보면서 혼자 무슨 요리인지 짐작해야 했다. 샐러드하고 빵, 물을 같이 시켰다.

"음식 나왔습니다."

"아, 감사합니다."

요리를 두 개 시켰는데 하나는 치킨샐러드가 나왔다. 잘 시켰다. 그런데 다른 하나는 비주얼로 봤을 땐 좀 애매한 음식이었다. 흰 빵과 닭가슴살이 조각내어져 접시에 담겨있었는데 그 빵과 닭가슴살 위에는 허브로 보이는 초록 잎이 골고루 뿌려져 있었고 밑에는 보르쉬(우크라이나 전통수프)는 아니지만 그와 비슷한 수프가 같이 담겨 있었다. 처음 보는 요리였지만 맛은 괜찮았다.

허브가 곁들어간 빵과 닭가슴살, 치킨샐러드를 싹 비우고 공원 반대편 길을 따라 쭉 걸어갔다. 큰길 하나만 쭉 따라가는데도 기념품 가게, 거리의 악사, 야외술집 등 여러 가지가 보였다.

그러다 어느 고풍스러워 보이는 건물에 도착했는데 무슨 건물인지는 알 수 없었다. 그런데 그 앞에 넓은 광장이 있었고 BMX 자전거나 스케이트보드, 인라인 등을 타는 사람들이 모여있었다. 이제 막 시작하는 초보자부터 묘기를 부리고 더 어려운 묘기를 연습하는 사람도 있었다. 나는 그 광장에서 끄바스(빵 맛이 나는 음료) 0.5L를 600원에 산 뒤 벤치에 앉아 사람들을 구경했다.

"안녕…"

어떤 꼬마 아이가 나한테 말을 걸었다. 인형을 끌어안고 순정만화에나 나올법한 커다란 눈을 가진 여자아이가 수줍게 인사를 한다. 옆 벤치에는 여자아이 엄마와 이모나 엄마 친구로 보이는 두 명이 앉아있었다.

"안녕하세요."

나는 최대한 친절하게 말을 하려고 노력했지만 아이는 검은 머리 동양인이 말하는 것이 무서웠는지 곧장 엄마에게 달려갔다.

BMX 자전거로 묘기를 부리는 사람들이 신기해서 사진을 좀 찍으려다,

내가 한 것도 아닌데 찍어서 뭐하나 싶어서 눈으로만 묘기를 즐겼다. 그리고 아직 컵에 남아있는 끄바스를 단숨에 마시고 지도를 봤다.

'인터넷에서 본 게 어딨지…'

아직 지도에서 내가 보러 온 건축물을 찾지 못했다. 폴타바 관광지라고 사진도 지도에 있지만 위치는 아직 어딨는지 파악하지 못했고 나는 다시 길을 걷기로 했다.

혹시나 1박을 할지도 모르겠다는 생각에 출발 전에 속옷도 챙겼었는데 그럴 필요까지는 없었다는 생각이 들었다. 그래서 오늘 밤에 키예프행 버스를 타고 기숙사로 돌아갈 생각이다.

쓰레기통에 끄바스 컵을 버리고 걸어가는 중에 앞에 모자를 쓴 남자 꼬마 아이와 눈이 마주쳤다. 그러자 꼬마 아이가 갑자기 달려왔다. 나는 이 아이도 말을 걸어보고 싶나 해서 멀뚱히 서서 쳐다봤다.

찰싹!

"오우!"

나는 순간적으로 놀라서 소리를 냈다. 꼬마가 자기 키 높이정도 되는 내 허벅지를 손바닥으로 찰싹 때리더니 그대로 도망간 것이다. 아이가 때린 거라 아프지는 않았다. 하지만 더운 날씨 때문에 땀이 났는데 그 아이 때문에 바지와 허벅지가 그금 불쾌하게 붙어버렸다. 손으로 살짝 바지를 올려 살과 붙어있던 바지를 떨어뜨린 뒤 그 아이를 봤더니 아무렇지 않게 가던 길을 가고 있었다. 여전히 그 꼬마가 왜 나를 때리고 갔는지는 모르겠다. 내가 때리고 싶게 생겼나?

꼬마 아이의 폭행 아닌 폭행을 당하고 나서, 나는 큰길을 따라 걸어갔다. 초록색의 파라솔과 나무로 된 테이블이 여러 개 놓여있는 야외술집이 나왔고 거기서 더위를 식히는 사람들이 여럿 보였다. 그냥 지나가야겠다고 생각했지만 야외술집에 여기 풍경과는 어울리지 않는 커다란 벽걸이 텔레비전이 걸려있었다.

'뭐 하나?'

나는 테이블에 앉지 않고 가방을 옆에 내려놓고 텔레비전을 바라봤다. 벽걸이 TV에서는 월드컵 중계를 광고하는 내용이 나오고 있었는데, 그건 '아르헨티나 대 벨기에' 8강전이었다. 인터넷이 너무 느린 탓에 월드컵 중계 일정은 몰랐지만 마침 아르헨티나 경기가 열리는 날에 내가 이 도시로 여행을 왔던 것이다.

'잠깐 보고 가야지.'

나는 축구를 보기 위해 테라스 끝에 있는 테이블에 가방을 내려놓고 간식거리를 사러 가게 안으로 들어갔다. 유럽에서는 자기 짐을 자리에 놓고 절대 자리이동 하지 말라는 말은 많이 들었지만(그만큼 외국인을 상대로 하는 도둑이 많다) 아기자기한 모습을 자랑하는 이 작은 도시라면 왠지 괜찮을 것 같았다.

가게는 두 곳이 있었는데 하나는 맥주를 파는 술집이었고 다른 하나는 식료품을 파는 슈퍼마켓이었다. 술집에는 한 할아버지가 있었고 식료품 - 가게에는 할머니가 있었는데 두 분이 부부일지도 모르겠다는 생각이 들었다. 나는 술집으로 들어가 800원짜리 0.5리터 흑맥주를 주문했고 할아버지는 조금만 힘을 주어도 찌그러지는 플라스틱 컵에 흑맥주를 담아 주었다. 800원짜리 흑맥주를 홀짝홀짝 마시며 안줏거리는 뭐가 있는지 보려고 옆 가게로 들어갔다. 조명이 고장 났는지 내부가 흐릿하여 물건이 잘 보이지도 않았다. 나는 카운터 앞에 있는 200원짜리 싸구려 과자를 사서 테이블로 돌아왔다.

자리에 앉아서 맥주를 먹자마자 경기가 시작했다. 경기 시간이 딱 맞았는데 운이 조금 좋은듯하다.

"끼따이(중국)!"

"한국사람입니다."

"아 그래요? 이리 와요. 같이 봅시다."

아저씨뻘로 보이는 덩치 큰 세 분이 맥주를 들고 축구를 보고 있었는데 그중에서 머리숱이 그나마 가장 많은 아저씨가 나를 불러 같이 보자고 하셨다. 딱 봐도 내 자리보다 경기가 더 잘 보이는 자리였다. 아, 차라리 이 같은 상황에서 아가씨가 불렀으면 좋았을 텐데…. 그런 일이 일어날 가능성은 제로에 가깝다며 쓸데없는 생각을 접었다. 그리고 혼자 보는 것보다 더 재밌겠지 하면서 그쪽 테이블로 갔다.

"안녕하세요."

"아, 반가워. 한국에서 왔다고?"

날씨도 좋겠다, 월드컵도 하겠다, 야외에서 경기도 보겠다, 맥주도 먹겠다. 네 박자가 고루 갖춰지니 아저씨들 기분이 좋은가 보다. 나를 반기는 눈치다.

"네."

"남쪽? 북쪽?"

"남한에서 왔어요."

"오, 남한. 좋아. 굿."

나는 아저씨들과 테이블을 둘러싸고 축구를 봤다. 예상대로 아르헨티나를 응원하는 사람들이 많았다. 나도 벨기에보단 아르헨티나가 좋아서 아르헨티나를 응원했다.

"골!"

경기 초반 아르헨티나 공격수 이과인이 골을 넣었다. 골을 넣고 나서는 아르헨티나가 일방적으로 주도하는 경기가 되어버렸다.

노을이 지기 시작해서 나는 해가 지기 전에 구경을 더 해야겠다는 생각으로 축구를 포기했다. 아르헨티나가 너무 압도적이라서 경기 결과는 불 보듯 뻔했다.

"저는 가볼게요."

"왜? 축구 보고 가지."

"아직 안 가본 곳이 있어서요."

나는 지도를 꺼내 보고 싶었던 건축물 사진을 아저씨들에게 보여줬다.

"여기 어떻게 가요?"

"이거 길 따라 쭉 가면 돼."

"감사합니다. 안녕히 계세요."

"잘 가. 한국인."

나는 그렇게 월드컵과 아저씨들을 뒤로 하고 알려준 대로 걸어갔다. 15분 정도, 생각보다 긴 거리를 걸었다. 마침내 인터넷에서 본 랜드마크가 나왔다. 그렇게 대단한 건 아니었지만 그래도 이걸 보러 여기까지 온 거였기 때문에 기분이 좋았다. 건물은 생각보다 컸다.

이거 보러 왔다. 목표 달성!

건물 주위에는 사람들이 많았다. 나처럼 여행 온 사람도 보였고 이 근처 주민으로 보이는 사람들도 있었다. 관광객을 상대로 자신의 CD를 파는 악사도 있었고 솜사탕 파는 사람도 보였다. 여기가 폴타바 '핫 플레이스'인 듯했다. 오데사에 독수리, 원숭이 등으로 기념사진을 찍게 하는 장사꾼이 있었다면, 이곳에는 뱀으로 장사를 하는 사람들이 있었다. 한 아주머니가 웬만한 사람 팔뚝보다 더 굵고 엄청 긴 노란색의 큰 뱀을 목에

감고 있었다. 이구아나? 비단뱀? 뱀 종류는 모르겠지만 정말 크다. 독수리를 볼 때는 사진 한 장이라도 찍어둘까 생각이 들었었는데 이건 그런 생각도 안 들었다.

이 건물 이름은 지금도 알지 못한다. 하지만 이 건물 뒤로 하늘과 산이 넓게 펼쳐져 있었다. 노을이 지면서 석양이 끝내주게 아름다웠다. 폴타바라는 도시는 나에게 자연이 아름다운 곳으로 기억되었다.

석양이 지고 얼마 지나지 않아 어둠이 찾아왔다. 나는 여기서 더 이상할 게 없을 것 같아서 기숙사로 가기로 했다. 왔던 길을 그대로 걸어가면 됐는데 해가 지고 나니까 낮에 봤던 곳들인데도 낯설었다. 길 한가운데 무대가 생겼고 그 무대에서는 성악과 바이올린 연주 등 클래식 공연이 펼쳐졌다. 무대 앞에서는 수많은 관중이 플라스틱 의자에 앉아있었다. 나는 뒤에 서서 노래 한 곡을 듣고 다시 이동했다.

공연을 지나 버스정류장으로 왔다. 근데 버스터미널로 가는 버스가 올 생각을 안 했다. 시간을 보니 9시 조금 넘은 시간이라 차가 끊겼을 리는 없었다. 20분 정도 기다렸을까, 전기로 가는 트램이 하나 왔다.

"버스터미널 가요?"

"네."

"감사합니다."

나는 버스터미널로 가는 트램에 올라 자리에 앉았다. 트램 안에 있던 사람들은 모두 각각의 이유로 피곤해 보였다. 나도 슬슬 피곤이 몰려왔다.

"밤에 조심해서 다니세요."

내 앞에 앉은 아주머니가 느닷없이 말을 걸었다. 그리곤 무언가 굉장히 걱정된다는 눈빛으로 얘기를 많이 해주셨는데 제대로 알아들은 것은 하나도 없었다. 내가 외국인이기도 하고 아들뻘로 보여서 걱정을 하시는 것 같았다.

"버스터미널 도착했어요. 내리세요."

"기사님 감사합니다. 아주머니도 감사합니다. 안녕히 가세요."

"잘 가요."

터미널에 도착해서 표를 끊었다.

"키예프 한 명이요."

"네, 11시 20분이요."

아직 10시도 안 됐는데 11시 20분까지 기다려야 했다. 터미널 건물 안이 더워서 버스가 오는 쪽으로 나가 기다리기로 했다. 밤이 되니 기온이 낮보다 낮아져서 시원했다. 나는 가방을 베개 삼아 흰색 의자에 누웠다. 도시를 여행할 때는 몰랐는데 기숙사 돌아갈 때가 되니까 낮의 피로가 몸을 눌렀다. 그래서 시원한 바람을 맞으며 계속 누워있었다.

"좋은 밤입니다."

"어… 네. 네… 안녕하세요."

나와 비슷한 나잇대로 보이는 건장한 남자 2명이 정복을 입은 채로 의자에 누워있는 나에게 인사했다. 어두워서 잘 보이진 않으나 정복을 보고 경찰인 줄 알았는데 경찰은 아니고 터미널 보안담당관처럼 보였다.

그들을 보자 순간적으로 긴장이 됐다. 하지만 곧 동양인 혼자 늦은 밤에 누워있으니 궁금해서 그러는가 보다 생각하고 긴장을 풀었다.

"티켓 있어요?"

"예?"

긴장이 풀린 나는 티켓이란 단어도 듣지 못하고 여권을 내밀었다.

"여권 말고 티켓이요."

"어…"

앞에 선 남자가 나한테 계속 말했는데 알아듣지 못했다. 왜 그때 티켓이라는 쉬운 단어도 알아듣지 못한 걸까.

"어디 가요?"

뒤에 있는 남자가 어디 가냐고 말해줘서 그제야 알아들었다.

"아, 키예프요. 학생입니다."

그리고 버스표를 보여줬다.

"키예프… 알겠습니다. 감사합니다."

"감사합니다."

그들은 표를 보고 가던 길을 갔다. 표만 보여줬으면 됐는데 여권을 보여주다니…. 혼자 괜히 민망해졌다.

시간은 어느덧 11시를 넘기고 키예프로 향하는 버스가 들어왔다. 버스 기사가 짐칸을 열고 짐을 받아 주길래 내 가방도 짐칸에 넣으려고 옆에 섰다.

"어디 가요?"

"키예프요."

"키예프? 공항 아니고?"

"네 키예프에 있는 기숙사에 가요."

"알겠습니다."

왜 나를 공항 가는 승객으로 왜 착각했는지 모르겠다. 재차 키예프로 간다니 그제야 짐을 실어주었다.

나는 12시가 좀 넘어서 키예프에 도착했고 키예프 터미널에 있는 맥도날드에서 빅맥을 하나 사 먹은 뒤 기숙사로 갔다. 처음 해보는 다른 도시 당일치기 여행이었는데 잘 갔다 온 듯했다.

질료늬이 찌아뜨르(초록빛의 극장)

승윤이 형 귀국 며칠 전 전화가 왔다.

"클럽 가자."

"어디요?"

"여름에만 하는 곳이 있는데 내 친구 생일이라 거기서 한대. 가자, 같이."

"콜이요."

클럽은 여름에만 열린다고 했다. 근데 나는 승윤이 형 친구들은 잘 몰랐지만 어차피 자는 것밖에 할 일이 없던 터라 따라갔다.

"어, 왔어? 좀만 기다려 미안 비카가 아직도 안 나오네."

클럽이 비카네 집 근처라 거기서 형이랑 만나기로 했는데 알려준 주소로 택시를 타고 갔는데도 승윤이 형이 보이지 않았다. 대신 형한테 전화가 왔다. 둘이 비카 집에 같이 있었는데 비카가 준비하는 데 시간이 좀 걸리는 모양이었다. 처음 가본 곳에서 나는 계속 기다렸다. 5분⋯ 10분⋯ 15분⋯ 30분⋯

"어, 어디야?"

"만나기로 한 곳에서 그대로 있었어요. 여기 어디 들어갈 데도 없네요."

"미안하다. 기다려."

그리고 멀리서 둘이 걸어오는 게 보였다.

"지금 몇 시야. 저기 동생 기다리고 있잖아!"

"소리 지르지 마. 미안해⋯"

점점 가까워지자 목소리가 들렸는데 억양으로 보나 말투로 보나 둘이 다투고 있었다. 약속 시간도 자기가 정했는데 나를 너무 많이 기다리게 해서 미안했는지 형이 비카에게 화를 내고 있었다. 상황을 최대한 잘 넘기고 싶었던 나는 웃으며 말했다.

"괜찮아요, 그럴 수도 있죠."

"아… 야, 진짜 미안하다."

"미안해요."

비카도 나에게 사과했지만 나는 애초에 화가 나지 않았었다. 바람 쐬러 나온 게 기분 좋았기 때문이다.

"괜찮아요, 괜찮아. 근데 생일이라던 친구는요?"

"지금 다 클럽 앞에서 기다리고 있대."

"빨리 가요. 그럼."

나는 걸음을 재촉했다.

"미안해요."

"비카, 괜찮아요. 이제 가서 재밌게 놀죠. 시간 많잖아요."

정말 미안했는지 비카는 서툰 한국말로 "미안해요"라고 말했다.

"여기 맞아요? 되게 어둡네."

인도를 걷고 있었는데 갑자기 산으로 들어갔다.

"여기만 지나면 이제 나와. 내가 여름에만 여는 클럽이라고 했잖아."

"그랬죠."

"그게 산에서 하는 클럽이라 그래."

"올."

"올은 무슨."

산에서 하는 클럽이라니. 클럽을 딱히 좋아하지 않는 나지만(실제로 한국에서도 클럽에는 별로 가지 않았다) 호기심이 생겼다.

"저깄다. 알레그!"

"어, 승윤 안녕."

"안녕, 여기 내가 말한 동생."

클럽 입구에서 우리를 기다리는 한 무리가 있었는데 그중 알레그라는 남자가 그날의 주인공이었다. 키는 186㎝는 되어 보이는 훤칠한 키에 전형적인 백인의 피부를 갖고 있었다.

"안녕하세요. 생일 축하해요."

"…?"

내 발음이 안 좋긴 했지만 전혀 못 알아듣는 눈치였다. 승윤이 형도 이를 눈치채고 통역해줬다.

"생일 축하한대."

"아, 고마워."

그 날, 알레그의 생일파티를 같이 즐기기 위해 모인 사람들은 11명이었다. 그중 커플은 셋이었고, 나머지는 싱글이었다.

"들어가자."

클럽에 입장했는데 입장할 때부터 빵빵하게 터지는 사운드가 귀를 덮었고 몸에 진동을 일으켰다. 클럽은 럭셔리 하고 화려했다.

중앙에는 무대가 있었고 춤을 추는 홀도 있었다. 홀 주위에는 커다란 오디오가 여러 개 세워져 있거나 공중에 매달려있었고, 사람들이 미친 듯이 뛰어놀 수 있도록 무대 한쪽에서 디제이가 열심히 음악을 틀고 있었다. 무대 뒤에는 거대한 암벽이 있었는데, 그 암벽을 가리는 무대 벽면에는 'зелёный театр(초록빛의 극장)'라고 쓰여 있었다. 아마 그게 이 클럽의 이름인 모양이었다. 산 중턱에 있는 클럽에 어울리는 이름이었다.

홀 뒤쪽에는 술을 파는 바가 있었다. 바도 내가 본 것 중에 가장 컸는데, 바텐더들이 7명 정도 일하고 있었다. 우크라이나 물가를 생각하면 술 값이 비싸긴 했지만 나는 맥주 하나를 주문했다.

"어? 한국인 같은데…?"

바에 한국인으로 보이는 아저씨가 보인다. 근데 바빠 보여서 그냥 지나쳤다.

"형 여기 한국인 있어요."

"어디?"

"저기 바에서 일하는 분이요. 한국인 같던데요."

"어, 저분 한국인이야. 내가 알기로는 여기서 생활한 지 꽤 됐는데 한국인 모임이나 한국인 사회와는 어울리지 않더라고."

그 이유야 어찌 됐든 우크라이나 클럽에서 한국인이 일하는 게 그냥 신기했다. 나중에 여기서 지내는 형들에게도 그 분에 대해 말해봤지만 형들도 잘 모르는 눈치였다.

"너 뭐해 안 놀아? 빨리 가."

"기다려봐요. 애들 키가 다 이렇게 큰데 그냥 가면 치여 죽겠어요. 한 잔 먹고 갈게요."

나는 키가 크다는 손짓을 하면서 자리에 앉아 맥주를 마셨다. 홀을 중심으로 원형 경기장처럼 여러 테이블이 놓여있었고 벽에 붙어있는 의자와 커다랗고 푹신한 소파가 여럿 놓여있었다. 우리는 그중 하나에 자리를 잡고 짐을 내려놨다.

그리고 하늘에는 커다란 천막이 덮여 있었는데 대형천막과 산둥성이 사이로 밤하늘이 보였다.

"자, 가자. 각자 놉시다."

"지갑 챙겨가요."

알레그 친구 중 여자 한 명이 지갑 조심하라고 꼭 챙기라고 말한다.

"고마워요."

그리고 나는 계단을 내려가 홀에 들어갔다. 엄청나게 많은 조명이 빠르게 여기저기 움직이며 휘황찬란하게 빛나고 있었다.

"에라 모르겠다. 호우!"

나는 미친 듯이 뛰었다. 금방 땀이 나기 시작했다. 뒤에는 승윤이 형과 비카가 놀고 있었고 오늘 처음 알게 된 알레그의 친구들도 몇몇은 홀에 나와 놀기 시작했다.

"안녕하세요!"

갑자기 음악 소리가 줄더니 무대에서 MC가 사람들에게 인사를 했다. 그러고는 알 수 없는 말을 했는데 여자들이 무대에 올라오기 시작했다.

'댄싱 퀸'을 뽑는 모양이었다. 댄스경연을 하기 위해 무대에 올라간 여자는 8명이었다. 그중 1회전에서 반응이 시원찮았던 2명이 내려오고 6명이 남았다. 춤 실력은 별로였지만 얼굴이 예뻐서 살아남은 여자도 있었고, 축구선수 호나우지뉴가 개인기를 부릴 때처럼 골반을 미친 듯이 흔드는 는 여자도 있었다.

"예아!"

"예아!"

"아예!"

"아예!"

무대에서 흥분한 여자가 MC 마이크를 뺏고 소리를 지르자, 구경하던 우리도 그녀의 소리에 맞춰 소리를 질렀다. 재밌는 광경이었다. 마지막 차례에 나온 여자는 나이가 제일 많아 보였는데 골반을 미친 듯이 흔든 여자보다 더 열정적으로 췄다. 골반은 기본이고 어설픈 물구나무로 호응을 얻더니, 홀에 있는 사람들을 모이게 해서 반대편을 손으로 가리켰다. 우리한테 자기를 저기로 보내달라는 신호였다. 우리는 손을 위로 올려서 그녀를 받은 뒤 뒤로 전달했다. 뒤에 도착하고 나서 다시 손가락으로 무대를 가리켰고 우리를 향해 점프했다. 나도 손을 위로 뻗었으나 내 주위에 있던 사람들이 워낙 커서 그녀를 받치지는 못 했다.

'댄싱 퀸'은 마지막에 우리 위를 이동하던 여자로 정해졌다. 상품은 뭔지 알 수 없었다. 사람들은 다시 춤을 추기 시작했다.

'나도 혼자 놀 수는 없지.'

어차피 하루 보고 말 사이들인데 들이대든 안 들이대든 그게 무슨 상관이랴. 간다. 오늘의 파트너를 찾아서. 나는 케이팝파티를 떠올리며 자신감을 가지고 여자에게 다가갔다.

"하이."

제자리에서 활동량이 별로 없는 춤을 추는 여자에게 다가가 인사를 했는데 나를 한번 보더니 고개를 돌려 버렸다. 역시 케이팝파티와 일반 클럽은 달랐다. 케이팝파티의 사람들이 광적으로 한국을 좋아해서 내가 인기가 있었을 뿐 여기가 정상이었다.

나는 곧장 다른 여자에게 갔다. 세 명이 놀고 있는 곳으로 갔는데 갑자기 내 손을 누가 확 잡았다.

"예!"

세 명 중 한 명이 나를 잡고 미친 듯이 방방 뛰었다. 취했다. 누가 봐도 취했다. 나는 당황스러움과 즐거움이 공존하는 상황에서 즐거움을 택했다.

"호우!"

오늘 파트너로 같이 시간을 보낼 것 같았다. 나랑 키는 비슷한데 몸이 말라 나보다 훨씬 커 보였다.

"어디서 왔어요?"

"중국이요."

나는 순간적으로 중국이라고 했다. 왜 그랬는지는 모르겠다.

"중국? 거기 잘살죠?"

"잘살죠."

"나도 중국 가고 싶다."

같이 계속 춤을 췄다. 그리고 사이드로 빠져서 칵테일이나 한잔하자고 말하려고 했는데 친구들이 그 여자를 확 데려갔다. 옆에 친구들이 있다는 걸 깜빡했었다.

'뭐야?'

그 여자는 그대로 친구를 따라 다른 곳으로 갔다. 나는 바 쪽으로 건너와서 술 한잔을 시켰다. 2차 실패였다.

"야, 왜 여깄어. 놀지."

승윤이 형이 비카랑 손을 잡고 오더니 말했다.

"케이팝파티보다 훨씬 피곤하네요."

"그런 곳이랑은 다르지. 까였냐?"

"뭐, 럭비공처럼 까였죠."

"그래도 들이대네. 남자네."

시간을 보니 새벽 4시다. 벌써 4시라니 시간이 금방 갔다.

"형 친구들은요?"

"자리에서 쉬는 애들도 있고 흩어져서 놀고 있지."

"여기 재밌네요. 야외에서 하는 거라서 그런지 몰라도."

피곤해서 의자에서 쉬고 있었는데 햇빛이 천막과 산 능선 사이로 조금씩 들어오기 시작했다. 서머타임으로 해가 일찍 뜨는 시기라 클럽에서 노는 동안 햇빛을 피할 수는 없었다. 클럽은 아침 6시에 닫는다는데 해가 뜨니 가는 사람이 조금씩 보였다.

"너도 나도 지쳤는데 이제 슬슬 가자."

"그래요, 가요."

우리는 알레그 친구들과 밖으로 나왔다. 알레그 친구들 중에서도 우리처럼 피곤함에 절은 낙오자들이 콜택시를 기다리고 있었다. 나를 포함해서 여섯 명이 집에 가려는데 택시가 잡히질 않았다. 한 대는 연락이 됐지만 여섯 명이라 두 대는 필요했다.

"안 잡히네…"

"하나 올 건데 기사한테 물어봐서 다 타자."

이른 아침이라 택시가 안 잡혀서 그나마 잡힌 택시 하나에 여섯 명이 다 타기로 했다. 우리는 작은 택시에 서로 부대끼고 앉았다. 나는 너무 피곤해서 불편한 것보다 빨리 도착했으면 하는 마음이 더 컸다.

"기숙사 왔어요."

여섯 명 중에 내가 가장 먼저 내렸다.

"잘 쉬어."

"예, 형도 잘 가세요."

"잘 가요, 모두."

"안녕히 가세요."

다섯 명과 인사를 하고 기숙사로 돌아왔다.

딩동- 딩동-

아직 기숙사 문이 열 시간이 되지 않았다. 해는 일찍 떠도 너무 일찍 떴다. 기숙사 당직인 분이 졸린 눈을 비비며 나오셨는데 오늘은 할머니였다.

'다행이다. 욕쟁이 불곰 할아버지가 아니라.'

나는 속으로 생각하고 감사하다는 인사를 했다.

"감사합니다."

"어디 갔다 왔는데 이 시간에 오니?"

"잠깐 놀다 왔어요."

"그래, 가서 쉬어."

"네."

나는 공포 분위기를 자아내는 빨간색의 낡디낡은 엘리베이터를 타고 방으로 올라갔다.

크림반도-심페로폴

나는 친구들이랑 히드로빠르크에 자주 갔다. 방학에 키예프에 있으려 니 너무 더워서 해수욕장을 자꾸 찾게 됐다. 그리고 폴타바처럼 작은 도 시인 체르니고브를 당일치기로 다녀왔다. 높은 곳에 성이 있던 도시라 성 벽과 대포도 있었고, 좁은 곳에 십자가 달린 작은 교회가 여러 개가 있었 는데 그거 말고는 볼 게 없었다.

그리고 며칠 뒤에 오스트리아를 4박 5일 동안 다녀왔다. 유럽의 다른 나라로 여행을 간 건 처음이었다. 빈과 잘츠부르크에 다녀왔는데 잘츠부 르크에 있는 모차르트 생가에 갔었다. 빈에서 만나 알게 된 한국인 친구 가 있었는데 그 아이는 원래 오스트리아의 거대 소금광산이 있는 할슈타 트에 가고 싶어 했다. 그런데 나랑 술을 마시며 친해져서 나와 같이 잘츠 부르크로 갔다. 굉장히 고마운 친구였다. 영어도 곧잘 하는 친구였는데 한국에 온 지금도 SNS로 가끔 연락한다. 또 몇몇 형들도 알게 돼서 같이 빈을 여행했다. 형 중 두 명은 '취업깡패'라고 불리는 공대 '전화기(전자, 화 학, 기계)' 전공이었는데, 둘 다 푸근하고 친근한 이미지였다. 지금은 연락이 되지 않는다. 그리고 마지막 한 명은 예술과 문학에 관해 아는 것이 많은 형이었다. 마르고 피부가 까맸는데 나중에 SNS를 보니 한 언론사의 기자 가 되어 있었다.

그렇게 오스트리아 여행을 마치고 재미를 붙인 나는 또 어느 나라에 갈 지 보려고 구글에 여행지를 검색해봤다. 그러다 크림이 나왔다. 불과 며 칠 전까지만 해도(2014년 기준) 우크라이나 땅이던 크림반도가 푸틴 한마디 에 의해 러시아로 강제합병 되면서 우크라이나-러시아는 감정이 격해질 대로 격해진 상황이었다. 그러나 여기까지 와서 크림반도에 안 가보는 건

손해였다. 이번 여행지는 크림이다.

크림 여행 계획을 세우던 중에 나랑 같은 기간에 크림으로 가는 형을 알게 됐다. 이름은 김태한이었는데 나이는 30대 초반이었다.

"크림 가서 펜션만 같이 잡자."

"같이 놀아도 돼요. 형."

"그래. 그러면 좋고."

나는 크림에 대해 전혀 모르고 이 형은 크림에 몇 번 가본 경험이 있어서 나에겐 고마운 동행인이었다.

기차역에서 표를 샀다. 나는 왕복권을 샀고 태한이 형은 편도만 끊었다. 연해주 블라디보스토크에서 노어 공부를 한 태한이 형은 우크라이나에서 학교도 다니고 통역도 한다고 했다. 나중에 물어보니 자기는 한국에서 살 일이 없을 것 같다고 말한 적이 있다. 내가 그 형을 다 아는 건 아니지만 말을 들어보니 자유로운 사람이었다. 하긴 뭐 그렇게 따지면 여기로 교환학생 온 나도 지금은 자유로운 영혼인데, 좀 이상한 소리인가.

기차는 우리나라 무궁화호보다 더 낙후되었고 몸집만 큰 데다, 상상 이상의 느린 속도로 달렸다. 그러니까 엄청나게 큰 기차가 천천히 느긋하게 기찻길을 달린다고 보면 된다.

키예프에서 크림에 있는 심페토폴로 가는 시간은 20시간이었다. 나는 눈을 의심했다. 20시간? 그럼 왕복 40시간? 와우….

"20시간이나 걸려요?"

"그 정도 걸려. 땅은 넓은데 기술이 부족하니까."

"와우…."

그로부터 몇 개월 후 가을에는 러시아어를 전혀 안 쓰고 100% 우크라이나어만 사용하는 르비브라는 서쪽 도시로 가기 위해 기차를 탔었는데, 그 기차는 현대로템에서 만든 것이라 우크라이나 기차들보다는 빠르게 달렸다. 내가 듣기로는 이 기차가 시속 200㎞까지 달릴 수 있는데 시속이 어느 정도 높아지면 철로가 낡아서 탈선될 위험이 있기에 그렇게 달리지

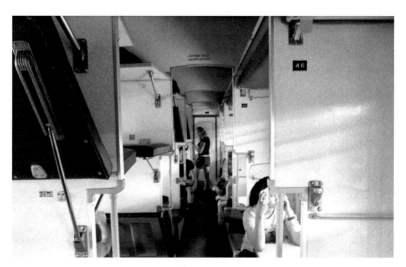
침대가 있는 기차 내부

는 못한다고 했다. 그래서 그 기차 역시 150㎞의 낮은 속도로 달렸다.

지금 크림으로 향하는 기차는 좌석은 없이 침대칸으로 나뉘어 있다. 장거리 여행용 기차가 있는 모양이었다. 침대는 벽에 걸려 있어서 눕혔다 접었다 할 수 있는 간이침대였다. 성인 한 명이 겨우 지나갈 수 있는 통로를 중심으로 총 6개의 간이침대가 2층으로 되어 있었다.

20시간을 달리는 열차 내부. 에어컨은 물론 선풍기도 없고 물 등 음료를 팔지도 않았다.

나랑 한태 형은 4칸짜리 침대가 있는 곳에서 2층을 배정받았다. 1층에는 한 아주머니와 딸로 보이는 소녀가 있었는데 둘은 남남이었다. 또 2칸만 있는 공간에는 부부가 있었는데 남편은 덩치가 굉장히 커서 힘을 쓰는 직업을 가진 사람으로 보였다. 아내는 남편에 비해 훨씬 말랐다.

무거운 짐은 1층 침대 밑 짐칸에 넣고 우리는 무더운 여름에 20시간짜리 기차 여행을 시작했다.

기차가 출발한 지 별로 되지 않았을 때는 창문을 보며 굉장히 느리다는 등 지평선이 보인다는 등의 혼자 이런저런 생각을 했지만 오랜 시간을 타야 하다 보니 그것도 잠시뿐이었고 멍하니 있다가 형과 눈이 마주치면 어색하기만 했다.

"게임 하자."

한태 형이 자기 가방에서 조그만 종이상자를 꺼내면서 말했다.

"이게 뭐예요?"

나는 처음 보는 게임 도구였는데 이름은 기억이 나지 않는다. 아몬드 살색이 칠해진 작은 네모 칸에 1부터 9까지의 숫자가 하나씩 쓰여 있었다. 그리고 빨강, 초록, 노랑, 파랑의 네 가지 색이 있었다. 트럼프카드와 비슷했다. 조커도 있었는데 숫자가 쓰여 있는 곳에 숫자 대신 스마일 모양의 무늬가 있었다.

나는 처음 듣는 규칙을 잊어버리지 않기 위해 집중했다. 규칙은 간단했다. 트럼프카드 놀이 중 하나인 홀라와 비슷했다. 나는 중학교 때 친구들이랑 홀라를 즐겨 해서 금방 습득했고 홀라를 모르는 사람들이더라도 몇 판 해보면 금방 익숙해질만 한 룰이었다.

처음에는 게임을 하는 게 내키지 않았지만 낡은 철로를 느긋하게 달리는 거대한 고철 덩어리에서 달리 할 게 없었기에 그것마저 재미있었다.

"어… 같이 할래요?"

"음…."

"3명 이상 해야 재밌어요. 같이 해요."

"그래요."

같은 칸에 탄, 우리보다 어려 보이는 여자는 같이 하기로 했고 아주머니는 손사래를 치며 구경만 한다고 한다. 같이 한다고 한 여자는 잘하는 것 같더니 나중에는 내리 꼴등을 했다. 이마에 딱밤을 계속 맞았다. 그러기를 몇 판 더 했을까 3명 다 지쳐서 잠시 중단하기로 했다.

나는 내 자리인 2층에 눕기 위해 일어났다. 위로 손을 뻗어 침대를 벽에 고정하고 있는 고리를 풀어 옆으로 천천히 내렸다. 2층 침대는 양쪽 끝에 쇠사슬이 받들고 있었고 그 쇠사슬은 사람들이 다치지 않게 고무로 싸여 있었다.

신을 벗고 2층에 올라갔는데 제대로 앉을 수도 없는 높이였다. 허리를 조금만 펴면 머리가 천장에 닿았고 넓이는 1층 침대와 같이 딱 한 사람만 누울 수 있는 넓이였다. 174㎝인 내가 다리를 쭉 펴면 발목이 통로로 나오는 길이였다. 나보다 키가 더 큰 사람들은 강제 새우잠을 자야 하는 거다. 이불과 베개에 대해서는 말하지 않겠다. 무엇을 상상하든 그 이하다. 그래도 긍정적으로 생각하면 베개가 있는 것이 어디인가.

"자연적으로 1층으로 오게 되네요."

"1층 사람들이 잔다고 하면 우린 올라가야 돼."

"그땐 올라가야죠."

해가 아직도 쨍쨍하게 떠 있다. 우리는 다시 게임을 하려고 자리를 잡았다.

"저는 그만할게요."

같이 하던 여자애는 안 한다고 그랬다. 계속 혼자만 꼴등해서 그런가? 게임에만 너무 집중을 했더니 강약조절을 못 한 듯싶다. 나도 처음 하는 건데 그렇게 계속 질 줄 알았나.

"어, 나도 끼워 줘. 내가 할게."

통로 반대편에 있는 두 칸 짜리 방에 있던 부부 중 아저씨가 우리 쪽으로 오면서 말을 했다. 반대할 생각도 없긴 했지만, 우리 의사는 물어보지도 않고 이미 와 있었다.

"네, 같이해요."

우리는 아저씨에게 게임규칙을 설명하고 시작했다. 아저씨는 두 판 만에 규칙을 완전히 이해했다. 우리는 서로 지고 이기고 하면서 시간을 보냈다. 어느새 저녁이 찾아왔다.

"아까 형이 사 온 치킨 먹자. 일로 와."

"감사합니다. 내일 도착하면 제가 아침 살게요."

20시간짜리 기차를 탈 때 나는 아무 생각이 없었다. 먹을 건 생각도 못

했다. 열차에 음식을 파는 칸이 따로 있거나 카트를 끌고 다니면서 음식을 파는 사람은 당연히 있을 거라고 생각했기 때문이다. 근데 없었다.

기차 사정을 미리 알고 있던 한태 형이 탑승 전에 저녁 끼니를 위해 KFC에서 치킨을 사 왔다. 덕분에 저녁을 맛있게 먹었다. 기차는 기분 탓인지 조금 빨라진 듯했고, 사람들은 하나둘 침대를 펴기 시작했다. 나랑 같은 벽면에 있는 아주머니도 자리를 깐다고 하셨고 나는 위로 올라갔다. 위로 올라간 김에 나도 침대를 펴고 머리를 창문 쪽으로 하고 누웠는데 창문이 열려 있는 데다 내가 바로 앞에 있어서 바람이 너무 많이 불었고 소음도 장난 아니었다.

실제로 새벽에 소음과 추운 바람으로 몇 번 깼는데 한태 형이 자기 쪽은 바람이 안 온다고 가뜩이나 얇디얇은 이불(이불보다는 천 쪼가리)을 나에게 줬다.

이불을 덮고 통로를 봤다. 수많은 사람들이 하나씩 자리를 잡고 누웠거나 앉아있었는데 마치 우리나라 6·25 전쟁을 배경으로 한 영화에서 나올 법한 기차 풍경이었다.

나는 머리가 어지러워서 창문 쪽으로 돌아 누웠다. 누움과 동시에 나도 모르게 잠들었고 창문에서 들어오는 소음을 빼면 기차 안은 이제 고요했다.

"실례합니다! 모두 자리에 앉아 주시고 2층에 있는 분들은 1층으로 내려오시기 바랍니다!"

열차 칸의 불이 모두 켜지더니 어떤 사람이 우렁차게 큰 소리로 말했다.

'뭐야… 지금 몇 시야?'

졸린 눈을 비비며 시계를 봤는데 시계는 아직 새벽 3시를 가리키고 있었다.

"내려와."

"네."

러시아 군인이 통로를 지나갔다. 그제야 분위기 파악이 됐다. 지금은 크림반도가 러시아로 강제합병 된 지 얼마 되지 않았지만, 이제는 러시아 땅이기에 우크라이나 사람들이 크림반도를 가려면 러시아의 검문을 받아야 했다. 얼마 전만 해도 자기 나라 땅이었던 곳에 가는데 검문을 받는 상황이 된 것이다. 우크라이나 입장에서 보면 정말 기가 막히고 코가 막힌 상황이었다. 어쨌든 검문을 한다는 것은 지금 우리가 크림반도 국경에 와있다는 것을 의미했다.

'푸틴 대통령이 대단하긴 하네. 약소국 나라를 깡그리 무시하더니…'

"Здравствуйте(안녕하세요)."

멀리서부터 여권도장을 찍어주면서 오던 군인들이 나를 보고 또박또박 인사를 했는데 냉정하고 차갑게 들렸다. 우크라이나 입장에서 보면 여권에 러시아 도장을 받아야 한다는 게 어이없는 상황일 것이다. 일본에게 당하는 우리나라가 이랬을까. 이래서 나라가 강해야 한다.

"안녕하세요."

나는 인사를 하고 여권을 건넸다. 내 여권을 유심히 보더니 여권 사진에는 안경이 없다며 나보고 안경 벗어보라고 했다.

'아무 질문하지 말고 제발 가.'

나는 잘 알아듣지도 못하는 외국말인데 혹시나 무슨 질문이라도 할까 노심초사했다.

"학생증 있어요?"

학생비자가 찍혀있는 여권을 보고 군인이 말한다. 학생비자면 됐지 꼭 확인해야 하니. 나 안 가져왔는데…?

"어… 지금 없어요."

"어딨죠?"

아, 좀 말도 못하는 외국인인데 천천히 좀 말하지 뭐 그리 레이저 쏘듯이 말하냐.

"학생증… 키예프… 기숙사에 있어… 요…. 저… 방학… 그래서… 안 들고… 다녀요…."

그랬더니 군인들이 뭐라고 뭐라고 말을 한다.

'모르겠다. 기차에서 내리지는 않겠지.'

나 혼자 수습이 안 되자, 한태 형이 나서서 대신 말을 해줬다. 군인들은 그제야 말을 알아들었는지 알았다고 했다. 한태 형 감사합니다.

"Досвидания(안녕히 계세요)."

여군은 여권에 러시아 도장을 찍어주고 간다.

"학생증도 웬만하면 갖고 다녀 괜히 일 꼬일 수 있으니까."

"네, 감사합니다."

"검사 모두 끝났으니 이제 쉬셔도 됩니다!"

군인들은 여권을 모두 검사하고 나서 우렁차게 뭔가를 말하더니 내렸다. 그제야 다시 불이 꺼졌고 잠을 잘 수 있었다.

길고 긴 20시간의 여행이 끝나고 기차가 심페로폴에 도착했다. 새벽에 추워서 몇 번을 깼는지 모른다. 비몽사몽인 상태로 러시아 땅을 밟았다. 여권에 도장이 찍힐 때부터 나는 러시아 여행을 하게 된 것이다. 근데 시계를 보니 예정 도착 시간인 아침 7시가 훨씬 넘었고 10시도 넘은 시간이었다. 아마 러시아군이 검문하느라 지체된 것 같았다.

아침은 역 근처에 있는 식당에 가서 먹었는데 화폐도 이미 러시아 화폐인 루블화로 바뀌어 있었나.

심페로폴 기차역에서도 러시아 국기가 바람에 의해 힘차게 펄럭였다.

지갑에 우크라이나 돈인 흐리브나만 있던 나는 외국에서 잘 쓰지 않던 카드를 썼다(외국에서 카드를 사용하면 복사될 위험이 있는 데다 카드를 받아주는 상점도 많지 않기 때문이다).

"일단 현금 좀 뽑아야겠는데요."

"가다가 보이면 뽑자."

우리는 일단 펜션으로 향했다. 에어컨은 기대도 안 했지만 선풍기도 없이 사람들이 꽉 차 있는 기차에서 20시간 동안 있다 보니 너무 씻고 싶었다.

"어! 여기야 여기."

한태 형이 어딘가를 보고 손을 흔들었다. 반대편에서 한 여자가 걸어왔다. 허리를 꼿꼿이 펴고 도도하게 걸어온 여자는 햇빛에 살짝 그을린 섹시한 피부와 검은색 긴 머리를 하고 크로스백을 메고 있었다.

"형 누구예요?"

"나스짜라고 전에 나 크림에 있을 때 알게 된 친군데 크림에 온다고 연락했지."

펜션에 전화해서 픽업부탁을 했다. 좀 기다리다 보니 트럭이 하나 왔다. 트럭이다 보니 자리가 부족해서 나스짜만 보조석에 앉고 우리는 트럭 뒤에 탔다.

트럭 짐칸은 바람이 불고 시원해서 썩 나쁘진 않았다. 엉덩이에 쥐가 날 때쯤 펜션에 도착했다. 펜션은 생각보다 넓었다. 6명도 넉넉하게 둘러앉을 수 있는 기다란 테이블과 전기가 들어오긴 하는지 알 수 없는 작은 냉장고 등이 1층 거실에 있었다. 그 옆에는 샤워실과 화장실이 있었다. 침실은 2층이었는데 다락방처럼 천장이 낮게 되어 있었고 침대 위에는 누워서 밤하늘을 볼 수 있는 창문이 나 있었다. 나는 침대에서 자는 건 별로라서 한태 형에게 침대를 양보했다.

"일단 씻고 옷 갈아입자."

"네, 형 먼저 씻으세요."

샤워를 하고 짐을 2층으로 올렸다. 나스짜는 식탁에 있는 의자에 앉아 우리를 기다리고 있었다.

"아까 인사 못 했네요. 만나서 반가워요."

"네, 안녕하세요."

나는 나스짜에게 인사했고 나스짜도 나에게 상냥하게 인사했다.

"더우니까 물부터 사자."

우리는 씻고 나와서 상점으로 갔다. 무더운 날씨에 물은 필수였다. 그리고 이곳은 수돗물이 석회수라서 식수는 무조건 돈을 주고 사 먹어야 했다.

"카드로 계산할게요."

"카드 안 돼요."

심페로폴에서 일단 루블(러시아 화폐)을 은행이나 ATM기기에서 찾아야 했다. 현금이 없는 나 대신 펜션비도 한태 형이 다 치른 상태여서 현금이 급했다.

"현금이 안 나와요."

"여기도 돈이 없나 보다. 러시아 은행을 찾아야 하는데."

"우크라이나 은행밖에 안 보이네요, 지금."

"가다가 보이면 뽑아. 여기 계속 있을 거니까."

ATM기에서 현금을 인출하려고 했지만 나오질 않았다. 내 카드가 잘못된 게 아니라 보이는 현금인출기가 대부분이 우크라이나 은행인데 여기가 러시아로 강제합병 되고 나서는 우크라이나 은행이 모두 크림에서 철수했기 때문이다. 그래서 길거리에 있는 우크라이나 은행 ATM기기들은 모두 쓸모없는 기계 덩어리가 되었다.

"뽑으면 펜션비 드릴게요."

"그래, 그래."

나스짜랑 우리는 심쎄토폴 시가지를 걸었다. 시가지를 산책하던 중 갑자기 나스짜가 자기 집으로 우리를 초대했다.

"나스짜가 자기 집으로 오라는데 갈래?"

"지금요?"

"응."

"뜬금없긴 한데… 나스짜, 진짜 가도 돼요?"

"네 지금 같이 가요."

날씨도 덥고, 장시간 기차 이동 때문에 좀 피곤하기도 했고, 할 게 없기도 했다. 고마운 마음에 따라갔다. 가는 도중 은행창구가 보였지만 문을 닫은 은행이라역시 현금인출은 하지 못했다.

"우리 집에 사람 꽤 많은데 괜찮죠?"

"난 괜찮아."

"저도 괜찮아요."

나스짜를 따라 걷다 보니 좀 오래된 아파트 단지가 나오고 그중의 한 아파트 입구로 들어갔다. 나스짜의 집은 2층이었다.

좁은 부엌을 지나 거실로 들어서니 골동품들이 선반이나 책꽂이 등에 장식되어 있는 것이 눈에 들어왔다. 커다란 카펫 위에 큰 소파가 있었는데, 거기에 엄마, 이모 등 가족과 친척들이 앉아 계셨다.

"안녕하세요."

"어서 와요. 반가워요."

우리는 서로 인사하고 빈자리에 앉았다. 딱히 흥미를 유발할 거리는 보이지 않았지만 크림에 사는 친구 집에 초대된 것 자체가 재밌었다. 나스짜의 친척들은 같이 살진 않지만 자주 모인다고 했다.

쪽

"으…"

나스짜의 오빠가 나스짜에게 인사의 표시로 볼에 뽀뽀를 했더니 나스짜가 싫은 티를 조금 냈다. 손님이 있어서 부끄러운 건지 원래 싫어하는 건지 알 수 없었다. 나스짜 오빠의 키는 나보다 좀 작았지만 상체 근육이 상당히 발달되어 있었다. 더운 날씨에 나스짜 오빠는 팔이 훤히 드러나는 민소매를 입었는데 근육들이 쩍쩍 갈라져 팔을 돋보이게 했다. 삭발한 머리는 흰 두건으로 감쌌다. 오빠 옆에는 나스짜 동생인 스베따도 앉아있었는데 나스짜처럼 매력적인 구릿빛 피부를 갖고 있었다. 갈색 생머리에 갈색 눈을 가지고 있어서 내가 생각했던 러시아 여자의 이미지와는 조금 달랐다.

"크림에 얼마나 있을 거예요?"

"일주일 정도 계획 중이에요."

가족들은 우리에게 궁금한 것을 물어봤고 나도 러시아 은행은 어디 있는지 루블을 인출할 수 있는지 등을 물어봤다.

"중심지에 러시아 은행 기기가 있는데 거기에서 아마 인출이 될 거에요."

"이따 가볼게요. 감사합니다."

덕분에 현금을 찾을 방법을 알게 됐다.

"먹을 것 좀 드릴까요? 나스짜 부엌에서 음식 좀 가져와라."

"네."

"나도 가져올게."

의자에서 우리 말을 듣기만 하던 스베따가 언니인 나스짜와 부엌에 가서 우리에게 대접할 음식을 가져왔다.

"감사합니다."

접시에는 얇게 썬 토마토와 사과, 그리고 여러 채소들이 어우러진 샐러드가 푸짐하게 담겨있었다. 나는 샐러드를 남기지 않고 다 먹었다. 나는 물을 먹으려고 부엌으로 갔는데 찾지를 못해서 물을 부탁했다. 그랬더니 스베따가 컵을 들고 싱크대에 가서 물을 떠서 줬다. 이 나라의 모든 지하수는 석회수인 걸 들은 나는 호의는 고마웠지만 물을 시원하게 들이키진 못했다. 이 가족은 물을 사 먹지는 않는 모양이었다. 많은 우크라이나, 러시아 사람들이 석회수에 내내 그게 신경 쓰지 않고 마셨다. 나는 다시 거실에 와서 한태 형과 다른 사람들의 말을 듣고 있었는데, 점점 지쳐서 이해하는 걸 포기해버렸다. 러시아 영화를 자막 없이 보는 기분이었다.

시간을 여유 있게 보낸 우리는 일어나기로 했다.

"저희는 이제 가볼게요."

"그래 또 놀러 오렴."

우리는 나스짜 가족에게 인사하고 나왔다. 나스짜랑 스베따도 같이 나와서 동네 공원에서 산책을 했다. 그 공원에는 아이들이 탈 만한 놀이기구도 있었는데 그냥 공원이라기엔 좀 큰 곳이었다. 그곳에서 해가 완전히 질 때까지 사진도 찍고 여러 동상이 있는 테마파크에서 이상한 흉내도 내며 놀았다. 해가 지니까 공원에는 또 다른 아름다운 야경이 펼쳐졌다. 큰 나무에 걸려있는 조명 줄에 불이 들어오면서 나무가 커다란 빛을 냈다. 공원 산책길은 양쪽으로 빛을 뿜었다. 공원에서 나와서 보이는 강에는 산책로가 있었다. 산책로를 밝혀주는 가로등이 예뻤다.

어느새 서로 둘씩 짝이 된 우리는 따로 떨어져서 공원을 걸었다.

나와 스베따는 양쪽에서 비추는 가로등 불빛 사이에 있는 벤치에 앉았다. 가로등은 벤치 양 끝을 살짝 보여줄 뿐 가운데까지 빛이 오지는 않았다.

"내일은 뭐 해?"

"내일? 글쎄… 크림에 그냥 와보고 싶었지 구체적인 계획은 없어서."

우리는 이미 서로 말을 편하게 했다. 스베따는 내일 계획이 뭐냐고 물어봤는데 나는 구체적인 계획은 없었다.

"내일도 보자. 아마 한태도 나스짜 만날 거 같은데."

"그래."

나스짜 자매와 헤어진 우리는 펜션으로 왔다. 펜션 앞에 있는 상점에서 저녁에 간단히 해먹을 것과 내일 아침거리를 사서 들어왔다. 한태 형이 한 파스타로 저녁을 먹었는데 한태 형이 직접 요리한 소스가 기가 막히게 맛있었다.

다음날 오전에는 우리 둘 다 각자 할 일을 했다. 한태 형은 볼 일이 있다고 했고 나는 지도를 한 장 사서 시가지에 있는 볼거리를 구경했다. 레닌 동상도 보고 재래시장에도 가봤는데 재래시장에는 대부분 초등학생에게 필요한 물건 뿐이었다. 재래시장 입구에는 끄바스 가게가 있었는데 생각보다 줄이 길었다. 나는 그냥 갈까 하다가 줄을 섰는데 금세 내 차례가 돼서 끄바스를 사 먹었다. 재래시장에 오기 전에 러시아 은행에서 인출한 러시아 화폐를 처음 써먹었다. 한태 형에게 펜션비를 금방 갚을 수 있어서 다행이었다.

나는 시가지를 여유롭게 구경한 뒤 한태 형과 만나기로 한 장소로 갔다. 한태 형은 이미 와 있었고 나스짜랑 스베따도 나랑 비슷한 시간에 그

곳에 모였다.

"안녕."

"안녕."

스베따는 밝고 명랑하게 인사했고 어제보다 더 귀여워 보였다.

우리는 영화를 보기로 했다. 영화관까지 나스짜랑 스베따가 안내해 줬는데 영화관 이름이 스파르타 영화관이었다. 나는 처음에는 스파르타 영화 '300'을 아직도 상영하는 줄 알았다.

한태 형이랑 내가 영화표를 샀는데 한 명당 두 명 몫을 내도 얼마 안 했다. 우리가 볼 영화는 '닌자 거북이'였다. 나는 내심 다행으로 여겼다. 배우들이 무슨 말을 하는지 알아듣지는 못해도 액션 장면을 통해 내용을 파악할 수 있기 때문이었다. 그리고 '닌자 거북이' 같은 영화는 스토리가 단순해서 이해하는 데 큰 어려움은 없을 터였다.

5시 50분 표를 산 우리는 극장 안에서 기다리기로 했다. 슬러시를 하나 사서 먹었는데 너무 빨리 먹었는지 머리가 아파서 내 얼굴이 일그러졌다. 내 표정이 재미있었는지 세 명 모두 웃었다.

"으아 머리가 그냥…."

"천천히 마셔."

시간이 되어서 상영관으로 들어갔다. 영화는 생각했던 대로, 대사만 나올 때를 제외하곤 액션 장면이 많아서 재미있었다. 특히 닌자 거북이가 위험에 처한 상황에서 미녀인 메간 폭스를 보며 잘 지냈냐고 능청스럽게 인사하는 장면과 엘리베이터에서 닌자 거북이 4마리가 모두 박자에 맞춰 리듬을 타는 장면이 웃겼다. 꽤 영화를 잘 고른 것 같았다. 내가 우크라이나에서 본 재미있게 본 영화는 '닌자 거북이'나 '스텝업 5', '위자' 등 쉬운 영화였다. 한편 '인터스텔라'는 우크라이나에서 내가 본 영화 중 최악이었다. 전혀 내용을 이해할 수 없었기 때문이다.

"재밌네."

"덕분에 잘 봤어. 고마워."

우리는 영화가 끝나고 밖으로 나왔고 스베따는 덕분에 잘 봤다며 고마움을 전했다.

"아니야. 내가 고맙지. 크림에서 이렇게 누구랑 같이 다닐 줄 몰랐거든."

"그런가?"

스베따가 웃으면서 말했다.

정말로 일주일 간의 여행에서 여행 첫날부터 친구 집에 초대받아서 그 친구들과 놀게 될 줄 누가 알았으랴.

5시 50분에 시작한 2시간짜리 영화가 끝난 시각, 배고픈 건 당연했다. 어제는 우리가 나스짜 자매네 집에서 식사도 대접받았으니 오늘 저녁은 우리가 사주기로 했다.

"음, 어디 가지?"

한태 형이 고민하는 중 내가 말했다.

"낮에 저쪽에 보니까 도미노피자가 있던데 어때요?"

"그럴까? 나스짜랑 스베따 피자 어때?"

"좋아, 가자."

그렇게 모두의 동의로 시가지 중심에 있는 도미노피자로 갔다. 피자는 내가 한국에서는 잘 안 먹는 음식이지만 크림에서만큼은 보이면 갔다. 한국은 피자 말고도 먹을 것이 많지만 여기는 상대적으로 먹을 게 없었기 때문이다(키예프에서도 화요일마다 도미노피자가 '원 플러스 원' 행사를 했는데, 그때도 밖에 나가기 싫은 겨울에는 한 달에 두 번 정도 시켜먹었다).

우리는 가게 안에 자리를 잡고 포테이토 피자와 오리지널 토핑이 가득 들어간 피자를 시켰다.

피자 두 판이 나오고 우리는 앞접시에 한 조각씩 담아 먹기 시작했다. 사람은 다 똑같은 것 같다. 동양인이고 서양인이고 먹을 때는 말이 없다. 4명 모두 배가 많이 고팠는지 말없이 먹었다. 피자랑 같이 나온 콜라가 시원했다.

"우와. 배불러, 배불러."

"그래 너 많이 먹은 것 같다."

"예 엄청 먹었어요. 형 다 드세요."

내가 부를 대로 부른 배를 잡고 숨 쉬는 게 불편하다는 듯 과장을 하며 말했다.

"다 먹었어? 더 먹어."

나스짜랑 스베따는 보기엔 별로 안 먹은 것 같은데 배부르다고 했다. 딱 봐도 세 조각 정도밖에 못 먹을 체격이긴 하다. 그리고 보니 내가 집에서 대접받았던 그 샐러드가 평상시 츄프리나(나스짜, 스베따는 이름이고 츄프리나가 성이다) 가족의 한 끼 식사는 아니겠지? 오빠 몸을 보면 샐러드로만 만들 수 없는 몸인데 스베따 오빠만 따로 음식을 또 먹는 건가? 우리는 피자를 다 먹고 일어났다. 남은 콜라는 내가 다 마셨다.

우리는 소화도 시킬 겸 어제 걸었던 공원 산책로를 걷기로 했다. 어제처럼 가로등 불빛이 우리가 걷는 길을 환하게 밝혀주었고 어두워진 밤하늘과 시원한 바람은 더운 여름도 식혀주고 햇빛에 뜨거워진 우리 몸도 식혀주었다. 그리고 우리는 어제 앉았던 벤치 근처에 앉았다.

"내일은 뭐 해?"

"나 내일 일해."

여행 온 나는 내일도 만나사고 하려고 했는데 스베따는 일을 하는 모양이었다. 무슨 일을 하는지 물었다.

"지금은 그냥 전단지 붙이고 다녀."

"아, 여름에 엄청 덥겠네."

전단지를 아파트에 붙이는 아르바이트를 하는 스베따에게 걱정스럽다는 듯 말했더니 스베따가 애교섞인 말투로 답했다.

"응, 엄청 더워."

벤치에 앉아 같은 방향을 바라보며 얘기하던 우리는 그 애교 섞인 말에 눈을 마주쳤다. 순간적으로 나는 스베따의 갈색 눈과 연분홍빛 입술을 번갈아가며 쳐다봤고 마지막에 다시 스베따와 눈을 마주쳤다. 스베따는 가만히 바라보기만 하다가 미소를 지으며 살짝 뒤로 빼는 시늉을 했다.

'내가 뭐하는 거야, 지금.'

나는 잠시나마 연분홍빛 입술을 훔치고 싶었던 생각을 산책로 밑에 있는 강에 던져버렸다.

우리는 나스짜랑 스베따를 집에 보내고 펜션으로 돌아왔다.

"펜션을 좋은 데로 잡아서 진짜 좋네요."

뜨거운 열기에 계속 있다가(물론 여행으로 놀러 와서 있는 거지만) 밤에 펜션에 들어와서 찬물로 샤워하고 2층 침실에 누워있으니 개운하고 상쾌한 기분이 들었다.

"조금 외진 데 있어도 좋지?"

"외진 곳에 있어도 별로 멀지도 않고 조용하고 좋아요."

'톡 톡 톡'

우크라이나 SNS인 브깐딱지 알람 소리가 계속 울렸다. 낮에 서로 브깐딱지 아이디를 교환했더니 밤에 집에서 스베따와 나스짜가 내 계정으로 같이 사진 찍은 것들을 보내주었다.

여행에서 남는 건 사진밖에 없다.

"내일 해변 가자."

"네? 해변이요?"

"응, 여기까지 왔는데 해변에는 가야지. 여기 심페로폴이 크림 중심이고 여기로 사방팔방으로 나가면 다 해양도시야. 나스짜도 간대."

"네, 가요."

크림은 심페로폴이 내륙에 있고 다른 주요 도시는 모두 바다에 붙어있는 해양도시다.

크림반도-알루슈타

아침 일찍 버스터미널에서 알루슈타로 가는 표를 샀다. 전기로 가는 기다란 트램바이(트램)를 타고 가는데 편도로 거의 2시간 거리였다. 그런데도 입석이 있었다. 서서 가는 사람이 보였다. 트램은 굉장히 깨끗했다. 우크라이나에도 트램바이가 있지만 다른 우크라이나의 대중교통과 달리 깨끗하다. 또 소음도 훨씬 적었다.

알루슈타에 가는 길에 트램에서 본 바깥풍경은 자연밖에 없었다. 나쁘다는 말이 아니라 눈과 마음이 정화되는 느낌이었다는 뜻이다. 공기도 한결 맑은 느낌이 났다. 멀리 보이는 곳에는 커다란 산이 있고 그 산을 중심으로 울창한 숲을 이루는 나무들이 펼쳐져 있었다. 하늘도 햇빛은 강렬하지만 구름이 어느 정도 보여서 맑았고 나는 트램에서 그런 날씨를 만끽하고 있었다.

나스짜는 왔는데 스베따는 오지 못했다. 어제 말한 대로 일 때문이었다. 대신 나스짜와 스베따의 첫째 언니인 가쨔가 우리와 동행했다. 가쨔는 나스짜와 스베따와는 달리 피부가 하얗고 볼이 빨갰다. 가까이서 보면 주근깨도 조금 보였다. 가끔 혼자 뭔가 알 수 없는 행동을 할 때도 있어서 엉뚱해 보였다.

"아파트에 가야 한다고?"

"응, 이쪽에 전단지 붙일 거 가져왔어."

알루슈타에 도착한 우리는 나스짜와 가쨔의 행동에 조금 당황스러웠다. 여기에 놀러만 온 줄로 알았는데 아르바이트로 하는 전단지 붙이는 일을 여기서도 하겠다고 했다. 일을 하겠다니 말릴 수도 없는 상황이고 전단지도 계속 갖고 있자니 불편한 상황이고 해서 우리는 도와주기로 했다. 전단지 양을 보면 그리 오래 걸리지는 않을 것 같았다.

그러나 곧 그게 착각임을 알았다.

'하기 싫다.'

아파트 이리저리 옮겨 다니며 붙여야 돼서 너무 힘들었다. 둘을 쫓아다니기만 하는데도 뜨거운 태양 아래 있으려니 빨리 바다를 보고 싶었다.

"가쨔, 일로 와. 쉬었다 가자."

"그래."

가쨔랑 나는 아파트 단지에 있는 벤치에 앉아서 휴식을 취했다. 한태 형이랑 나스짜는 우리랑 다른 곳으로 가서 각자 전단지를 다 붙인 뒤 만나기로 했다.

"매일 이렇게 일하는 거야?"

"매일은 아니고 일주일에 네 번은 이걸로 용돈 벌이를 해."

전단지 아르바이트는 내가 중학교 1학년일 때 친구였던 놈이 했었는데 그걸 내가 지금 크림에서 하다니. 전혀 예상하지 못한 일이다. 모든 여행이 그냥 예상 밖의 일들이다. 내가 아무런 예상을 안 해서 그런가?

별로 남지 않은 전단지를 아파트에 다 붙이고 우리는 약속장소로 갔다. 비슷한 시각에 나스짜랑 한태 형도 모였다.

이제 해변으로 가는 도중 천장과 창문 없이 뼈대만 있는 지프차를 봤다. 지프차에 앉아서 알루슈타를 관광하는 듯한데 사람이 닿는 곳은 창문과 천장 없이 뼈대만 있게 튜닝을 해서 시원하게 알루슈타를 느낄 수 있는 차였다. 정해진 코스가 있는 것 같았다.

지프차로 여행객을 싣고 다니는 무리를 지나 샤우루마를 파는 곳에 들렸다. 샤우루마를 시켰는데 어떤 여성이 히잡 비슷한 천으로 얼굴을 둘둘 말고 샤우루마를 만들었다. 아마 여기 크림에 살고 있는 타타르족인 듯했다. 그녀가 샤우루마를 만들어서 가정용 전자레인지에 돌렸다. 양면 프라이팬에 굽는 키예프와는 다른 방식이었다. 그걸 보고 나는 진작에 기대를 버렸다. 전자레인지에서 갓 나온 샤우루마를 손에 들고 바다로 갔다. 샤우루마에는 고기가 많이 들어 있었지만 익지 않은 곳이 꽤 보였다. 한입 베어 물었는데 고기는 씹히지도 않았고 채소도 상한 듯했다. 결국 배수로에 뱉고 손에 들고 있던 샤우루마도 쓰레기통에 버렸다.

"왜 버려?"

"맛 되게 없어."

나는 가쨔에게 맛없다는 표정을 지으며 말했다.

구명조끼와 튜브 등 물놀이 도구를 파는 상점들이 많이 보이기 시작했다. 해변에 다 온 듯했다. 아니나 다를까 상점 골목을 지나니 곧장 바다가 나왔다. 끝없이 펼쳐진 수평선과 맑은 하늘은 장관을 이루었고 기념사진을 찍어주는 사진팔이와 솜사탕팔이 등 여러 장사꾼도 보였다. 피서객은 그 몇 배는 되는 듯했다.

"이야, 알. 루. 슈. 타!"

나는 해변가에 온 기분이 좋아서 그냥 큰 소리로 외쳤고 옆에 있던 어떤 외국인 무리 중 몇 명이 내 소리를 듣고 박수를 치며 휘파람을 불었다. 이런 외국인의 손발을 맞출 줄 아는 고마운 사람들 같으니라고.

"포토? 포토?"

사진기사들이 기념사진을 찍어주겠다며 계속 물어본다. 나는 괜찮다며 내가 들고 있는 20만 원짜리 캐논을 보여줬다. 키에프에서 스마트폰 카메라가 고장 나는 바람에 샀는데 DSLR은 아니지만 성능이 좋았다.

"제가 찍어줄까요?"

다른 사진기사가 나랑 가쨔에게 말을 건넨다. 키는 184cm정도 되어 보이고 마른 몸에 단단한 근육을 가진 금발의 남자 기자였다. 모델이라 해도 믿을 정도였다.

"찍어주세요."

알루슈타 해변 포토존에서 나는 카메라를 그 사람에게 주고 가쨔와 같이 서서 찍었다. 사진기사는 몇 가지 포즈도 알려주었는데 우리는 얼떨결에 포즈까지 취해 가며 찍었다.

"여깄어요."

"감사합니다."

나는 내 카메라로 찍어준 사진기사에게 요금을 지불하려고 했지만 그 기사는 돈을 받지 않았다. 의외였다. 그저 멀리 동양에서 온 여행객을 위한 순수한 마음으로 찍어준 것일까? 나중에 기사가 찍어준 사진을 보니 잘 찍어준 사진들이 몇 개 있었다. 이상한 건 지우고 괜찮은 것은 지금도 보관 중이다.

크림의 해변은 내가 가봤던 다른 해변과는 달랐다. 내가 바다에 많이 가본 것은 아니었지만 일반적으로 모래사장이 있어야 할 곳에 자갈도 아닌 검은색 조약돌이 족히 수만 개는 깔려있었다. 슬리퍼를 챙겨오지 않았던 나는 운동화를 벗어서 양말을 넣어두고 맨발로 걸었는데 모래가 아닌 조약돌이 깔려있어서 한 걸음 한 걸음 내디딜 때마다 지압 판을 걷는 심정이었다.

"아! 잠깐만 아우!"

지압 효과가 워낙 뛰어나서 소리가 절로 나온다. 나스짜랑 한태 형, 가쨔는 나를 보고 큰 소리로 웃었다. 세 명은 다 슬리퍼가 있었다.

여느 피서지처럼 피서객들이 많았다. 멀리까지 사람 구경을 하러 가서 알게 된 사실인데 우리가 있는 곳만 조약돌로 되어 있었고 조금만 옆으로 가면 모래사장이 있었다. 여기에 사람이 별로 없어서 일부러 이곳으로 온 거라고 했다. 원치 않은 지압을 계속 하다 보니 이젠 맨발로 조약돌 밭을 걸어도 아프지가 않았다.

우리가 있는 조약돌, 모래사장 양옆으로는 조금 더 바다로 걸어갈 수 있게 길이 나 있는데 거기서 아이 어른 할 것 없이 사람들이 다이빙을 즐기고 있다.

우리는 사람들과 같이 바다에서 논다. 서로 얼굴에 물도 뿌려주고 잠수도 하고 몰래 넘어뜨려서 물속에 담그기도 하고 놀고 있다. 뜨거운 햇빛의 온도를 바닷물로 식히면서 최고의 피서를 보내고 있다.

검은색 끈이 달린 노란색 비키니를 입은 나스짜의 구릿빛 피부는 햇빛과 바닷물이 닿으면서 빛이 났다. 가쨔는 물에 들어가기 싫다면서 조약돌밭에서 열심히 사진만 찍었다.

나스짜랑 나는 물 밖으로 나와 잠깐 쉬기로 했다. 한태 형은 수영을 못했는데, 그 모습을 보고 어느 할머니가 수영의 기초를 가르쳐 주셨다. 물에도 못뜨던 한태 형은 짧은 시간 배우더니 헤엄쳐서 어느 정도 앞으로 나아가게 되었다. 학습 효과가 좋았다.

"어, 비 온다."

"짐 다 안으로 들여보내야겠다."

알루슈타 해변에 비가 오기 시작한다. 하늘을 보니 우리 주위만 먹구름이 끼어서 금방 끝날 소나기처럼 보였다. 사람들 모두 바다에서 나와 짐을 들고 그늘막이 있는 곳으로 대피했다.

"가쨔, 사진 보여줘."

비 그치는 것도 기다릴 겸 나는 가쨔에게 사진 찍은 걸 보여 달라고 했다.

"음… 별거 없는데… 여기."

우리는 가쨔가 준 카메라에 담긴 사진들을 봤다. 하늘 사진도 있었고, 소약돌도 있었고, 바다 전체를 찍은 사진도 있었다.

"너네도 찍어줄게. 줘봐."

"그래 고마워."

가쨔는 나와 한태 형 가운데에 나스짜가 들어가게 사진을 찍어줬다.

"잘 찍었네. 고마워. 우리 넷이 같이 찍자."

한태 형이 네 명이서 같이 찍자고 말했다.

"아니, 괜찮아. 난 안 찍을래."

가쨔는 손을 내밀면서 괜찮다고, 사진찍기 싫다고 말했다. 카메라 들고 직접 찍는 게 더 좋은 모양이었다.

"비 그쳤다."

나스짜가 말했고 소나기가 그치기를 기다리던 피서객들은 모두 원래 자리로 돌아갔다.

"들어가자. 출발!"

나는 다시 피서 분위기를 만끽하려 했다.

"나는 이제 안 들어갈래."

나스짜는 커다란 수건을 어깨에 걸치면서 가짜랑 물 밖에서 있겠다고 했다. 비가 오는 동안 추워진 것 같았다.

"우리는 다시 갔다 올게."

한태 형이랑 나는 다시 바다에 들어가기로 했다.

"아, 추워!"

"와, 잠깐만⋯."

소나기가 내린 후라서 그런 것도 있겠지만 비가 끝나길 기다리는 동안 체온이 내려가서 그런지 바닷물이 더 차갑게 느껴졌다.

"더 못 놀겠는데요."

말하는 동안 나는 입술이 순간적으로 떨렸다.

"난 아까 배운 수영 좀만 더 하고 갈게."

한태 형은 할머니에게 속성으로 배운 수영을 조금만 더 한다고 말했다.

"네, 전 저기서 기다릴게요."

나스짜랑 가짜가 있는 곳을 가리키며 말했다.

"빨리 왔네?"

대형 수건으로 몸을 감싸고 있던 나스짜가 말했다.

"밖에 좀 있다가 다시 들어가니까 추워서 못 놀겠어."

나는 이 말을 하고 내가 가져온 수건으로 머리를 닦고 몸에 묻은 바닷물을 닦았다. 그랬더니 체온이 금방 돌아왔고 입술도 더 이상 떨리지 않았다. 한태 형도 얼마 안 있어 금방 나왔다. 우리는 짐을 챙기고 일어났다.

"우리 좀 걷자."

가짜가 집으로 돌아가기 전에 모래사장을 걷자고 해서 우리는 그러기로 했다. 조약돌 밭을 나오니 바로 옆에 길게 뻗은 모래사장이 있었다. 피서객은 소나기 이후에 많이 줄었고 그나마 있던 피서객들도 우리처럼 집에 가기 시작했다. 모래사장을 걷는 동안에도 가짜는 여전히 카메라로 사진을 찍느라 바빴다. 조개껍데기도 찍고 구름도 찍고 우리 뒷모습도 찍고… 이때 찍은 사진만 봐도 내 등이 깨끗했는데 지금은 등에 까무잡잡한 얼룩이 생겼다. 아마 이때 몸에 선크림이나 오일을 바르지 않은 탓이 아닐까 싶다.

"밥 먹으러 가자!"

배고픈 것을 잘 참지 못하는 내가 말했다. 바다에서 놀고 비도 맞고 추위도 타다가 모래사장을 걸으니 배가 너무 고팠다. 다들 별말 없이 찬성이었다. 다들 출출하긴 했나 보다.

우리는 조금 전 해변으로 들어온 길로 다시 가고 있었다. 해변에서 나가는 출구도 그쪽이고 거기에 식당이 다 몰려 있었기 때문에 방향을 바꿀 필요는 없었다. 식당으로 들어서자 사람이 꽤 많았다. 우리처럼 바다에서 놀던 사람들이 대부분이었다. 사람이 꽤 있어서 못 먹을 줄 알았는데 다행히 자리가 있었다. 식당은 뷔페식으로 되어 있었다. 접시를 하나 들고 줄을 서서 자기가 원하는 음식을 접시에 담은 뒤, 줄 끝에 있는 카운터에서 계산을 하는 식이었다. 나는 육류로 가득 채운 접시를 싹 비우고 접시 하나를 더 꺼내 채소와 해산물을 먹었다. 나는 육류와 해산물만 먹으면 소화가 안 되는 경향이 있어 채소도 어느 정도 먹어야 한다. 그리고 가짜는 여기서도 사진을 찍었다.

"우리 그만 찍고 너도 같이 찍자, 일로 와."

서빙하는 분에게 부탁해서 네 명이서 사진을 찍었다. 그렇게 밥도 먹고 사진도 찍고 이제 집에 가려고 터미널에 왔다.

길고 구불구불한 트램바이를 타고 갔는데 지금 생각해보니 트램바이가 아니라 뜨롤레이부스였던 것 같다.

전선으로 전기를 받아 일정한 속도로 달리는 교통수단이라 정확한 시간에 도착했다. 우리 숙소가 있는 심페로폴까지 2시간이 걸렸다.

우리는 나스짜의 집으로 향했다. 식사 대접받은 인사도 드릴 겸 해서 과일을 든 채로 말이다.

"안녕하세요."

"오, 어서 오너라."

집에는 저번에 봤던 분들이 계셨고 근육 덩어리 오빠는 나스짜랑 가쨔에게 뽀뽀 인사를 건넸다. 나스짜랑 가쨔는 뽀뽀를 받는 동안 눈을 질끈 감고 싫은 소리를 냈는데 피하지는 않았다. 우리는 가게에서 사 온 과일을 건네고 자리에 앉아 차를 받았다.

"감사합니다."

나는 감사하다는 인사를 하고 차를 한 모금 마셨다가 혀를 데었다.

'아, 뜨거워…'

뜨거워도 뜨겁다고 말할 수 없는 분위기였다. 나는 이제 그만 나가고 싶었는데 한태 형이 뭔가 계속 말하고 있었다. 아마 바로 나가기엔 좀 이른 감이 있어서 이런저런 얘기를 하는 듯했다.

우리는 또 식사 대접을 받았다. 토마토와 각종 채소가 먹기좋게 썰린 샐러드였다. 고기가 조금이라도 있으면 잘 먹겠는데 채소만 계속 먹으려니 물렀다. 가족이 대부분 채식주의자인 것 같았다. 그래도 대접받았으니 샐러드를 깨끗이 먹었다.

"그럼 저희는 가보겠습니다."

한태 형과 내가 인사를 하고 현관문을 열었다.

"잘 가거라. 다음에 또 놀러 와."

나스짜 어머니와 이모께서 기분 좋게 배웅해 주셨다. 그리고 계단을 내려오다가 마리나를 만났다.

"어, 마리나."

"어, 안녕?"

마리나는 놀란 눈치였다. 볼일을 보고 이제 온 듯했다. 마리나가 오늘 알루슈타에 같이 갔으면 어땠을까 하는 생각이 머릿속을 스쳐 지나갔다. 가짜는 바다에 안 들어와서 조금 아쉬웠는데, 마리나였으면 바다에서도 재밌게 놀았을 것 같았기 때문이다.

"우리 갈게, 안녕."

"잘 있어, 마리나."

나와 한태 형이 인사하고 아파트를 나온다.

"응, 잘 가."

마리나도 인사하고 집으로 들어갔다.

우리는 펜션 근처에 있는 마트에서 맥주와 안줏거리를 산 뒤 펜션에 돌아왔다. 샤워를 하고 병맥주를 한 병씩 마시며 얘기를 나눴다.

"내일은 너 뭐해?"

한태 형이 나한테 물어본다.

"저 내일은 얄타에 가볼까 생각 중이에요. 같이 가실래요?"

"얄타? 좋지. 근데 난 예전에 가봐서…. 난 여기 있을게."

"그럼 저 혼자 갔다 올게요."

"그래."

그렇게 하루를 마무리하고 2층 침실로 올라가 잠을 잤다. 나는 바닥에 이불을 펴고, 한태 형은 침대에 자고.

크림반도-얄타

"갔다 올게요. 시간은 모르겠는데 오늘 안에 올 거예요."

나는 이렇게 말하고 태양이 내리쬐는 야외로 나왔다. 선크림을 발라서 다행이었다. 우크라이나에 있으면서 선크림을 바르는 습관이 생겼다. 참 고맙다, 자비 없이 광선을 쏘아대는 태양아.

"그래, 잘 갔다 와."

한태 형은 그렇게 말하고 나갈 준비를 했다.

나는 버스를 타고 심페로폴 버스터미널에 도착했다. 버스를 잘못 타서 한 번 헤매느라 진이 빠졌다.

"얄타행 하나요."

나는 얄타로 향하는 표 하나를 사고 뜨롤레이부스에 올라탔다.

'아직 안 가나 보네.'

기사가 보이지 않는 것을 보니 아직 출발하려면 한참 남은 모양이었다. 나는 아무도 없는 뜨롤레이부스에서 여유롭게 원하는 자리에 앉았다. 지 갑에서 키예프행 표를 보고 다시 한 번 날짜 확인도 했다.

'내일 13시…'

표 시간을 확인하고 다시 지갑에 넣었다.

얼마 지나지 않아 사람들도 오고 운전기사님도 출발할 준비를 했다. 전 기로 조용히 가는 차 안에서 숲과 산이 끝없이 어우러져 있는 풍경을 바 라보면서 얄타에서 할 일을 생각했다. 사실 그곳에서의 계획도 구체적으 로 세우지는 않았다.

'얄타회담 장소에는 가봐야지.' 하는 생각만으로 여행을 결정한 것이다.

얄타는 알루슈타보다 가까이 있었다. 1시간가량 걸려 도착했는데 도착하자마자 얄타 여행지도를 한 장 샀다.

지도를 바지 뒷주머니에 넣고 여행하는 것은 나만의 소소한 재미였다. 필요할 때 뒷주머니에서 빼서 편하게 볼 수 있었다. 번거롭게 가방에 넣었다 빼거나 손에 계속 쥐고 다니지 않을 수 있어서 편안했다.

"얄타회담 장소가 어디지…."

나는 아리송한 러시아어를 뚫어져라 바라보다가 얄타회담이 이루어진 건물 사진을 발견했다. 그 옆을 보니 버스 몇 번이 간다는 좋은 정보가 있었다. 이래서 지도가 필요하다. 얄타회담이 열린 장소는 '리바디아 궁전'이라고 되어 있다. 여행지도에 쓰여 있으니 믿음이 갔다.

나는 여기 말고도 어디 가볼 만한 곳이 또 있나 봤다.

"이건 지원이 형 프로필 사진에서 본 건데."

다른 주요 관광지 사진을 보니 SNS 프로필 사진에서 본 건물이 있었다. '제비둥지'라고 불리는 건물이었다.

제비둥지는 작은 성인데 옛날 어느 귀족이 지었다고 들었다. 해안 절벽에 위치한 제비둥지 앞에는 흑해가 드넓게 펼쳐져 있다고 한다. 현재 제비둥지는 레스토랑으로 운영되고 있다는데 리바디아 궁전과 별로 떨어지지 않은 곳이라고 지도에 나와 있었다. 리바디아 궁전 다음에는 제비둥지로 가면 되겠다는 생각이 들었다.

"여기 리바디아 궁전 가는 버스 오나요?"

나는 지도에 있는 버스정류장으로 가서 버스를 기다리다가, 돌다리도 두들겨보고 건너는 마음으로 내 옆에서 버스를 기다리는 여자에게 물어봤다.

"음~"

그 여자는 잠시 생각하는 척 하다가 한 손을 오므리고 손가락을 비볐다. 팁을 달라는 의미였다.

나는 그 행동을 보고 바로 등을 돌렸다 그냥 버스를 기다리기로 했다. 웨이트리스도 아니고 그냥 여행객이 길을 물어보는데 무슨 팁을 달라는 건지 어이가 없었다.

그리고 잠시 뒤 버스가 왔다. 앞에 커다랗게 리바디아 궁전이라고 쓰여 있었다.

"리바디아 가요?"

"네, 타세요."

기사는 팔을 올려 타라고 손짓한다.

"감사합니다."

버스는 키예프의 작은 버스 마르슈뜨까와 똑같았다. 아주 작은 버스라 통로도 좁고 의자도 좁고 다 작은데 사람들은 거대해서 전혀 실용적이지 않은 버스다. 우리나라 70년대의 버스를 '콩나물시루'라 표현했다는데 그에 어울리는 버스였다.

'좀만 참으면 돼.'

나는 자기최면을 걸며 궁전에 도착하길 기다렸다. 그 순간만큼은 내가 왜 얄타에 왔는지도 생각하기 힘들었다.

"다 왔어요. 모두 내리세요."

남산타워로 올라가는 버스처럼 산 오르막길을 꼬불꼬불 올라가더니 버스 기사가 종점이라며 내리라고 했다. 종점이 리바디아 궁전이었다. 버스에서 내린 나는 뒷주머니에서 지도를 꺼내 궁전까지 길이 어디로 나 있는지 봤다. 내 앞으로 열린 길만 쭉 가면 나온다고 나와 있다. 가는 길에 끄바스 하나만 딱 마시고 가려 했으나 가는 길에 음식점 몇 개가 줄지어 있었다. 음식점을 보자마자 본능적으로 배가 고파졌다.

한국에는 테라스 식당 자체가 드물고 혹시 있더라도 내부로 들어갔을 텐데 여기서는 테라스에 앉게 된다. 날이 좋아서인지, 아니면 얄타에 왔다는 게 좋아서인지, 그것도 아니면 별거 없는 바깥 풍경을 조금이라도 더 보고 싶어서였는지 나도 모르게 이날도 테라스에 앉았다.

나는 우리나라 돈으로 칠천이백 원짜리 피자를 시켰다. 피자가 나왔는데 토핑이 소시지와 햄, 그리고 빨간 고추뿐이었다. 빨간 고추가 눈에 띄

게 많이 들어가서 매워 보였는데 오히려 느끼했다. 콜라가 꼭 필요한 시점이었다.

'그래도 나쁘진 않네.'

나는 그럭저럭 만족하며 먹었다.

피자집에서 조금 더 걸어가니 드디어 얄타회담이 열린 역사적인 장소인 리바디아 궁전이 있었다. 궁전은 아주 하얗고 야자수로 둘러싸여 있었다. 산 중턱에 있다 보니 멀리 흑해와 산 능선이 보이며 아름다운 풍광을 자랑했다.

이곳은 회담이 열리기 전, 제정시대 때 차르(러시아 황제)와 러시아 귀족들의 휴양지로 자주 이용되던 별장이었다. 그 후 러시아에 '붉은 혁명'이 일어나면서 공산당의 손에 들어가 공산당 간부들이 즐기는 인민휴양소로 탈바꿈되었다고 한다.

차르 휴양지니, 인민휴양소니 하는 것은 나랑 상관없었다. 내가 여기 오고자 했던 건 언젠가 한번 한국과 관련한 회담이 열렸다고 들었기 때문이다. 마침 기회도 좋았다. 여기 오기 전에 펜션에서 2G 스마트폰의 느리고 느린 인터넷으로 얄타회담에 대해 검색해봤다.

얄타회담은 2차대전 패전국인 독일의 관리에 대하여 의견을 나눈 회담이었다. 언뜻 보면 우리나라랑 상관없는 회담같지만 조금만 들어다보면 우리나라와도 관계가 있는 회담이다. 이 회담에서 미국이 당시 일본과 서로 상호불가침조약을 맺고 있던 소련의 일본참전을 약속 받았고 이로 인해 일제패망 이후 광복을 맞은 우리나라는 38선을 경계로 미소 양국에 의해 분할 점령되었기 때문이다. 분할점령 이후에는 신탁통치 찬반대립과 미군정기가 있었는데 그건 루스벨트와 스탈린 간의 합의가 근본원인이 되었다. 당시 회담에 같이 있던 영국 총리 윈스턴 처칠은 이 회담 내용을 다른 나라들이 알게 되면 분노할 것이니 회담 내용을 비밀로 하자는 말을 했다고 한다. 다른 나라가 분노할 걸 알면서도 다른 나라를 신탁통치하자는 의견을 주고받은 것이다.

리바디아 궁전에 들어갔다. 입장료를 낼 때 추가비용을 더 내면 사진을 찍을 수 있었다. 나는 추가비용을 조금 더 내고 카메라로 여기저기 막 찍었다. 가이드가 여러 사람을 인솔하면서 설명했는데 나랑 비슷한 때 들어온 일행들이라 내가 가면 가이드 무리가 따라오고 그들이 먼저 가면 내가 따라가는 약간 웃긴 상황이 연출됐다. 그래도 그 무리 덕에 미로 같은 길을 헤매지 않을 수 있었다.

궁전 1층에는 얄타회담 당시의 모습이 전시되어 있었다. 회담 장소에 차가 도착해서 경비병으로 보이는 군인이 경례하는 동영상, 여러 사람이 원탁에 둘러앉아 회담하는 모습이 그대로 담긴 흑백 사진과 흑백 동영상이 있었고, 이것에 대한 기사가 담긴 러시아 신문 등이 전시되어 있었다.

"까레이(한국)… 까레이…"

가이드가 설명을 듣는 일행에게 까레이를 몇 번이나 말했다. 아마 여기서 한국에 대해서도 말이 오갔다고 말을 하는 것 같았다.

사진이 걸려있는 뒤쪽으로 가니, 루즈벨트와 스탈린, 처칠의 밀랍인형을 볼 수 있었다. 당시에 세계를 쥐락펴락했던 사람들이 한 곳에 모여 있는 모습을 보니 타임머신을 타고 과거 여행이라도 온 듯한 느낌을 받았다. 길을 따라 옆 방으로 가니 당시 사용되었던 탁자와 의자가 보였고 탁자 위에는 꺾이지 않을 것 같은 미국, 영국, 소련의 3개 국기가 꽂혀 있었다(소련은 망했지만 러시아가 있어서 지금도 소련 국기는 강해 보인다).

2층에 갈 때는 궁전 정원을 지나야 했다. 정원 가운데에는 분수대가 있었고 그 주변에는 야자수가 높게 뻗어있었다. 정원을 꾸미는 다른 식물들도 보기 좋게 손질되어 있었다.

'공기 좋고.'

보기만 해도 좋은 공기가 내 폐로 들어와 매연과 각종 오염물질로 얼룩진 내 폐를 정화 시켜주는 느낌이었다.

2층 입구에 가니 여기도 장사꾼이 있었다. 차르에 대해 설명해 놓은 안내문과 차르의 가족사진, 제정시대 문양이 새겨진 그릇 등을 팔고 있었

리바디아 궁전에 전시된 밀랍인형. 왼쪽부터 루스벨트, 스탈린, 처칠

다. 차르의 가족사진을 사는 사람도 있는지 의문이 들었다.

1층이 회담 전시장이라면 2층은 차르에 대한 전시장이었다. 차르가 사용했던 집무실도 있었고 실제 음악을 듣던 축우기, 피아노 등이 전시되어 있었다.

어떤 방으로 들어가니 창문이 열려 있었는데 거기서 산 밑에 있는 흑해가 한눈에 다 보였다. 흑해와 모래사장, 그곳에서 놀고 있는 사람들도 다 보였다. 전망이 진짜 좋았다. 이 궁전이 사유지였다면 그 가격은 어마어마할 것 같았다.

복도에는 러시아 황제들의 사진이 걸려있었다. 사진보다는 초상화라고 보면 되는데, 알렉산드르 2세(알렉산드르 니콜라에비치 로마노프), 알렉산드르 3세(알렉산드르 알렉산드로비치 로마노프)에 대한 글귀와 커다란 초상화가 걸려 있었다. 러시아의 마지막 차르인 니콜라이 2세(니콜라이 알렉산드로비치 로마노프)도 그 옆에 전시되어 있었다.

'이 사람들이 러시아 황제구나.'

나도 여기서 러시아 황제를 처음 알았다. 이름이며 생김새, 모두 다 처음 본 것이다. 나중에 인터넷에 이름을 검색해보니 내가 봤던 초상화랑 똑같은 그림이 나왔다. '선 감상 후 깨달음' 방식이다.

"저기… 저 사진 한 번만 찍어주실래요?"

나는 지나가는 여행객에게 내 카메라를 주면서 마지막 황제 니콜라이 2세가 같이 나오게 찍어달라고 부탁했다.

"감사합니다."

감사의 인사를 한 뒤 카메라를 돌려받고 사진을 봤는데 흔들렸다.

그렇게 리바디아 궁전을 전부 감상하고 출구로 이어진 길로 나왔는데 출구에서 커다란 기념품 가게를 들르게 되는 구조로 되어 있었다. 내가 길을 잘못 들었을 수도 있지만.

기념품 가게에 온 김에 구경을 했는데 딱히 얄타회담과 연관되는 기념품은 없었기에 빈손으로 가게를 나왔다.

다시 버스를 타러 산길을 내려가다가 길을 잘못 들어서 이상한 해변으로 나왔다.

'아… 다시 올라가야 돼?'

나는 어쩔 수 없이 궁전 쪽으로 발길을 다시 돌렸고, 이번에는 내가 왔던 길로 내려왔다. 진작에 왔던 길로 내려갔으면 됐는데 괜한 호기심으로 다른 길로 가서 고생만 했다.

"끄바스 하나 주세요."

버스정류장에 도착한 뒤 끄바스를 사서 단숨에 들이켰다. 빵 맛 음료는 언제나 맛있으면서 오묘한 맛을 냈다.

리바디아 궁전에서 물을 먹지 못해 목이 말랐는데 헛걸음까지 쳐서 갈증이 더 심했다.

'이제 제비둥지에 가볼까…'

시간이 조금 지체되기는 했지만 제비둥지에 가보고 싶었다. 버스를 기다리는 동안 옆 사람에게 길을 물어봤다.

"제비둥지로 어떻게 가요?"

그러더니 그 사람도 팁을 달라는 특유의 손동작을 했다. 나는 정색하고 돌아섰다.

'길을 물으면 죄다 돈을 요구하네.'

두 번 길을 물어봤는데 두 번 모두 돈을 달라고 했다. 주지 말까 하다가 이번에는 줬다. 그 유명하다는 제비둥지에 가기 위해.

"여기서 이렇게 가면 돼요."

그는 내 지도를 이용하여 길을 알려주었다.

"고맙습니다."

나는 그가 가라는 대로 가기로 했다. 근데 버스가 오지 않았다. 40분은 족히 기다린 뒤에야 버스가 도착했다.

해가 좀 기울었다. 리바디아 궁전에서 내려오는 길을 좀 헤매는 바람에 시간이 조금 지체됐다. 버스를 타고 가는데 이번에는 정류장을 잘못 내렸다. 마르슈뜨까는 안내방송도 없어서 바깥을 잘 보고 내려야 되는데 멍하니 있다가 정신을 차려보니 내가 내릴 때를 놓친 것 같은 기분이 들어서 내린 것이다.

"오우!"

나는 나도 모르게 안디끼옴의 소리를 질렀다. 몇 푼 안 되지만 돈을 주고 일반인에게 길 안내를 받았는데 그걸 놓치다니! 버스정류장을 몇 개 지나는지 정류장 수도 알려달라 할 걸, 그걸 몰랐다.

하늘은 노을빛을 띠고 있는데 나는 숙소가 있는 심페로폴로 가는 버스 시간표도 알지 못하는 상태였다. 즉, 아주아주 적은 확률로 버스를 놓칠 시에 여기 얄타에서 하룻밤을 지내야 하는 것이다.

나는 순간 그동안 여행하면서 느껴보지 못한 두려움을 느꼈다. 말도 안 통하고 쉴 곳도 없이 길을 헤매는 검은 머리의 동양인. 나도 어지간히 겁쟁이였다.

나는 제비둥지를 뒤로 하고 터미널로 왔다. 조금 아쉽긴 하지만 보고 싶던 얄타회담 장소는 실컷 구경했으니 목표는 이룬 셈이었다. 터미널에서 심페로폴로 향하는 뜨롤레이부스에 몸을 실었다.

"어 왔어?"

펜션에서는 한태 형이 쉬고 있었다.

"예, 형 계셨네요."

"낮에 볼일 보고 쉬고 있었지. 잘 구경했어?"

"얄타회담 한 곳은 봤는데 제비둥지는 못 봤어요."

"왜? 그거 유명한데 보고 오면 좋을 텐데."

"가다가 길도 헤매고 뭐 그랬어요."

나는 돈을 달라던 행인 얘기를 했다.

"돈 주고도 못 갔네?"

한태 형은 웃으면서 말했다.

"그러게요."

나도 덩달아 웃었다.

나는 샤워를 하고 병맥주를 마시면서 핸드폰을 했다. 몸이 피곤했는지 병맥주 1병만 먹었는데도 머리가 어지러웠다.

"저 먼저 잘게요."

"그래, 나도 올라가야겠다."

우리는 침실에 올라가 바닥과 침대를 하나씩 차지하고 누웠다. 나는 어지러운 상태에서 누웠다가 나도 모르게 잠들었다.

뜻밖의 선물

다음날 우리는 방을 간단하게 청소했다. 빈 병은 커다란 봉투 하나에 모아서 버리고 침실도 보기 좋게 정리하고 나왔다.

"안녕히 계세요."

우리는 펜션 주인에게 인사를 하고 기차역을 가기 위해 나왔다.

"잘 가요."

펜션 주인은 우리에게 고개를 숙이며 잘 가라고 인사해줬다.

우리는 기차역에 도착했다. 심페로폴 기차역은 첫날에도 그랬지만 여느 기차역과는 달리 시원한 느낌을 줬다. 다른 기차역들은 건물이 높게 세워져 있지만 여기는 길고 커다란 흰색 건축물들이 늘어서 있다. 그래서 뻥 뚫리는 시원한 느낌을 받았다. 다른 기차역들보다는 건축 디자인에 더 신경 쓴 듯하다.

"형, 안 가실 거에요?"

나는 한테 형에게 물어봤다.

"응 표도 안 샀고 여기 더 있든지 다른 도시 좀 들렀다 가려고."

키예프 기차역에서 편도만 끊은 한태 형은 오늘은 돌아가지 않는다고 했다. 그리고 멀리서 걸어오는 나스짜가 보였다.

"안녕."

나스짜가 우리에게 반갑게 인사했다.

"어서 와."

한태 형이 반겨줬다.

"나스짜 여긴 웬일이야?"

난 연락도 안 했는데 나스짜가 온 게 놀라워서 물어봤다.

"너 간다고 한태한테 연락이 왔어. 그래서 배웅 왔지."

"고마워."

나는 고맙다는 인사를 했다.

"스베따도 올 거야. 잠깐 볼일 보고 오느라 나 먼저 왔어."

"응, 알았어."

시계는 오전 11시를 가리키고 있었다. 기차는 오후 1시에 출발이라 시간은 아직 많이 남았고 아직 밥을 안 먹은 우리는 바로 역 앞에 있는 조그만 식당에 들어갔다. 우리는 고기를 다져서 만든 요리와 샐러드, 음료 등을 주문해서 먹었는데 나스짜는 집에서 밥을 먹었다고 안 먹는다고 한다.

우리는 밥을 먹으며 그간 찍었던 사진들을 보면서 떠들었다. 4박 5일 동안 사진을 많이 찍었는데 흔들린 사진, 왜 찍었는지 모르겠는 사진, 가짜가 찍은 이상한 사진, 너무 많은 풍경 사진 등을 몇 가지 삭제하고 나니 어느 정도 사진 양이 줄어들었다.

"근데 지금 보니까 이거 키예프에서 산 건데 출발 시간이 키예프 시간 기준은 아니겠죠?"

"줘봐."

키예프에서 왕복표를 샀던 나는 키예프행 시간이 오후 1시로 되어 있어서 키예프 기준 1시인지 크림반도 기준 1시인지 순간 헷갈렸다. 크림반도와 키예프는 1시간가량 시차가 있기에 혹시나 했던 것이다.

"네가 그렇게 말해서 나도 헷갈리네."

한태 형도 헷갈려 했다.

"나가서 역무원한테 물어보자."

우리는 식당을 나와 역무원에게 물어봤다. 다행히 여기 시간이라고 했다. 혹시나 했는데 다행이었다. 하긴 비행기도 왕복으로 사도 표에 현지 시간이 찍히는데 기차가 다르겠나 싶었다.

"이제 가죠."

출발 시간과 조금씩 가까워져서 우리는 승강장으로 갔다. 키예프행 기차가 승강장으로 들어왔다. 그리고 승강장에서 기다리는 우리 뒤에서 누가 인사한다.

"안녕. 안 늦었지?"

스베따가 시간에 맞춰 승강장으로 들어왔다.

"스베따 안녕."

나는 스베따에게 인사했다.

"피곤할 텐데. 와줘서 고마워."

나는 스베따에게 고맙다 말했다.

"뭐가 피곤해? 안 피곤해 괜찮아. 그리고 배웅 와야지. 나스짜한테 못 들었어?"

"아니, 난 말했지."

옆에서 보던 나스짜가 말했다.

'빵-'

크기는 크지만 내부는 좁고 낡고 시끄럽고 느린 기차가 승객들에게 이제 탑승하라는 신호를 보냈다.

"나 이제 가야겠다. 그동안 고마웠어. 잘 있어."

나는 스베따와 나스짜에게 인사했다.

"너도 잘 가."

"잘 가."

스베따와 나스짜도 나에게 잘 가라고 인사했다. 그리고 스베따가 무엇인가 건넸다.

"이거 받아."

"이게 뭐야?"

나는 분홍색과 흰색이 조합된 포장지로 예쁘게 포장된 물건을 받았다.

"선물이야. 이따 갈 때 뜯어봐."

스베따가 선물이라 말하자 나는 뜻밖의 선물에 놀랐다.

"어… 저기… 난 준비한 게 없는데…"

'빵-'

"괜찮아, 이제 출발하겠다. 들어가."

"고마워."

나는 스베따에게 고맙다고 인사했다. 선물을 주지 못해 미안했다.

"형, 감사합니다. 아무 계획도 없었는데 덕분에 크림에서 재밌게 놀았네요."

한태 형에게도 잊지 않고 감사의 인사를 했다.

"나도 네 덕분에 오랜만에 크림에 와서 좋아."

"다음에 키예프에서 기회 되면 또 봬요."

"그래 또 한 번 보자."

나는 그렇게 인사하고 기차에 들어섰다. 자리에 앉으니 스베따, 나스짜, 한태 형이 창문 옆에 바로 보였다. 우리는 기차가 출발할 때까지 손을 흔들고 인사를 했다.

얼마 지나지 않아 기차는 출발했고 스베따가 준 선물을 뜯어봤다. 선물을 뜯어 보는 순간 너무나 고맙고 기쁜 마음이 들어서 그저 가만히 선물을 바라봤다.

선물은 스베따와 놀던 날 공원에서 놀 때 핸드폰으로 찍은 사진을 인쇄하여 액자로 만든 것이었다. 사진과 함께 'Happy Day!'라는 문구가 앞에 적혀 있었고 액자 뒤에는 스베따가 직접 손으로 쓴 글씨가 있었다. 'на память'(좋은 추억), '고마워요.' 라는 글씨였다.

'고마워, 스베따.'

나는 그렇게 혼잣말을 하고 선물 액자가 깨지지 않게 옷 가방 안에 고이 넣었다.

러시아 군인과 우크라이나 할머니

4인용 침대칸에서 나는 1층을 배정받았다. 내 건너편에는 아주머니 한 분만 있었다. 두 명이라 여유로웠다. 계속 그랬으면 좋았겠지만 중간 정류장에서 커플로 보이는 내 또래 남녀가 들어와서 2층으로 올라갔다. 아직 밤도 아니고 취침할 때도 아니었지만 피해 주고 싶지 않은 눈치였다.

기차에서 딱히 할 게 없던 나는 크림에서 찍었던 사진들도 보고 창밖으로 보이는 풍경도 보고 느려서 잘 터지지도 않는 2G 스마트폰도 만지기를 수차례 반복했다. 그리고 스베따가 준 선물도 다시 가방에서 꺼내보고 또 집어넣었다.

나는 키예프에 있는 동생에게 문자를 한 통 날렸다. 문자라도 해야 시간이 갈 것 같았다.

- 나 지금 간다. 20시간 뒤에 내 연락 없으면 나 신변조회 좀 해줘.

연화에게 문자를 보냈다. 그리고 얼마 뒤 답장이 왔다.

- 오빠! 일있어. 오늘 화? 아, 내일 토욜인가? 그럼 재밌이? 조심히 와~!

그렇게 몇 통 주고받긴 했는데 빠르지 않은 통신망 덕분에 금방 끊겼다. 주현이랑 연화도 방학이라 기숙사에 있는 것 같았다. 얼마 전에 그 둘은 2주간 유럽 대륙을 찍고 왔다. 유럽여행으로 지쳐서 오늘은 기숙사에서 체력보충을 하는 모양이었다.

화장실에 가려고 통로를 이동하다가 2인용 칸 1층에 있는 한 할머니와 눈이 마주쳤다. 나는 순간적으로 눈길을 돌려 화장실을 갔다 왔는데 할머니가 나를 계속 보셨다. 그러더니 이리로 오라면서 손짓을 하셨다.

'여기도 도를 믿으십니까가 있나?'

나는 이런 생각을 했는데 할머니는 기차에서 심심했는지 갑자기 나에게 이런저런 얘기를 하기 시작했다. 무슨 말을 하는지 몰라 그냥 알아듣는 척을 했다. 할머니가 말하는 중간에 이탈리아란 단어가 들리면서 그 문장은 조금 이해하긴 했는데 딸 얘기도 나와서 내 머릿속은 자기 멋대로 단어를 조합해 정리해 버렸다.

"… 조심히 가요."

끝에 이 말은 분명히 들었다.

"네, 감사합니다."

나는 그저 인사를 표한 뒤 자리에 들어갔다.

밤이 됐다. 기차가 얼마나 왔는지는 모르겠다. 그러나 아직 크림반도를 벗어나지는 않았다. 여권을 확인하는 경찰이 기차에 오지 않았기 때문이다.

기차가 한 역에 멈춰 섰다. 다른 기차들은 보이지 않았고 불빛도 승강장에 세워진 전등이 전부였다.

2층에 자리하고 있던 커플이 짐은 그대로 둔 채 몸만 나갔다. 기차가 여기서 잠시 쉬는 것 같았다.

에어컨, 선풍기 등 여름에 더위를 피할 도구가 하나도 없는 기차 안은 찐득거리지 않으면 다행이었다. 많은 사람들은 밤바람을 맞으며 더위를 날리기 위해 밖으로 나갔다. 나 또한 밖으로 나가 잠시 더위를 식혔다. 밤바람은 굉장히 시원했다.

"물 팔아요!"

"흑맥주 있어요!"

여기도 장사꾼이 있었다. 우리나라 고속도로에서 뻥튀기나 마른오징어를 파는 분들과 비슷하다 보면 되겠다.

나는 지갑이 차 안에 둔 가방에 있어서 물건은 사지 않았다. 만약 주머니에 내 지갑이 있었으면 나는 마실 것을 샀을 것이다.

밤바람을 조금 쐬고 나니 금세 몸이 으스스해졌고 나는 기차 안으로 들어왔다. 다른 사람들도 하나둘 들어왔는데 사람들이 다 들어와도 기차는 출발할 생각 없이 계속 멈춰 있었다.

"모두 여권 꺼내주세요!"

러시아 군인이 들어왔다. 러시아 군인이 왔으니 여기가 크림반도와 우크라이나 국경인 모양이었다.

우리가 밖에서 더위를 식힐 동안 다른 칸은 검사를 하고 있었나 보다. 무슨 안내방송도 없다. 여권 검사한다는 방송도 없고, 잠시 정차할 테니 더위를 식히라는 방송도 없다. 이런 고물 덩어리 기차 같으니.

"여권에 케이스가 끼워져 있는 분들은 모두 빼주시기 바랍니다!"

이 말을 듣고 나도 우크라이나 문양이 있는 여권 케이스를 뺐다.

나에게 말을 걸었던 할머니도 여권검사를 받았고, 내가 검사를 받을 차례가 됐다.

"오이?"

러시아 군인이 나를 보며 놀랐다. 검은 머리, 갈색 눈동자, 노란 피부. 동양인은 예상하지 못했나 보다.

"안녕하세요."

나는 군인에게 인사했다. 군인이 그냥 내 여권만 보고 갔으면 하는 바람으로 말이다.

"혼자인가요?"

군인이 말했다.

"네."

내가 말했다. 군인은 내 여권을 앞뒤로 몇 번 보더니 러시아 도장을 찍어줬다. 나는 여권을 가방에 넣고 자리에 앉았다.

러시아 군인을 뒤따라오던 제복 입은 남자가 이리저리 무엇인가 살폈다. 그는 여권을 확인하는 군인들과는 다르게 검은색 제복을 입었는데 특수부대인지 경찰인지 알 수 없었다. 이런 곳에 특수부대원이 왔을 리는 없겠고 경찰이겠거니 나는 단정 지었다.

그 경찰은 내 허벅지 높이 만한 커다란 군견을 데리고 있었다. 검은색과 갈색 털이 있는 개인데 도베르만 같았다. 개를 데리고 있는 사람은 그렇게 크지는 않았지만 개가 덩치가 커서 개만 봐도 위압감이 들었다. 개를 데리고 다니는 걸로 봐서는 마약이나 불법 총기 등을 검사하는 임무를 맡은 듯했다.

그는 나랑 눈이 마주치더니 순간 멈추고 다시 갈 길을 갔다. 그런데 갑자기 나한테 와서 나는 여권 확인인가 싶었다.

'여권은 아까 확인했잖아.'

나는 속으로 이런 말을 하면서 여권을 꺼내려는데 그가 여권은 됐다는 제스처를 취했다. 그러더니 손으로 돈을 달라는 표시를 했다.

"왜요?"

나는 간신히 이유를 물었다.

"헤이."

그러나 그는 이 말 한마디와 함께 계속 한 손의 엄지, 검지, 중지를 모아 비비면서 돈을 달라고만 했다. 그 옆에 커다란 군견이 가만히 있지 않고 계속 빙글빙글 돌고 있었다. 경찰은 나에게 바짝 다가와 돈을 요구했는데 경찰이 오자 군견도 같이 내 앞으로 바짝 왔다. 개가 무서워서 뭐라 할 수가 없었다. 지금 내 앞에 있는 군견은 내 종아리 한쪽 정도는 아무렇지도 않게 씹어버릴 것만 같았다.

"하… 얼마?"

나는 어쩔 수 없이 자리에 앉아 지갑을 꺼냈다.

"봐봐."

그 경찰 나부랭이도 내 옆에 앉았다. 개는 내 자리 통로에 서 있었는데 빠져나갈 구멍이 없었다. 구멍이 있다 한들 내가 액션영화 주인공도 아니고 달리 방법은 없었다. 그리고 어디선가 인기척이 느껴졌는데, 내 앞에 앉아있던 아주머니가 나에게 말을 건넸던 할머니 자리로 가서 둘이 무언가 말을 하는 걸 봤다. 눈은 계속 여기를 바라보면서 얘기하는 걸로 봐서 나에 대해 말을 하는 듯했다.

"여기 이거 가져."

난 500루블(당시 한국 돈으로 약 만오천 원)짜리 한 장을 내밀며 말했다.

"더, 더."

경찰은 더 달라고 했다.

'이런 황당한 ××…'

그저 황당해서 때리고 싶은 마음도 들지 않았다. 물론 때리고 싶은 마음이 들지 않은 것은 옆에 커다란 군견 때문도 있었다.

"이거 가져가."

나는 천 루블(당시 한국 돈으로 약 삼만 원)짜리를 한 장 건네며 말했다.

"고마워."

그놈은 좋다고 받았고 금방 다른 곳으로 가버렸다. 나는 빨리 기차가 출발했으면 하는 마음이었다. 기차가 이동할 동안 자고 싶었고 눈 뜨면 키에프였으면 좋겠다는 생각을 했다.

"저 놈이 뭐 달라고 했어?"

내 쪽을 계속 보시던 아주머니랑 할머니가 나한테 와서 말했다.

"어… 돈이요."

"돈? 저런 나쁜 놈…!"

할머니는 그 말을 하더니 누군가 부르러 가는 모양이었다. 나는 괜한 주목을 받기 싫어서 할머니를 말렸다.

"저 괜찮아요. 이러지 않으셔도 돼요."

"뭐가 괜찮아? 너는 학생이고 일도 안 하는데 저놈이 뭔데 돈을 요구해? 가만 있어."

할머니가 화가 단단히 나신 듯했다. 할머니가 화내는 소리를 듣고 무슨 일인지 궁금해하는 사람이 하나둘 많아졌다.

할머니는 어디론가 가셨고 나는 자리에 앉았다. 내 앞에 앉아있는 아주머니는 나와 눈이 마주치자 그저 씁쓸한 미소를 띨 뿐이었다.

잠시 뒤 할머니가 웬 군인 세 명과 돌아오셨다.

1명이 앞에 있었고 2명이 뒤에 서 있었다. 앞에 있는 군인이 별이 제일 많아 계급이 높아 보였다. 얼굴에 연륜이 보였다. 특히 배가 심하게 나온 뚱뚱한 체격으로 봤을 때 낮은 계급은 아닐 듯했다.

"무슨 일이죠?"

장교가 나를 보더니 물었다.

'일이 꽤 커진 것 같은데…'

나는 이 생각을 하고 가뜩이나 내가 아는 단어도 한정적인데 어떻게 말을 해야 될지 생각했다.

"경찰로 보이는 사람이 이 학생 돈을 가져갔어요!"

할머니가 옆에서 고래고래 소리쳤다. 나는 기차 칸에서 사람들의 시선을 받는 몸이 되었다.

"경찰이요?"

장교가 할머니를 보면서 말한다.

"네! 한 남자가 와서 이 아이한테 돈을 요구하고 가져갔어요!"

할머니는 목이 쉬어라 화난 목소리로 말했는데 목이 쉴까 좀 걱정스러웠다.

"음… 우리는 모두 군인이라 경찰은 없습니다만."

"학생에게 물어보세요!"

장교는 그 말을 듣고 나를 쳐다본다. 장교도 내가 노어를 잘 못하는 것을 눈치채고 천천히 쉽게 말해줬다.

"무슨 옷을 입었나요?"

장교가 나에게 말했다.

'모르겠다. 될 대로 돼라.'

나는 생각지도 못하게 상황이 여기까지 왔지만 장교 질문에 대답했다.

"검은색… 그리고 큰 개… 있었어요."

최대한 발음을 정확하게 하려고 노력했다.

"검은 옷이랑 큰 개요?"

장교가 알아듣고 대답했다.

"네."

나는 대답했다. 그러더니 장교가 뒤에 있던 군인 두 명을 보고 말했다.

"검은색 제복, 큰 개. 그 사람 같은데?"

그 사람이라니 누군지 모르겠다. 경찰이란 단어도, 군인이란 단어도 못 들었다. 그들이 말이 빨라서 못 들은 것은 당연지사였고 내가 머리가 하얘져서 단어 캐치를 하나도 못 한 것도 있었다.

"기다리세요. 데리고 올게요."

장교는 그렇게 말하더니 기차 복도를 빠져나갔고 뒤에 따르는 장교 두 명도 뒤따라 나갔다.

"저들이 널 도와줄 거야."

할머니가 나에게 말했다.

"아… 할머니 감사합니다."

찰나의 순간 여러 가지의 시나리오가 내 머리를 스쳐 갔다.

시나리오 첫 번째, 조용히 돈을 돌려 받는다. 두 번째, 별것 아닌 일이 부풀려져서 군인에게 내리라는 지시를 받고 내려서 조사를 받는다. 세 번째, 그런 사람은 없다고 군인이 발뺌하면 장교가 나에게 어떻게 된 일인지 묻는다. 네 번째, 나에게 돈을 가져간 사람이 발뺌한다, 등….

잠시 뒤 뚱뚱한 장교와 검은 제복을 입은 남자가 같이 왔다. 남자 옆에는 여전히 커다란 개가 있었다.

"이 사람 맞나요?"

장교가 나에게 말했다.

"네, 맞아요."

내가 말했고 검은 제복은 장교와 눈이 마주치자 고개를 가로저으면서 아니라고 했다.

"왜 돈을 요구했어? 네가 뭔데? 학생한테 왜 돈을 달라고 해?"

자리에 있던 할머니가 다시 와서 검은 제복에게 큰 소리를 쳤다. 장교

뒤에 있던 두 명의 군인이 할머니에게 좀 자제해달라고 부탁했다.

"이리 오세요."

장교는 따라오라고 했다.

"너도 이리 와."

개를 소유하고 있는 상놈도 부른다. 상놈은 나에게 돈을 요구했을 때와 표정이 확연히 달랐다. 이리로 끌려올 때 장교한테 한바탕 들은 모양이었다.

우리는 객차와 객차를 연결해주는 연결통로로 왔다. 할머니는 우리를 따라오면서 계속 검은 제복 상놈을 나무라고 계셨다.

"왜 학생한테 돈을 요구해? 일도 안 하는 학생한테? 저 아이는 일을 안 한단 말이야. 학생이라고!"

"여기서 둘이 해결해."

장교는 할머니를 뒤로 물리고 자기도 연결통로를 빠져나가면서 연결통로의 문을 닫았다.

'응?'

지금 연결통로에는 나와 검은 제복을 입은 상놈 둘이 있었다. 아, 그리고 옆에 커다란 개도 같이 있었다. 문이 닫히니 연결통로는 어두웠다. 불빛은 전혀 없었다. 객차 불빛이 통로 문에 달린 조그만 창문을 통해 들어올 뿐이었다.

'이게 뭐지…?'

나는 당황했다. 피해자와 가해자 둘, 내 종아리쯤은 아작아작 씹어버릴 듯한 큰 개가 함께 있다. 가재는 게 편이라더니 장교가 대체 누구를 도와주려고 한 것인지 모르겠다.

객실에는 아직도 할머니가 장교와 승강이를 벌이고 있었다. 나는 할머니를 믿고 외쳤다.

"내 돈 내놔!"

순간적으로 고함을 질러서 내 심장은 빠르게 뛰기 시작했다. 덩달아 숨도 가빠졌지만 최대한 포커페이스를 유지하면서 호흡을 유지했다. 그리고 상놈은 이미 기가 죽었다. 장교한테 한소리 들은 건지 할머니에게 야단을 들어서 인지는 모르겠으나… 판은 뒤집혔다.

"내 돈 어딨어?"

말하면서 무섭기도 했다. 나는 얼었다. 말은 하는데 몸이 움직이지 않았고 내 눈은 상놈의 얼굴만 보고 있었다. 내 눈에 개 따위는 보이지 않았다.

상놈은 아무 말도 하지 않은 채 자기 주머니를 뒤졌다. 그리고 꼬깃한 천 루블짜리 지폐 한 장을 꺼내 나에게 줬다. 생각지도 못한 반전이었다. 돈을 돌려받았다.

나와 상놈 우리 둘 다 서로 말이 없었다. 나는 다시 개가 눈에 들어오기 시작했다. 큰 개는 정신없이 빙글빙글 돌 뿐이었다. 이제 문만 열고 나가면 됐는데 상놈이 갑자기 움직여서 움찔했다.

'뭐야?'

나는 혼자 생각하고 있었는데 상놈이 천 루블 하나를 더 꺼내 줬다.

'응?'

당황했다. 내가 이천 루블을 줬나 하고 생각했다. 왜 나에게 돈을 더 주는 건가 싶었다. 순식간에 나는 결론에 다다랐다.

'이 친데시민 뺏은 게 아니구나.'

이것이 내가 내린 결론이다. 누군가에게 또 돈을 요구했는지, 한 사람 한 사람에게 얼마를 받았는지 모르는 것이다.

'땡큐.'

나는 그렇게 이천 루블을 가지고 객차로 들어섰다.

"해결됐나요?"

장교가 말한다.

"네… 네… 됐어요…."

그 말을 들은 장교는 그 상놈을 데리고 다른 객차로 갔다.

"어휴, 돈 받았어?"

할머니가 나에게 말했다.

"네, 도와주셔서 감사합니다."

나는 생각지도 못하게 돈을 돌려받아 할머니에게 정말 감사했다. 인사는 했지만 그보다 더한 감사 표시가 있으면 정말 하고 싶었다. 할머니는 나에게 좋은 말을 추가로 해주셨다.

"… 자리에 가서 쉬어."

"네 할머니 쉬세요."

그렇게 우리는 각자 자리로 돌아갔고 이 상황을 지켜보던 사람들도 하나둘 자기 자리로 돌아갔다.

몇 분 뒤 기차가 출발했다. 이 사태 때문에 열차가 지연됐다고 믿고 싶지는 않다. 그저 다른 객차에서 여권검사가 늦었을 거라 생각했다.

'내가 이천 루블을 뺏겼었나…'

나는 잘 준비를 하고 누워서 다시 생각해봤지만, 결론은 아니었다. 나는 할머니 덕분에 천 루블(당시 한국 돈으로 약 삼만 원)을 더 받았던 것이다.

이름도 모르고 아무것도 모르는 할머니다. 지금은 내 기억 속에 희미하게 이미지가 떠오른다. 비록 사진 찍을 상황은 아니었지만 그때 감사해서 사진이라도 같이 한 장 찍자고 했으면 어땠을까 생각한다. 그러면 '키예프행 열차의 은인'으로 사진을 평생 보관했을 텐데 말이다. 아마 할머니는 우크라이나로 놀러 온 외국 여행객에게 경찰이 돈을 요구한 것이 국가적 망신이라고 생각하셨던 것 같았다.

내가 크림 여행을 다녀온 뒤로 러시아와 우크라이나의 사이가 부쩍 악화되었다. 결국 우크라이나에서 크림으로 가는 기차, 버스 등 횟수도 줄었고 얼마 지나지 않아 크림반도와의 교역도 모두 차단됐다. 이제 크림반도에 가려면 러시아에서 비행기를 타고 가야 된다.

애정의 조건

- 안녕! 뭐해?

여름방학 초반, 승구 형이 한국으로 돌아가기 전에 승구 형 여자친구인 린이에게서 SNS로 연락이 왔다.

- 어, 승구 형 여자 친구 안녕. 이 시간에 뭐하긴 기숙사에 있지.

연락을 받은 건 밤 9시였다.

- 만날까?

린이가 만나자고 했다.

- 웬일이야? 너 어딘데?

같이 몇 번 본 적도 있어서 당연히 승구 형이랑 같이 있겠거니 생각했다. 그래서 승구 형 얼굴도 볼 겸 알았다고 했다.

- 너희 기숙사 거의 다 와 가. 내 친구도 같이 가고 있어.

목적이 바뀌었다. 승구 형과 담소를 나누는 것에서 린이의 친구로.

- 알았어. 이따 봐.

나는 곧바로 승구 형에게 전화했다.

"형 지금 갈게요. 어디세요?"

"응? 간다니? 어딜?"

승구 형은 무슨 뜬금없는 소리를 하냐며 말했다.

"네? 린이가 보자고 연락 왔는데 형이랑 있어서 저한테 연락 온 거 아니었어요?"

나도 승구 형이 무슨 소리를 하는지 몰랐다.

"린이한테 연락이 왔다고?"

승구 형이 물어본다.

"네, 저 방에 있는데 린이가 기숙사에 오고 있다고 보자길래 형 보러 오는 줄 알았죠. 저도 형 볼까 해서 만난다고 했고요."

나는 린이랑 내가 어쩌다 연락하게 됐는지 말해줬다.

"하…"

전화기 너머로 승구 형의 얼굴이 일그러지는 것이 보였다.

"알았다. 내가 이따 다시 전화할게."

승구 형이 말했다.

"네."

나도 대답하고 전화를 끊었다. 그리고 잠시 뒤 승구 형에게 전화가 왔다.

"저기 내가 너한테 이러는 건 미안한데."

승구 형 목소리에 약간의 분노가 섞여 있었다. 나한테 화낼 일은 아니란 걸 알지만 통제가 안 되는 듯했다.

"내가 린이랑 통화했거든? 내가 지금 우크라이나 다른 도시로 여행을 와서 키예프에 없어. 린이 걔가 나 몰래 너한테 연락한 거 같은데… 너도 오늘은 몰랐으니까. 다음부터는 린이한테 연락 오면 받지 마라. 그게 낫다. 그리고 너한테 미안하다. 내가 지금 목소리가 좀 그라네, 그치?"

"아 형 몰래 연락한 거예요? 뭔지 알겠네요. 걔가 친구 데려온다길래 만난다고 했는데 그럼 얘기해보고 약속 취소할게요."

승구 형이 어느 정도 이해가 갔다. 나를 최대한 배려하는 게 느껴졌다.

"그래, 괜히 너한테 미안하데이. 키예프 가서 밥이나 함 먹자."

"네."

그렇게 통화는 마무리했다.

나는 기숙사 캠퍼스 벤치에 앉아있었다. 린이랑 린이의 친구 리따도 같이 있었다. 나는 린이를 보고 말했다.

"승구 형도 없는데 뭐하러 연락했어."

"아 × 아니야. 친구가 너 보고 싶댔어."

린이는 '아 ×'란 단어를 입에 달고 살았다.

"어쨌든 이건 잘 마실게."

린이랑 리따가 맥주를 사 왔다. 슬라부띠츠 라임이라는 맥주인데 레몬 맛이 나는 맥주다. 우리나라 과일 소주랑 맛이 비슷했다.

"이거 맛없으니까 다른 거 사자고 그랬잖아."

린이가 친구와 맥주를 번갈아 보며 말했다. 리따는 아무렇지 않게 듣기 싫은 말은 무시했다.

린이 친구 리따는 토종 우크라이나인이었다. 미녀란 말은 아니다. 그냥 토종 우크라이나 사람이고 린이보다 키가 약간 큰 금발의 여자였다.

"승구 친구?"

리따가 나한테 물어봤다.

"친구는 아니고 내가 동생이지."

어느 정도 한국문화를 알고 있는 리따는 '동생'이란 개념을 바로 이해했다. 근데 나는 이 자리가 도통 무슨 자리인지 알 수 없었다. 친구들끼리 마음 놓고 떠드는 것도 아니고. 썩 재밌는 자리는 아니다.

"얘 남자친구 있어."

린이가 옆에서 말해준다.

'남자친구 얘기나 듣고 들어가야겠다.'

나는 이런 생각을 했다.

"남자친구 뭐해?"

리따는 내 말이 끝나기 무섭게 핸드폰으로 남자친구와 같이 찍은 사진을 보여줬다.

"아니, 남자친구 사진 보여달라고."

나는 그 사진이 잘못 보여준 사진인 줄 알았다.

"맞아. 이 사람이야."

린이는 다시 사진을 보더니 이 사진이 맞다고 한다. 사진에는 린이와 웬 중년 아저씨 한 분이 있었다.

"나이가 꽤 있는 것 같네."

나는 이 자리에서 처음으로 궁금한 점이 생겼다.

"응 40대야."

리따가 말했다.

"너는 몇 살인데?"

내가 물었다.

"19살. 한국 나이로 20살? 21살?"

리따는 자기 나이를 말했다.

'이 여자 판타스틱하구만.'

나는 밖으로 나올 말을 간신히 참았다.

이야기를 들어보니 그 남자친구라는 사람은 한국에서 외과 의사로 일하다가 일을 그만두고 우크라이나로 왔다고 했다. 우크라이나에 와서 리따를 만나고 서로 좋아하게 됐다고 했다. 리따는 자기 집이 진짜 가난해서 돈 많은 남자를 만나는 게 좋다고 말했다. 그 40대로 보이는 아저씨가 리따의 '국제 ATM기'일 가능성이 99.9%였다.

'돈이 중요하긴 하지.'

나는 생각했다.

"지금 네 남자친구는 뭐해?"

지금도 우크라이나에 있나 궁금했다.

"오스트리아 갔어."

"오스트리아?"

"응 오스트리아 여행 가서 오페라 보고 온대."

오스트리아가 오페라로 유명하다고 하지만 오페라는 여기서 봐도 되는 거 아닌가. 그런데도 굳이 거기까지 갔다고 한다. 한국생활을 접고 우크라이나로 와서 여자친구는 돈으로 꽉 붙잡고, 오페라를 보기 위해 오스트리아에 갈 정도면 통장 잔고를 생각하지 않는 사람인 듯했다. 외과 의사를 했다는데 얼마나 벌었을까? 문득 궁금해졌다.

"나 간다."

나는 벤치에서 일어나면서 말했다.

"왜?"

린이랑 리따가 쳐다봤다.

"시간도 늦었고 할 것도 없잖아."

나는 더 이상 있을 이유가 없다는 표정을 지으면서 말했다.

"그래, 우리도 가야지."

린이가 일어서니 리따도 일어났다. 그리고 우리는 헤어졌다.

갑자기 이라가 생각났다. 내가 여기 온 지 얼마 안 됐을 때 만났던 이라(남자친구에게 카드를 받았다는)나 오늘 본 리따나 잘못됐다는 생각은 안 하는데 뭔가 기분이 묘했다.

여행 와서 잠시 만났는데 카드로 매달 용돈을 주는 사람, 의사 생활을 접고 여기서 한참이나 어린아이를 돈으로 꽉 붙잡은 사람도 이상했고, 또 그걸 좋다고 받는 사람도 이상했다.

괜히 기분이 이상했는데 결국 끼리끼리 어울렸는데 내가 뭔 상관이겠냐는 생각으로 결론지었다. 사람마다 조건이 다르니 말이다.

체르노빌 박물관

키예프에는 슬픈 과거를 보여주는 박물관이 있다. 체르노빌 박물관이다. 우리나라도 그렇고 세계 어느 곳이나 슬픈 과거를 보여주는 박물관은 있지만 체르노빌 박물관은 우리나라의 식민지배 피해역사와는 다른 면의 아픈 과거를 보여주는 박물관이다. 이 박물관은 역사상 최악의 체르노빌 원전사고를 현대 사람들이 잊지 않게끔 해주는 공간이다(역사상 최악의 원전 사고라고는 하지만 2011년 일본 후쿠시마 원전사고는 이보다 더 심하다는 말이 있다).

지금으로부터 약 30년 전인 1986년 4월 26일, 우크라이나가 소비에트 연방국가일 때 체르노빌 도시에 있는 원자력 발전소가 폭발하면서 주변은 순식간에 불길에 휩싸였고 이 지점부터 수천㎞는 방사능 낙진 구름에 뒤덮였다. 체르노빌과 100㎞ 이내에 있던 수도 키예프도 그때 당시 원전 폭발을 피해가지는 못했다고 한다.

이 사고로 발전소에서 누출된 방사성 강하물은 우크라이나는 물론 인접 국가 벨라루스, 러시아 등에 떨어져 심각한 방사능 오염을 초래했다(실제로 원전폭발로 우크라이나보다 벨라루스가 피해가 더 커서 두 국가는 앙숙이라고 한다). 또한, 사고 후 소련 정부의 늑장 대응으로 피해가 광범위해져서 최악의 원전사고가 됐다고 한다.

이 사고로 피폭 등의 피해를 입은 인구만 수백만 명에 달했다. 약 오만 명이 살던 체르노빌 도시는 앞으로 몇만 년은 사람이 살지 못하는 유령도시로 바뀌어버렸다.

박물관에 흥미 없는 내가 '박물관'을 검색해 볼 일은 없었다. 내가 이 박물관에 대해 알게 된 것은 재형이 형 덕분이었다. 재형이 형이 귀국하기 전에 인사드릴 겸 방으로 찾아간 적이 있는데 그때 알게 됐다. 키예프에 있으면서도 이것에 대해 전혀 모르고 있었다.

"형, 얼마 안 남았네요."

"어, 이제 가야지."

술을 입에 잘 대지 않는 재형이 형하고는 한글학교를 같이 하면서 친해졌다.

"형은 학교도 끝났는데 갈 때까지 뭐 하세요?"

나는 그냥 물어봤다.

"짐 싸고 나면 여기나 한번 가려고."

내가 오기 전부터 노트북으로 뭘 검색하던 재형이 형이 화면을 가리키며 말했다. 나는 노트북으로 시선을 옮겼다.

"체르노빌? 이게 뭐예요? 여기 원폭 그거 아니에요?"

나는 '체르노빌'이라는 단어만 읽고 말했다.

"너 아는구나. 맞아, 원전사고가 난 곳. 여기 가볼까 생각 중이야."

"거기를 어떻게 가요? 갈 수 있어요?"

나는 방사능이 판치는 곳에 간다니 의아하면서도 신기했다.

"응, 정부에서 체르노빌 관광을 어느 정도는 허용해서 일부는 갈 수 있어."

"대박!"

나는 신기했다.

'트랜스포머 3'나 '체르노빌 다이어리' 등 체르노빌이 나오는 영화를 본 적이 있는데, 이걸 보면 영화촬영도 가능한 곳이었던 것 같다.

나는 재형이 형이 체르노빌 여행에 대해 검색하는 것을 옆에서 봤다. 영어로 되어 있어서 보기 힘들었는데 미리 신청하고 버스를 타러 가야 한다고 했다. 내가 본 바로는 아침 일찍 버스를 타고 가서 오후 다섯 시쯤 투어를 마무리한다고 쓰여 있었다. 입장료는 단체 투어 기준으로 90달러부터 170달러 정도 되는데 코스에 따라 가격이 변동된다고 했다. 또 홈페이지에는 여행규칙이 적혀있었다.

1. 신발은 워커 등 굽이 있고 두꺼운 신발을 신을 것.
2. 피부를 가릴 수 있는 긴 옷을 입을 것(예: 반소매, 반바지×, 여성은 치마×).
3. 배낭이나 카메라 등을 절대 땅에 놓지 말고 땅에 있는 흙, 돌 등을 만지지 말 것.

이 3가지 말고도 더 적혀있었는데 기억나는 건 이렇다.

"이야, 규칙이 뭔가 경고처럼 무섭네요."

나는 흥미가 당기는 듯 말했다.

"그렇지?"

"워커랑 긴 바지에 긴소매 입어야 되면 되게 덥겠네요. 요즘 날씨 장난 아니게 덥잖아요."

"그 정도는 뭐 감수해야지."

"형 대단해요."

"너도 신청해서 가봐."

"재밌을 것 같기는 하네요. 사람들이 잘 안 가는 곳이니까. 음… 알았어요. 오늘은 형 얼굴 한번 보러왔어요. 마무리 잘하시고 잘 가세요. 형."

내가 이렇게 말하니 재형이 형이 기분 좋은 듯 웃었다.

"어, 그래. 야, 고맙다. 아무한테도 인사 안 하고 가려고 했는데 남은 기간 잘 지내고 몸조심해."

재형이 형도 나에게 인사를 했다. 나는 방을 나왔다.

그리고 며칠 후 올랴, 나타샤, 사샤 등 우크라이나 친구들에게 체르노빌에 대해 물어봤다. 가본 적 있냐고. 없다고 하길래 같이 가보자고 했다.

"거기 싫어."

올랴가 말했다.

"나 거기 안 가."

나타샤가 말했다.

"거기 왜 가? 싫어."

사샤가 말했다.

모두 싫다고 했다.

'음…'

나는 708호로 내려갔다. 마침 승윤이 형과 태호 형 둘 다 있었다.

"형들 체르노빌 여행 가실래요?"

"체르노빌?"

태호 형이 침대에 누워 핸드폰으로 게임을 하면서 말했다.

"네, 재형이 형이 여행사에 신청해서 갔다 온다는데요. 재밌을 거 같지 않아요?"

"응, 재미없어."

승윤이 형이 단칼에 거절한다.

"그래요?"

나는 몰라서 물었다.

"우리도 안 가봐서 몰라. 근데 방사능 오염된 곳을 왜 가니? 그것도 돈 주고."

승윤이 형은 나도 가지 말라는 듯한 말투로 말했다.

"맞아 그건 오버지."

옆에서 태호 형도 승윤이 형을 두둔했다.

"그거 터졌을 때 소련에서 쉬쉬했다고 하는데, 미국이랑 유럽이 바보냐? 난리 났었지. 또 체르노빌 중심부는 몇만 년이 흘러야 방사능이 없어진다는데 체르노빌 외곽지역이 멀쩡할 리가 있니. 안전하다는 거 다 말도 안 되는 소리야."

승윤이 형이 말을 하는데 내 귀가 펄럭거리기 시작했다.

"근데 우크라이나 정부가 허용했잖아요."

내가 궁금해서 물어본다.

"야, 나라에 돈이 없으니까 뭐라도 돈벌이가 되면 하는 거지."

태호 형이 말했다.

나는 누가 같이 가면 가고 안 가면 안 가려는 계획이었는데 형들 얘기를 듣고 보니 안 가는 게 좋겠다는 생각이 들었다. 그리고 그다음 말이 농담이지만 와 닿았다.

"너 거기 갔다 오면 나중에 애 이상하게 나와."

"에이, 그럼 안가야겠다."

너무나 빠른 태세전환에 형들이 웃었다.

"거기 말고 박물관이나 한번 가봐. 거기만 가도 충분해."

"박물관이요? 어딨어요?"

"꼰뜨락또바역에 있어."

"네, 감사합니다. 다음에 봐요. 저는 가볼게요."

"어야, 다시는 오지 마."

"에이."

난 그렇게 말하고 708호에서 나왔다.

그리고 알리나에게 브깐딱지로 연락했다.

- **안녕.**

그날따라 메시지 전송속도가 좀 빨랐다.

- **안녕.**

알리나에게서 바로 연락이 왔다.

- **내일 뭐 해? 박물관 갈래?**

- **웬 박물관?**

알리나가 물어봤다.

- **체르노빌 박물관 있잖아.**

- **나 한 번도 안 가봤어.**

- **같이 가자.**

내가 연달아 3번 메시지를 보냈다.

- **음….**

- **그래.**

알리나도 연달아 메시지를 보내며 같이 가겠다고 했다.

다음날 꼰뜨락또바역에 도착했다. 안드리 성당을 보러 자주 오고는 했는데 안드리 성당은 볼 때마다 대단했다. 아름답다는 말이 저절로 나왔다. 다른 나라들처럼 굉장히 큰 성당은 아니었지만 독특하게 초록색과 흰색으로 페인트칠이 되어 있었고 가까이서 보면 작지만 웅장한 느낌을 준다. 사람으로 치자면 키는 작은데 체격은 되게 좋은 느낌이다.

성당 얘기를 잠시 하자면 안드리 성당에서 종소리는 나지 않았다. 종이 없기 때문이다. 전에 나타샤에게 들은 건데 예전에 어떤 우크라이나 짜리짜(여왕)가 있었는데 안드리 성당이 아름답다 보니 자기 혼자 예배를 드리고 자기 혼자 소유하고 싶은 마음에 종을 없앴다고 한다.

아무튼 넓은 공원에서 끄바스를 마시며 알리나를 기다렸다. 공원에서는 버스커들이 노래를 부르고 있었다. 잘 불렀다. 오디션 프로그램에 나가면 1차 오디션 정도는 합격할 정도로 잘 불렀다.

"안녕."

알리나가 와서 나는 팔을 들고 인사했다.

"안녕."

알리나도 손을 흔들어 인사한다.

"박물관 안 가봤어?"

박물관 가는 길에 알리나가 물어본다.

"응 있는지도 몰랐어. 너 가봤어?"

내가 물어본다.

"난 친구들이랑 몇 번 가봤지."

역에서 걸어서 10분 거리다 보니 얘기 조금 했을 뿐인데 금방 도착했다.

박물관은 2층짜리 건물로 되어 있었고 입구에는 '체르노빌 박물관'이라고 써 있었다. 건물 앞에는 그때 당시 사용했을 법한 군용차와 구급차 등이 전시되어 있었는데 주차장에 주차된 것처럼 보였다.

입구 문을 열고 들어가니 매표소가 보였다. 40대로 보이는 안내원 2명이 카운터와 짐 보관소를 각각 맡고 있었다.

"얼마예요?"

입장료가 적힌 안내판이 보이지 않았다. 그래서 물어봤다.

"기본으로 한 명당 10 흐리브나(당시 한국 돈으로 약 9백 원), 사진 촬영은 20 흐리브나, 동영상 촬영은 30 흐리브나요."

싸다. 우리나라도 국립박물관은 입장료가 싸지만 여기도 싸다. 체르노빌 박물관도 나라에서 보조금을 받는 것인가? 잘 모르겠다.

"한 명은 구경만 하고요. 한 명은 사진 촬영이요."

나는 총 30 흐리브나를 지불하고 2층으로 올라갔다. 1층에는 카운터만 있었고 볼거리는 전부 2층에 있었다. 계단을 올라가는데 '라지쥐치', '빠리쉬브', '쩨레히브' 등 단어 팻말들이 달려있었다. 체르노빌 주위에 있는 도시들 이름이었다. 계단을 내려오는 길에는 팻말의 뒷면이 보였는데 뒷면에는 그 도시 이름 위로 빨간색으로 줄이 그어져 있었다. 원전사고 후 사라진 도시를 표시하는 듯했다.

박물관은 그때의 상황을 최대한 비슷하게 재현한 분위기였다. 어두운 공간에서 빨간색과 노란색의 조명들이 조금씩 비추면서 암울한 분위기를 연출하였고 그 분위기 때문에 나는 자연스레 정숙해질 수밖에 없었다.

들어가자마자 보인 것은 위에 매달려 있는 안전장비를 입은 마네킹이었다. 시계도 같이 매달려 있었는데 그 시계는 당시 사고시간인 오후 1시 24분에 멈춰 있었다.

그 옆에는 동영상 하나가 재생되고 있었다. 그 동영상에는 발전소 내 센터로 보이는 곳에서 작업복을 입은 연구원들과 카메라 등을 들고 연구원들을 찍는 취재원들이 나왔는데 이미 정상 가동이 가능한 단계를 넘어선 상황을 보여주는 듯했다. 여자 연구원은 눈물을 흘리고 있었고 남자 연구원들은 눈물을 흘리거나 작업복 모자를 벗고 고개를 떨구고 있었다. 당연히 금연이겠지만 그 안에서 담배를 피우며 절망의 눈빛을 하고 있는 연구원들이 동영상에 나왔다. 이들은 발전소가 폭발할 것을 알았을까…

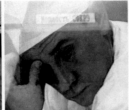

원전 상황을 중계하는 취재진과 손을 쓸 단계를 넘어가자 어두운 표정이 가득한 우크라이나 원전 연구원들

　이 짧은 동영상이 계속 반복됐는데 그들의 절망과 절규가 고스란히 표현되는 표정과 몸짓을 몇 번이고 보게 됐다.
　동영상 주위에는 당시 발전소에 있던 분들의 얼굴과 상황을 말하는 사진이 걸려있었다. 몇몇 인물 사진에는 방사능 마크가 붙어있었는데 피폭된 사람들인지 누군지 모르겠다.
　그리고 당시 사용했던 전화기, 문서, 누군가 적어놓은 메모 등도 전시되어 있었다. 글이 보이지 않지만 내용이 자동으로 이해되는 순간이었다.
　발전소가 폭발한 사진도 있었다. 비행기에서 공중 촬영을 한 듯한데 발전소가 송두리째 재로 변한 모습이 고스란히 담겨있었다.
　"뭘 그렇게 찍어?"
　알리나가 옆에서 말했다.
　"나는 여기 처음 왔잖아. 그리고 이 박물관도 기념인데 사진으로 남겨야지."
　"너는 다 봤어?"
　알리나를 보고 내가 말했다.
　"예전에 다 봤는데 또 오니까 보게 되네."
　알리나도 나를 따라 천천히 구경했다.
　로비를 따라 가면 동영상이 또 나왔다. 이번에는 작업복을 갖춘 연구원들끼리 서로 얘기하는 모습이 나왔다. 이 밖에도 동영상은 몇 개가 더 전시되어 재생되고 있었다. 흑백 동영상으로 피폭을 당한 환자들이 병원에서 치료를 받는 모습도 보였는데 피부가 다 벗겨지거나 폭발에 의해 팔이나 다리가 잘린 환자도 모자이크 하나 없이 노출됐다. 그중에서 어린아이와 갓난아기들도 있었는데 어린아이들을 보자 안타까운 마음이 배로 늘어난 기분이었다.

체르노빌 박물관이니 체르노빌에 관한 것이 많이 전시되어 있었다. 당시 사용하던 방독면, 실명한 아이의 사진, 간호사 품에 안겨 해맑게 웃는 아이의 사진 등이 전시되어 있었다. 이 사건을 추모했던 나라들의 국기가 한쪽에 걸려있는데 우리나라의 태극기도 보였다.

"여기는 다 봤네."

우리는 2관으로 들어갔다. 2관에는 방사능 오염 수치를 재는 기계가 있었고 아이들 사진으로만 꾸민 곳도 있었다.

"다 그때 죽은 아이들인가?"

내가 말했다.

"글쎄 죽은 건 모르겠고 피폭당한 아이들은 맞아. 불쌍해…."

알리나가 옆에서 말했다.

가운데에는 인형들이 즐비하게 놓여있었다. 방사능에 오염된 인형들은 아닌 거 같고 추모용으로 놓은 듯했다. 한쪽 벽에는 원전폭발 후 도시 곳곳에서 찍힌 사진들이 있었는데 버스, 승용차, 아파트, 주택 모두 유리창이란 유리창은 전부 없어지고 불에 타서 그을린 흔적, 파괴된 흔적만이 남아있었다. 집 안에서 불타 그대로 방치된 인형 사진도 보였다.

"이거 봐봐."

한 기계의 버튼을 누르니 모니터에 검은 물체의 이동 경로가 나왔다. 검은 물체는 방사능을 먹은 구름 같았다. 보면 원전이 폭발하고 나온 방사능 낙진 구름이 체르노빌을 시작으로 벨로루시로 향했다. 우크라이나보다 벨로루시에 더 많이 퍼져서 실제로 방사성 강하물의 80%가 벨로루시에 떨어졌다고 한다. 낙진 구름 이동은 벨로루시를 지나 동풍을 타고 멀

원전 폭발 당시 충격으로 폭발해버린 집과 자동차 사진

리 있는 영국은 물론 아이슬란드까지 덮었다. 방사능 낙진 구름이 유럽 전체를 덮은 것이다.

"야… 이건… 대륙이 먹혔네."

알리나는 내가 말하는 것을 그저 듣기만 했다. 나도 대답을 구하는 말은 아니었다.

2관을 한 바퀴 돌아 다시 출입구 쪽으로 오면 세계지도가 있었고 옆에 버튼이 있었다. 호기심에 버튼을 눌렀더니 세계지도 곳곳에 불이 들어왔다. 현재 우리가 살고 있는 지구에서 원자력 발전소가 세워진 곳을 나타내는 표시였다.

"아… 중국…."

중국에도 원전이 있는데 중요한 것은 산둥반도에 있다는 점이었다. 전에 들은 적이 있는데 중국이 산둥반도에 원전을 지은 것은 혹시나 잘못됐을 때의 피해를 최소화하기 위한 것이라고 했다. 문제는 중국 자국의 피해만 최소화할 뿐, 우리나라와 일본은 산둥반도에서 오는 방사성 물질을 피할 방법이 없는 것이다.

그걸 보고 개인적인 중국의 호감도가 또 하락했다. 중국이나 일본이나 주변의 강대국들이 참 도움이 안 된다.

"잘 봤다."

우리는 박물관을 나왔다.

"재밌어?"

알리나가 물어봤다.

"볼만하네. 잘 왔어."

오랜만에 경건한 마음을 가졌다. 그리고 우리는 이동했다. 출출해진 배를 채우러 식당으로.

체르노빌 박물관은 우크라이나에 왔으면 한 번 이상은 꼭 가 볼 만한 곳이라는 생각이다.

나도 여기에 왔구나

"나 한 일주일 정도 쉰다. 나이스."

주식이 형이 환희에 찬 목소리로 말했다.

"오, 그럼 뭐 하세요?"

"여행갈까 생각 중인데 같이 갈까? 너도 많이 안 가봤잖아."

"콜."

같은 방을 쓰고 있는 주식이 형이 여행제안을 했다. 나는 흔쾌히 승낙했다.

주식이 형이 나랑 지태가 있는 825호로 왔다. 2층에서 민태랑 승구 형이랑 살았었는데, 그 둘의 교환학생 기간이 끝나서 예시가 간 후 계속 빈자리였던 자리로 다시 배정받았다. 주식이 형도 교환학생 기간은 끝났지만 코트라 인턴으로 일을 다니고 있었다. 일을 하면 사실 기숙사에 살면 안 되는데 집 구하기가 쉬운 게 아니다 보니 기숙사 담당 몰래 아직 살고 있다 그러나 회사 유니폼(양복) 때문에 곧 말살될 것이 뻔했기에 아파트를 구하는 중이긴 했다.

"아!"

고기 좀 구워 먹으려고 선반에서 그릇을 꺼낸 나는 식겁했다. 바퀴벌레가 나왔기 때문이다.

"바퀴벌레는 룸메이트야. 받아들여."

이 말과 동시에 주식이 형 특유의 숨 넘어가는 웃음소리가 들렸다.

"8층은 바퀴벌레 청정지역이었잖아요. 그래서 마음 편했는데 아오…"

나는 미간 주름을 찌푸리면서 말했다.

"나는 바퀴벌레 천국인 2층에 있다 와서 그러려니 한다."

해탈의 경지에 있는 주식이 형.

"그리고 우크라이나 바퀴벌레는 귀엽지 않냐?"

말도 안 되는 소리를 하고 있다.

"물론 한국보다 작긴 하지만 귀엽기까지야…."

기숙사 7, 8층은 바퀴벌레 청정지역이었다. 그러나 학교가 방학하면서 귀국하는 외국 학생들이 많았다. 그래서 기숙사 담당관이 관리하기 편하도록 여자는 그대로 4, 5층 남자는 모두 7, 8층에 몰아넣었다. 덕분에 바퀴벌레 소굴인 2, 3층에 있던 학생들이 짐을 싸서 우리 층으로 올라왔는데 바퀴벌레가 그 짐을 타고 덩달아 올라온 것이다.

바퀴벌레를 털어내고 물로 씻은 다음 고기를 구웠다.

"드실래요?"

난 프라이팬에 스테이크용 소고기와 양파, 마늘을 구워서 방으로 들고 왔다. 방에 냄새가 좀 나서 창문을 열었다.

"너 이게 간식이야?"

양으로 볼 때 간식이 아닌 것 같았는지 주식이 형이 물어봤다.

"겸사겸사."

"부르주아네."

시답잖은 말장난에 우리는 웃었다.

"어디 갈 거예요?"

"너 어디 갔었지?"

"외국은 오스트리아만 갔죠."

"좋은데 갔네. 난 외국 한 번도 안 가봤어."

"여자애들은 유럽 대륙을 한 바퀴 돌던데요, 뭐."

"걔네는 유럽을 점령했어. 거의 엄홍길 대장급이지."

이런 썰렁한 농담을 주고받으면서 목적지를 정했다. 체코와 헝가리. 싸면서도 유명한 곳으로 정했다. 오스트리아도 그렇고 우크라이나가 유럽이지만 EU가 아니어서 그런지 항공 값이 싸지는 않았다. 심지어 유럽에 있는 나라들과 직항으로 연결된 곳도 별로 없었다. 오스트리아를 갈 때도 폴란드를 거쳐 가야 했다(물론 내가 자세히 안 알아본 탓도 있긴 할 것 같다).

"프라하에서 부다페스트 갈 때 버스 타고 가자."

"오, 예약해야 하는 거 아니에요?"

"해야지."

프라하에서 바로 부다페스트로 가는 버스가 있는데 가격 때문에 표를 예약하지 못했다.

프라하는 말이 필요 없을 정도로 예뻤다. 다만 나는 우리나라 '프라하의 연인'이라는 드라마가 있는 것도 그렇고 사람들이 하도 프라하, 프라하 얘기해서 어느 정도 거품이 있는 것 같다고 생각했다. 그래도 안 좋다는 것은 아니다. 프라하는 예쁜 도시가 분명했다.

여행은 뭐 별거 없었다. 다른 사람들과 똑같이 사진 찍기 바빴다. 특히 관광명소로 유명하기 그지없는 카를교(프라하에 있는 다리 이름)에서 시간을 많이 보냈는데 여기는 정말 사람들이 많았다. 카를교는 관광명소답게 그림을 파는 화가도 있고 거리 음악가들도 있었는데 카를교에서 연주를 하려면 엄청난 경쟁률의 오디션을 통과해야 한다고 들었다. 관광명소니 그 오디션은 우리나라로 치면 문체부 같은 곳에서 하는 것일까?

다리 위의 볼거리는 많았다. 볼거리 중 하나는 셀카봉이었다. 들고 있기만 하면 한국인인 게 티가 나는 셀카봉. 나는 셀카봉을 여기서 처음 봤다. 한국사람들이 기다란 봉에 핸드폰을 끼고 걸어 다니는데 셀카봉이란다. 오스트리아에 갈 때까지만 해도 잘 보이지 않았는데 여기 있는 한국사람들 대부분이 갖고 있다.

"와, 우리만 저런 게 없네요."

"그러게, 우리 한국사람 아닌가?"

"에이…."

시답잖은 농담이 또 오간다.

"근데 저거 만든 사람은 여성일 가능성이 커요."

"뭣 때문에?"

주식이 형이 그냥 궁금해했다.

"셀카를 찍다가 어떻게 하면 더 잘 나올까 고민하다 보니 만든 거 아니겠어요? 저거 만든 사람은 아마 셀카 수만 번은 찍어본 사람일 걸요? 그럼 남자보단 여자일 가능성이 크잖아요."

"오 그럴싸한 추리력."

내가 체코에 갔을 때는 한국인들만 셀카봉을 사용했었는데, 나중에는 우크라이나나 다른 외국인들도 많이 사용하게 되었다.

카를교는 밤에도 사람이 많다. 음악은 끊임없이 흘러나왔고 관광객을 숙소로 돌려보내기 싫은 야경은 아름다움을 계속 뽐내고 있었다.

"참 좋네요."

"그러게."

"다음엔 여자친구랑 와야지."

"그게 언제일까?"

우리는 그냥 걸어가기 시작했고, 끊임없이 찍으며 카를교를 빠져나왔다.

숙소로 돌아왔다. 우리가 머무는 방은 4인용인데 우리 말고 한국인 1명이 더 있었다. 여행하느라 낮에는 마주치지 못했고, 밤이 되어서야 만난 것이다. 우리는 말을 걸어봤다.

"혼자 오셨어요?"

내가 말했다.

"아, 네."

우리 또래로 보이는 한국 남자는 조용히 말했다. 우리보다 먼저 프라하에 도착한 그는 우리보다 하루 먼저 다른 나라로 간다고 했다.

"어디로 가요?"

"스위스로 가요."

"오와, 스위스 대박."

"그쪽은 어디로 가요?"

"저희는 부다페스트에 갔다가 우크라이나로 가요."

나는 우리 목적지를 말했다.

"우크라이나요?"

"네. 거기서 교환학생으로 있는데 우크라이나에 온 김에 잠깐 옆 나라에 와 본 거예요."

"와, 우크라이나 미녀 많은 곳 아니에요?"

우크라이나. 역시 미녀의 나라.

"저도 여행 끝나면 영국으로 교환학생 가기로 했어요."

"우리보다 훨씬 좋은 데 가시네요. 전공이 어떻게 되세요?"

"서울대 경영학과요."

"오, 엘리트."

"에이, 누가 그래요. 경영 나오면 할 것도 없는데."

"그쪽이 그렇게 말하면 우리는 뭐 먹고 살아요."

그렇게 농담을 주고받으며 시간을 보냈다.

둘째 날에는 게릴라 가이드를 받았다. 게릴라 가이드는 한국사람들 사이에서는 이미 유명했다. 주식이 형은 가이드의 설명 하나하나에 관심을 가지고 들었지만 나는 그냥 관광지를 빠짐없이 돌아다닌다는 것만으로도 좋았다. 대신 가이드를 받으면 체코와 프라하의 역사에 대해 알게 된다는 장점이 있었다. 덕분에 체코에 대해 전혀 몰랐는데 독일과 소련에게 치이다가 피를 흘리며 저항했던 것, 나중에는 무혈운동이었던 벨벳혁명으로 나라를 바로 잡았다는 것 등의 체코 역사를 알게 됐다.

오전에는 게릴라 가이드를 받았는데, 점심을 먹다가 오후 게릴라 가이드를 놓쳤다. 그래서 오후에는 우리끼리 여행지를 돌아다녔다. 더우면 슈퍼에서 맥주를 사서 마셨다.

숙소로 돌아오자 어제 봤던 한국인은 보이지 않았다. 체크아웃한 모양이었다.

다음날은 프라하에서의 마지막 날이었다. 아쉬운 마음에 밤늦게까지 밖에 있었다. 주로 신시가지 광장을 돌아다녔는데 날도 선선해서 밖에 있기 좋았다. 사람들은 다들 우리처럼 야경을 보며 거리에 앉아 쉬고 있었다.

다음날 우리는 헝가리로 가기 위해 아침 일찍 나왔다. 지도를 보면서 기차역으로 갔다. 부다페스트에 숙소를 예매했기 때문에 꼭 헝가리에 가야 했다.

"기차는 시간이 없는 것 같은데?"

"그래요?"

우리는 걸음을 옮겼다. 나는 지도를 보며 걷는 주식이 형을 그냥 따라갔다. 지도를 보고 사람들에게 물어물어 버스역에 도착한 우리는 20분 뒤에 부다페스트로 향하는 버스표를 구할 수 있었다. 근데 알고 보니 우리가 키예프에서 예매를 못했던 그 버스였다.

"잘됐네."

우리는 짐을 실은 뒤 버스에 올랐고 버스가 빈자리 없이 꽉 들어찼다. 다들 우리처럼 부다페스트로 가는 사람들이었다.

버스가 끊임없이 달리고 있었다. 바깥에는 건물 따위 보이지 않았다. 계속 보다 보면 홀린 느낌이 드는 지평선만이 보일 뿐이었다. 아직 해가 지지 않아서 자는 사람은 별로 없었다.

"와, 지루하다…"

나는 혼잣말을 했고, 주식이 형은 아이폰으로 사진을 보고 있었다.

얼마나 달렸을까, 하늘에는 노을이 졌고 우리는 휴게소에 멈췄다. 나는 화장실에 가고 싶진 않았지만 한번은 내려서 바람을 쐐야 할 것 같았다.

정말 시골에서나 볼 법한 작디작은 휴게소가 덩그러니 있었다. 휴게소에 있는 것이라고는 줄 서서 기다려야 하는 좁디좁은 화장실과 편의점뿐이었다. 주위는 온통 옥수수밭이었다.

석양이 지는 걸 보며 바람을 쐬다 보니 옥수수밭이 자연스럽게 눈에 들어 왔다. 끝이 보이지 않는 옥수수밭이 지평선을 이루고 있었다.

"와, 옥수수 되게 크다."

나는 옥수수의 길이가 궁금해서 밭으로 갔다. 가까이 가보니 내 시선이 위로 올라가면서 고개가 뒤로 젖혀졌다. 예상컨대 적어도 2미터는 될 것 같았다. 옥수수 줄기는 모두 같은 길이였고 넓게 밭을 이루고 있어서 왠지 한번 들어가면 빠져나오지 못할 것 같은 느낌을 줬다.

다시 버스를 타고 이동했다. 어느새 밤이 되었고 장거리 여행에 지친 사람들은 대부분 자고 있었다. 나도 자다가 다시 눈을 떴는데 건물 야경이 보였다. 부다페스트 근처인 듯했다. 그러자 갑자기 축구 생각이 났다.

"형, 헝가리에서 유명한 축구선수 알아요?"

"아니, 난 잘 모르지. 너 축구 잘 알잖아."

"저도 잘 몰라요. 근데 헝가리 유명한 선수 있었는데 갑자기 기억이 안 나네요."

순간 푸스카스가 '헝가리의 축구 전설'인지 게오르게 하지(루마니아 선수)가 '헝가리의 축구 전설'인지 헷갈렸다. 나중에 부다페스트 시내에서 푸스카스의 이름이 새겨진 기념품을 보고서야 이 궁금증이 해결됐다.

헝가리에 도착했을 때는 이미 밤이 깊은 시각이었다. 우리를 비롯한 버스 승객들이 모두 졸린 눈을 비비면서 밖으로 나왔다. 밤이 깊어서 온도가 내려가 으슬으슬 추웠다. 처음 본 헝가리의 거리는 프라하와 딴판일 정도로 더러웠다. 우리는 배가 고파서 펜션으로 가는 길에 있는 맥도날드에서 야식을 먹었다.

걷다가 지칠 때쯤 펜션에 도착했다. 홀에는 와이파이를 사용하려고 나온 사람들이 많았는데 다들 여행 사진을 SNS에 올리거나 누군가와 연락을 하는 것 같았다. 우리는 10인용 방을 잡았는데, 정작 체크인 한 사람은 우리를 포함하여 4명뿐이라 쾌적했다.

다음날 부다페스트 거리로 나왔다. 그곳에는 이틀만 있을 예정이어서 우리는 시가지부터 돌았다.

부다페스트에 있으면서 한국 사람들을 많이 만났다. 프라하에도 한국

헝가리 국회의사당의 야경

헝가리 왕궁의 야경

사람은 있었지만 가족이나 커플이 대부분이었는데 여기는 대부분 친구들끼리 온 사람들이어서 잠시 동행하기도 했다.

우리는 첫째 날과 둘째 날 모두 부다페스트 야경의 매혹됐다. 부다페스트 도시는 밤이 되면 황금도시로 변한다. '부다'와 '페스트'를 이어주는 다리에서도 빛이 났고 왕궁과 국회의사당에서도 빛이 났다('부다페스트'라는 도시 이름은 '부다' 지역과 '페스트' 지역이 다리로 연결되면서 붙여진 이름이다). 특히 금빛의 왕궁과 국회의사당은 건물 전체가 빛을 냈다. 두 건물이 부다페스트 여행의 결정체였다.

"건배. 만나서 반가워요."

"반갑습니다."

우리는 국회의사당의 야경을 정면에서 바라보며 여기서 만나게 된 한국인 여자 여행객들과 병맥주를 한 병씩 했다.

이 사람들도 우리처럼 부다페스트의 야경을 보러 온 사람들이었는데, 둘의 키 차이가 조금 났다. 두 사람은 직장에서 선후임 사이라고 했다.

"야경 좋네요."

키가 작은 여자가 얘기했다.

"근데 직장에서 만난 거 맞아요? 직장에서 만나서 유럽 여행 같이 오는 게 쉬운 일이 아닐 텐데."

주식이 형이 얘기했다.

"선후배 같지 않죠? 저희 보는 분들은 다 그렇게 얘기하더라고요."

직장 선후배라기보단, 대학 선후배나 동네 친한 언니 동생으로 보였다.

"무슨 일 하세요?"

"그냥 연구원이에요."

"연구원이요? 박사 그런 거예요?"

"아니 그런 건 아니고 수자원공사에서 일하고 있어요."

"와. 좋겠다."

주식이 형이 정말 부럽다는 듯이 말했다.

"거기가 수돗물이나 아리수 점검하는 곳이죠?"

내가 말했다. 수자원공사에 대해 아는 것은 이것뿐이었다.

"네, 맞아요."

그녀들이 살짝 웃으면서 말한다.

"아리수 그거 깨끗한 거예요?"

별 뜻 없이 물어봤다.

"네, 깨끗해요. 그거 진짜 깨끗한 물이에요."

키가 작은 귀엽게 생긴 여자가 말했다.

"그렇죠? 아리수는 깨끗한데 아리수가 나오는 건물의 배수관이 더러워서 더러워진다고 하더라고요."

내가 이렇게 말했더니 키 작은 여자가 맞장구를 쳤다.

"맞아요! 다 그 오래된 배수관 때문에 아리수가 오염되는 거예요."

그렇게 서로 얘기를 주고받으며 병맥주를 한 병씩 마시고 국회의사당의 야경을 하염없이 바라봤다. 그러다 숙소로 돌아가기로 했다.

"나이가 어떻게 되세요?"

숙소로 돌아가는 길에 물어봤다.

우리는 서로 이름도 성도 번호도 아무것도 몰랐다. 우리는 우크라이나의 교환학생들이고 그들은 수자원공사에서 일하는 사람들이라는 것만 알 뿐이었다. 그녀들은 우리가 학생이라니까 좋겠다며 부러움의 눈빛을 보냈다.

"몇 살 같아요?"

그녀가 물어봤다. 우리는 생각할 필요도 없이 보이는 대로 말했다. 둘 다 어려 보였기 때문이다.

"둘 다 어려 보이는데 키 큰 분이 당신한테 언니라고 하니까 그쪽이 더 나이가 많긴 하겠죠?"

갑자기 여자들이 웃었다. 우리는 뭐가 웃긴지 알 수 없었다.

"그래서 몇 살 같은데요?"

"스물여섯? 학교 졸업한 지 얼마 안 된 거 아니에요?"

"그래도 내가 어리게 보이긴 하나보다."

"언니 좋겠다."

키 큰 여자가 부럽게 말했는데 키 큰 여자도 어려 보이는 건 매한가지였다.

"저는 스물아홉이고 얘는 스물여덟이에요."

"와, 진짜 동안이시네요."

그렇게 얘기도 하고 사진도 찍으며 부다페스트의 밤을 즐겼다. 사진은 DSLR을 갖고 있던 그녀들이 찍어 줬다. 나중에 한국에 가면 메일로 사진을 보내준다며 우리에게 이메일 주소를 물어봤다. 그런데 지금까지 사진을 받지 못했다. 사실 나도 까맣게 잊고 있었다. 그녀들도 까맣게 잊었을 것이다. 이 사진 속의 어린놈들은 누구지? 하면서.

그렇게 우리는 프라하와 부다페스트 여행을 마쳤다. 헝가리 국회의사당 야경을 볼 때 내가 그랬다.

"참 신기하네요."

"뭐가?"

주식이 형이 물어봤다.

"중국이나 일본도 제대로 여행한 적이 없었거든요. 중국은 예전에 운동할 때 웬 이상한 시골에 한 번 가 본 게 다고요. 그게 외국여행의 끝이었어요. 근데 지금 제가 유럽의 헝가리, 부다페스트에서 국회의사당 야경을 보고 있네요."

"그래, 나도 그래. 나도 내가 이렇게 여행하게 될 줄은 몰랐어. 근데 오니까 좋지?"

"네, 너무 좋아요. 여기 지금 헝가리에요. 헝가리!"

나는 혼자 웃으면서 말했다. 너무 좋았다. 여기로 여행 와서 서 있다는 게 그저 행복했다.

리비우,
목표는 UEFA챔피언스리그

유럽은 수많은 스포츠 중에서도 축구로 뭉친 대륙이다. 유럽축구의 인기는 전 세계로 뻗어 나갈 정도로 어마어마하다. 여기 우크라이나에서도 축구의 인기는 하늘을 찌른다. 현역 시절 전 세계에 이름을 떨친 셰브첸코(우크라이나의 축구 전설)라는 월드 스타도 우크라이나 사람이다. 그래서 나는 이 나라를 셰브첸코를 통해서 알게 됐다. 처음 교환학생을 지원할 때도 셰브첸코가 한몫했다.

유럽축구 리그 중에서 각 나라의 최고 축구클럽들이 모여서 치르는 대회를 '챔피언스리그(이하 '챔스리그')'라고 한다. '별들의 잔치'라고도 불리는 이 대회는 세계 클럽들이 나오는 만큼 월드 스타 플레이어들이 끊임없이 나오는 대회다. 그리고 14-15 시즌 우크라이나 명문클럽이라 불리는 'FC 샤흐타르 도네츠크'가 그 '챔스리그'에 출전했다.

샤흐타르는 도네츠크(우크라이나 동부의 대도시)가 연고인데 러시아와 전쟁으로 인하여 우크라이나 동부가 쑥대밭이 되면서 유로2012가 열리기도 했던 돈바스 아레나도 산산조각이 났다. 전쟁 소식이 전 세계로 퍼지면서 생명의 위협을 느낀 샤흐타르의 외국인 선수들이 팀으로 복귀하지 않으려고 했던 소동도 있었다. 그로 인해 샤흐타르팀은 전쟁피해가 전혀 없는 정 반대편인 르비브('리비우'라고 부르기도 한다. 우크라이나 서부의 대도시)를 임시 홈구장으로 사용하기로 했다.

주식이 형은 기숙사에서 퇴실했다. 월세를 구해서 들어갔다길래 한 번 가봤는데 춥고 어두워서 을씨년스러운 아파트였다. 주식이 형이 퇴실하면서 나도 재배정을 받았다. 태호 형도 있고 개인 와이파이도 있는 708호로.

"챔스 보러 갈래요?"

태호 형한테 말했다.

"올, 가야지! 어디?"

형은 선승낙 후정보입수 스타일이다.

"샤흐타르 경기요. 리비우에서 한다네요."

"가자."

"표를 사야 되는데 어디 사이트로 가야 되나… 뭐야? 아!"

허벅지가 계속 간질간질해서 보니까 바퀴벌레가 내 허벅지 위를 기어가고 있었다. 그래서 나는 벌떡 일어나 털어 버렸다. 발로 죽이려고 했는데 워낙에 빨라서 선반 밑으로 들어가 버렸다.

우리는 2주 후에 열릴 경기를 위해 기차표와 경기 입장권을 예매하기로 했다. 8층에 있는 친구들과 함께. 8층에는 새로운 우크라이나어과 사람들이 왔다. 창현, 종수, 명한이 형, 건영이 형 4명이다. 처음에 다들 망설이다가 흔쾌히 승낙했다.

"인터넷이 너무 느려서 예매 창으로 안 넘어가요."

"리비우 있는 애들한테 말해볼까?"

"리비우에 아는 사람 있어요?"

"우리 과 애들 있지."

"오, 말해봐요. 그러면 고맙죠. 가서 우리가 돈 주면 되니까."

챔스리그 직관(직접 관람)이 가까워졌다. 나는 기대에 찼다. 리비우에는 태호 형 대학 동기들이 있다. 태호 형이 대학 동기보다 두 살 정도 더 많아서 동기들이 모두 동생이었다. 그중 두 명이 리비우에 교환학생으로 있다고 해서 표를 구해 주기로 했다. 그런데 확답 대신 애매한 답변만 왔다. 대부분의 여자들이 그렇듯 그들도 축구에 관심이 없었고, 경기장이 시내에서 먼 데다가, 태호 형의 부탁이 그다지 영향력이 있는 편이 아니어서 그런 것 같았다.

"이놈의 인터넷…"

나는 인터넷 탓만 하고 있었다. '예매하기'를 눌러도 창이 안 넘어갔다.

인터넷 속도만큼은 세계 최고인 나라에 살던 사람의 인내심으로는 견딜 수 없는 속도였다.

며칠 뒤, 그들에게서 문자가 왔다. 자기들보다 리비우에 오래 있었던 오빠에게 말했는데, 그곳에 가면 당일에도 표를 살 수 있으니 걱정말라고 했다는 것이었다.

"아, 이상한데… 아닌데…"

"나도 아닌 거 같기는 한데 지금 인터넷도 안되고 방법이 없어."

"아… 근데 살 수 있다고 하더라도 비싸지 않을까요. 그럼 축구 관심 없는 다른 사람들은 안 볼 텐데…"

말이 안 됐다. 우크라이나도 축구의 인기로 치면 둘째가라면 서러운 나라인데 챔스리그 당일 날 표를 구할 수 있다니. 의심밖에 들지 않았다.

어쨌든 리비우로 가기로 했다. 기차역에서 제일 빠르다는 우리나라 기업이 만들었다는 기차를 타고 르비브로 향했다.

출발하기 이틀 전에 우리가 묵을 펜션도 예매하고 기차역에서 기차표도 샀다. 기차역에서 기숙사로 돌아오는 전철 안, 붐비는 사람들 사이에서 소매치기를 당했다. 그때 조끼를 입고 있었는데 조끼 주머니에서 지갑이 반쯤 나온 상태였다. 평소에도 그렇게 하고 다녔기 때문에 소매치기 생각은 전혀 하지 못했던 것이다. 현금, 신용카드, 체크카드, 학생증 등 전부 다 잃어버렸다. 이미 사라져 버린 범인을 쫓아갈 수도 없는 상황이라 허탈했다. 너무 순식간에 일어난 일이라 화도 안 났다. 그나마 여권을 잃어버리지 않은 것이 다행이었다.

"이거 우리나라에서 만든 거예요?"

기차 안에서 전자담배를 피우는 명한이 형에게 말했다. 형은 전자담배를 입에 달고 살았다. 전자담배도 담배인데 옆에 있는 나도 생각해줬으면 싶었다.

"응, 나도 들은 건데 이게 원래 250㎞ 이상은 속도가 난대. 근데 우크라이나 철로가 하도 낡아서 200㎞ 이상 달리면 탈선 위험이 있다는 거야.

그래서 결국 이 속도가 최대로 달릴 수 있는 속도라는 거지."

기차에는 우리나라 KTX에 달린 것 같은 TV가 있었는데, 거기에 속도가 나왔다. 봤더니 속도가 150㎞에서 160㎞을 왔다 갔다 했다. 기차는 더 달릴 수 있는데 철로가 낡아서 달리지 못하는 아이러니한 상황이었다. 그래도 우크라이나에서 제일 빠른 기차이기에 6시간 만에 서부 대도시 르비브에 도착했다.

르비브는 우크라이나 중에서 가장 유럽풍이 나는 도시였다. 을씨년스러운 키예프나 동부 도시의 건물들과 달리, 유럽의 영향을 받아 아름다운 건물을 자랑했다. 한편 우크라이나 서부와 동부는 사이가 좋지가 않다. 르비브를 중심으로 한 서부지역에서는 '우크라이나는 우크라이나다. 러시아가 아니다. EU로 가야 한다'는 생각으로 100% 우크라이나어만 구사한다. 반러정서가 퍼져 있는 것이다. 반면 동부에는 러시아 주민들이 더 많다. 그래서 러시아어를 주로 사용한다.

한번은 르비브에서 물을 하나 사려고 상점에 들어갔는데 주인 할머니가 화난 말투로 나에게 뭔가를 말하는 거였다. 옆에 서 있던 우크라이나어 전공인 건영이 형이 "너 왜 여기서 러시아어 쓰냐. 우크라이나말 써"라고 말하는 거라고 통역해줬다.

신기했던 건 수도인 키예프에서도 우크라이나어로 물어보면 대부분은 러시아어로 답변한다는 점이었다. 우크라이나인들은 2개 국어를 구사하니까 괜찮겠지만 우리 같은 외국인들은 현지인이 그렇게 말하면 전혀 알아들을 수 없었다. 가뜩이나 같은 언어로 말해줘도 못 알아듣는 판인데.

첫날 밤에 도착하여 바로 펜션에서 잤다. 나는 챔스리그를 볼 수 있겠다는 마음에 들떠서 같이 온 일행들에게 계속 축구얘기를 했다.

둘째 날에는 우리에게 애매한 답변을 줬던 두 여학생을 만났다. 이름은 은희와 유경이라고 했다. 둘이 키도 비슷하고 생김새도 비슷했다. 키예프에 있는 연화랑 주현이처럼 둘이 '원 플러스 원'으로 붙어 다닌다고 태호형이 말했다.

우리는 피자집으로 가서 라지 세 판을 시켰다. 각각 다른 것을 시켰는데 한 조각 먹으려고 손을 내밀었다. 그 순간 갑자기 은희와 유경이가 동영상을 찍었다. 지금 나온 피자에 대해 이것저것 설명을 했다. 나도 먹다가 동영상에 찍혔는데 맛있다고 '엄지'를 치켜세웠다. 리포터가 꿈인지 아니면 '걸어서 세계 속으로'라는 프로그램에 출연하고 싶은 건지 모르겠으나 뭐든 먹기 전에는 리포터처럼 동영상 촬영을 한다. 재밌는 애들이었다.

"이따가 시가지 구경 가요. 우리가 에스코트해 줄게요. 오빠들 왔으니까 특별히 우리가 에스코트하는 거에요."

나는 여기서 이들을 처음 봤지만 같은 학교의 친한 오빠인 태호 형이 온다니 준비를 많이 한 모양이었다. 나도 덩달아 에스코트를 받았다. 덕분에 재미있게 시가지를 구경할 수 있었다.

"안 해도 되는데 굳이…."

"오빠!"

태호 형이 옆에서 장난기가 가득한 투로 시비를 걸었다. 그러자 은희가 발끈했다.

"그전에 챔스 표 사러 가자."

"챔스?"

"축구 표."

"아."

피자집에서 나오면서 내가 말했다. 오늘 밤에 축구경기가 열리기 때문에 빨리 표를 구해야 했다. 여기에는 축구를 보러 왔고 축구를 보고 갈 예정이었다. 내일 키예프로 돌아가는 표도 사두었다. 다른 것은 다 필요 없었다. 도시 구경은 그저 축구를 보기 위한 준비운동일 뿐이었다.

"여기서 축구장 가려면 진짜 먼데…."

동생이 말했다. 역시 축구에 관심이 없었다. 예상했다.

"그 저번에 말했던 남자분은 뭔가 알고 계시지 않을까?"

"잠시만요. 연락해 볼게요."

내 눈이 빛나기 시작했다. 드디어 평생에 한 번 볼까 말까 한 챔스리그를 보는 것이다.

"저기로 조금만 가면 축구 매표소 있대요. 거기서 살 수 있어요."

"가자!"

나는 한쪽에 서서 담배 피고 있는 종수를 밀면서 출발했고 뒤따라 일행이 따라왔다.

"저긴가 보다."

길을 가다 보니 누가 봐도 매표소 같은 작은 건물이 하나 보였다. 벽에는 샤흐타르팀의 로고가 새겨져 있었다. 챔피언스리그 표를 파는 곳이었다. 나는 드디어 챔스리그를 볼 수 있다는 생각에 기쁨을 감출 수 없었다. 나는 조그만 창구로 고개를 빼꼼 숙이며 판매원에게 말했다.

"얼마에요?"

"Всі квитки продані."

여기는 절대적으로 우크라이나어를 구사하는 곳이었다. 나는 당황했다. 당연히 알아들을 거라 생각했던 판매원도 내 표정을 보더니 당황했다.

"창현아, 이리 와 봐. 통역 좀 해줘."

매표소 옆에서 지켜보던 우리 일행 중 창현이랑 태호 형이 도와주러 왔다.

"아, 뭐였지 갑자기 단어가 생각이 안 나."

창현이도 땡. 그러자 연예인 주원을 닮은 건영이 형이랑 은희와 유경이가 와서 통역해 줬다.

"오빠들… 표 매진 됐다는데요…?"

"에이, 농담도 잘해."

이건 아니다 싶었다. 나는 여동생들한테 통역을 부탁했다.

"정말로 매진됐나요?"

"네."

"표 하나도 없어요?"

내가 포기를 모르고 계속 말하니 여관매원이 축구장 구역이 표시된 표지판을 들고 말을 했다. 들어보니 현재 이 매표소에서는 표가 다 팔렸고 경기장에 직접 가면 거기에는 살 수 있는 표가 몇 장 있다는 것이었다. 근데 그 살 수 있다는 표도 2층에서도 맨 꼭대기 정도에 있었다.

"얼마라는데?"

명한이 형이 전자담배 연기를 뿜으며 말했다.

"800에서 900흐리브나(당시 한국 돈으로 약 9만 원)라는데요."

이 말을 듣고 모두 경악했다. 그런 구석 자리가 이렇게 비쌀 줄 모두 예상하지 못했기 때문이다. 축구를 보고 싶어 했던 사람은 나랑 태호 형이다. 태호 형은 다들 안 본다고 하니 안 볼 눈치였다. 나는 보고는 싶었지만 소매치기를 당한 지 얼마 되지 않아 식비를 제외하면 그 정도의 현금이 없었다.

"우리 그냥 도시 구경하고 술이나 먹을까."

"어… 저기…."

나는 축구를 보러 가자고 하고 싶었지만 그러려면 돈을 빌려야 하는 상황이었다. 하지만 다들 학생이라 돈이 넉넉하지 않을 게 뻔했고, 여기서 나 혼자 축구를 보러 간다는 것은 너무 이기적인 행동 같았다.

"창현, 종수 안 볼 거야?"

"나도 보고 싶지. 근데 생각보다 너무 비싸다. 좌석도 맨 꼭대기잖아. 뭐 보이겠냐."

나는 누구라도 내 편을 만들고 싶었지만 이미 축구는 물 건너간 분위기였다. 여동생들은 처음에 자기들한테 부탁을 했던 거라 그런지 미안한 표정을 지었다. 나도 그들을 불편하게 하기 싫어서 괜찮은 척했다.

"그러면 저기… 그래요. 뭐… 표 예매 못 한 게 잘못이죠. 여기까지 온 김에 시가지 구경이나 하죠."

이런 일이… 세계 최고의 클럽 대항전을 눈앞에 두고도 표를 못 산다니…. 이런 시나리오는 전혀 예상치 못했다. 여동생들이 잘못한 것은 없었다. 나랑 같이 온 사람들도 잘못한 것은 없었다. 내가 잘못한 거지. 그렇게 보고 싶었으면서 예매 하나 꼼꼼히 못했으니. 나는 일행을 따라가면서 혼자 생각에 잠겼다. 그러다 여기에 오래 살아서 당일에도 표를 살 수 있다고 말했던 남자분이 생각났다. 그 사람이 원망스러웠다. 우리가 돈을 준다고 했으니 미리 사뒀으면 이런 일이 일어났겠냐는 거다. 하지만 그렇다고 그 사람을 나무랄 처지도 못 된다는 걸 알았다.

동생들이 우리들을 이끌고 어딘가로 갔다. 눈에 아무것도 들어오지 않았다. 그냥 펜션에서 쉬고 싶었다. 아니, 그 전에 술이나 먹었으면 싶었다.

낮에는 계속 돌아다녔다. 우크라이나 도시 중 유럽의 영향을 가장 많이 받은 도시라 그런지 키예프와는 좀 다른 느낌이 들긴 했다.

"저녁에 카페 거리가요. 거기에 식당이 많은데 거리가 되게 좋아요. 테라스로 길이 꽉 차 있고 조명도 좋아요."

"그래, 가자."

우리는 순순히 동생들을 따랐다. 따라다니다 보니 쉴 틈 없이 코스를 짰다는 걸 알게 됐다. 동생들에게 마음의 박수를 보내고 싶다.

"그리고 그 오빠도 저녁에 온대요. 저번에 말했던…"

"너희가 표 부탁했던 사람?"

"네."

나는 만나기 싫었지만 다 같이 먼 곳까지 놀러왔으니까 그냥 만나기로 했다.

우리는 카페 거리로 갔다. 거리에는 가게마다 확장한 테라스가 있었고, 조명이 거리를 아름답게 비추고 있었다. 한 가게의 테라스 중앙에 우리가 앉았고 머리를 질끈 묶은 웨이트리스가 와서 주문을 받았다. 우리는 맥주, 음료수 등 마실 것을 주문했고, 출출한 사람은 샐러드나 빵 등을 추가 주문했다.

"자, 또 시작!"

음식과 음료수가 나오자 동생들이 또다시 리포터로 변신하여 동영상을 찍었다. 이런 동영상은 어디에 올리는지 모르겠다.

"하… 진짜 아쉽네…"

"어쩔 수 없지. 그래도 관광은 잘했잖아."

"잘했죠. 잘했는데…"

축구를 보지 못한 아쉬움이 계속 남아있는 상태였다. 내 옆자리에 앉은 건영이 형이 옆에서 나를 다독여줬다. 얼마 지나지 않아, 표를 구할 수 있을 거라고 했던 사람이 도착했다. 우리 중에서 제일 마른 사람이 명한이 형인데 명한이 형보다 더 말라보였고 키는 나보다도 작았다. 검은색 코트를 입었고 바지도 검은색이었다. 피부도 검게 그을린 피부였다. 일단 반갑게 인사를 했다. 얘기하다 보니 축구 얘기가 나왔다.

"아, 표 못사셨구나. 그런 거 보통 당일에 시내에서도 싸게 구할 수 있는데."

이 말을 듣고 한 대 후려치고 싶었다. 키예프에서 인터넷이 안 되니 부탁한 것인데 그 사람이 장담해서 이렇게 된 것 아닌가. 귀찮아서 그랬다는 게 너무 티가 났다. 들어주기 싫으면 싫다고 말하든가. 내가 지나친 것처럼 보일 수는 있지만 당시 그 사람의 말투가 정말 얄미웠다. 얘기하다 보니 그 사람도 축구에는 전혀 관심이 없다는 걸 알 수 있었다.

우리는 펜션으로 돌아왔다. 그리 늦지 않은 시간이라 뭔가 아쉬워서 맥주를 한 짝을 사서 들어 왔다. 그리고 혹시나 해서 스포츠 채널을 틀었는데 이 지역에서 하는 경기가 중계되고 있었다.

"이걸 경기장에서 봐야 하는데 방에서 보고 있네."

경기는 2대 2로 끝났다. 굉장히 재밌는 경기였다. 경기를 보니 아쉬움이 더 컸다. 우리는 경기가 끝나고 맥주를 마시며 이런저런 얘기를 하다가 잤다. 그리고 다음 날 키예프로 오면서 나는 생각했다.

'정말 최악의 여행이었어.'

프랑스는 사뿐히 즈려 밟고 지나갈 뿐

"챔스 못 봤다며?"

"네."

"야 챔스 보러 간 건데 챔스를 못 보고 오냐."

리비우에서 있던 일을 주식이 형한테 말했다.

"그 남자 누구냐? 싫으면 싫다고 하든가. 애매하게 말해 놔서 괜히 우리 동생 기대만 키웠네."

"그래도 우크라이나 인터넷을 탓해야지. 어쩌겠냐. 이미 지나간 거."

"그러게요. 여행이나 알아볼래요."

나는 노트북으로 여행할 곳을 알아봤다. 단 두 줄만 불이 들어온 와이파이 아이콘은 지금도 인터넷이 느리다는 것을 알려주고 있었다.

시간이 지나 11월 겨울이 됐다. 귀국 날짜가 가까워지면서 하루하루를 기억하고 싶은 날들로 채우기 위해 노력했다. 현지 친구들과는 밖에서 차를 마셨고, 한국 직장인 형, 누나들과는 술을 마시며 놀았다. 학교도 열심히 다녔다. 겨울이 되자 학교가 끝나면 금세 어두워졌다. 여름에는 해가 질 생각을 않더니, 겨울에는 해가 빛을 주기 싫다는 듯 금방 저물었다. 학교가 끝나고 기숙사로 가는 길에 보이는 학교 외관은 최고의 야경이다. 빨강색, 노랑색 등 하나의 색으로만 칠해진 건물들은 조명을 받아 아름답게 빛난다.

몸이 안 좋아 침을 맞으러 교회에 간 적도 많았다. 같이 술을 마시던 형이 자기가 교회를 다니는데 거기 목사님 부부께서 침을 놓으신다고 말해 줬다. 그러면서 정 못 참겠으면 한 번 가보라고 권했다. 그래서 교회 다니는 형들을 따라 몇 번 가봤다. 침을 맞아 본 적이 별로 없어서 처음에는

조명을 받아 아름답게 빛나는 셰브첸코 대학 인문대 건물

굉장히 아팠다. 침을 맞는 고통으로 다른 통증을 잊게 하려는 건가 싶을 정도로 아팠지만 집으로 돌아올 때는 굉장히 시원한 느낌을 받았다.

어느 날 추운 아파트에 외로이 사는 주식이 형에게서 연락이 왔다. 이 번 겨울에도 휴가를 낼 수 있으니 같이 여행을 가자는 것이었다.

"축구 보러 갈까요? 리비우 악몽을 지우고 싶네요."

"마드리드 갈까?"

"콜!"

나는 침대에서 벌떡 일어나 말했다. 우리는 마드리드 여행을 가기로 했 다. 세계적으로 유명한 팀 '레알 마드리드'를 보기 위한 것이었다.

"아, 시간대가 안 맞네요. 레알이랑."

"내가 휴가 날짜를 맞춰야 하니까…."

"그럼 저 혼자 보고 올게요."

"아, 같이 보자 좀."

우리가 여행을 가려는 날짜와 레알 마드리드 경기 날짜가 맞지 않았다. 여행 기간에 레알 마드리드는 원정경기가 있어서 다른 도시로 가는데, 그 도시로 따라가자니 기차표가 여행예산을 초과했다.

"음… 다른 곳으로 갈까?"

"아뇨… 잠시만요. 여기 또 있어요…. AT 마드리드는 홈에서 경기하네요! 보러 가요!"

"시메오네 감독 보러 가자!"

"그리즈만, 만주키치 투 톱!"

우리는 AT 마드리드 홈 일정에 맞춰 계획을 세웠다. 레알 마드리드는 못 보지만 AT 마드리드도 프리메라리가(스페인 축구리그) 인기구단 중 하나이고 우리가 잘 아는 팀이기 때문에 흥분을 감출 수 없었다.

"근데 여기는 스페인 직항이 없네요?"

"우크라이나잖아."

가까운 오스트리아도 폴란드를 경유해서 가는 마당에 스페인까지 직항을 바라는 것은 욕심이었다. 여기는 우크라이나니까. 대신 우리는 시간대와 경유지, 두 조건이 맞는 비행기를 찾기로 했다.

"여기 파리 경유하는 거 있다."

"경유 시간은요?"

"파리에서 13시간 있어야 되네. 가서 시내 나갔다가 구경하고 다시 공항 오면 되겠다."

"좋네요. 근데 시간이 밤 꼬박이네요?"

"공항에서 노숙하자."

공항 노숙은 생각도 못 해봤지만 그런 것 따위 아무런 문제도 되지 않았다. 경유지를 파리로 정하고 비행기 표를 끊었다.

"Can you speak French?"

"음… 봉주흐?"

파리 공항 출입국 직원이 가벼운 미소를 지으며 여권도장을 찍어줬다. 내 여권에 프랑스 도장도 찍혔다. 생각지 못한 작은 소득이었다.

"나이스 파리!"

"진정하고 전철 표 사러 가자."

밤에 도착해서 그런지 공항에 사람이 별로 없었다. 전철 표를 사야겠는 데 전철 티켓을 파는 기계를 써본 적이 없어서 우왕좌왕 했다. 그러다 바로 건너편에서 사람들이 줄 서 있는 매표소가 보였다.

"어… 여기, 여기로 가고 싶어요."

"한 장에 9유로요."

이상했다. 아무리 물가가 비싸도 9유로는 아닌 거 같다. 하지만 말이 안 통했고 직원이 굉장히 열심히 설명해줬다. 그래서 그냥 1장에 9유로를 주고 샀다.

밤 10시가 돼서야 우리는 파리 시내에 도착했다. 말로만 듣던 파리. 11월 27일, 유럽 하면 제일 먼저 떠오르는 도시인 '파리'에 내가 왔다. 11월이 지만 체감온도는 가을 정도로, 생각보다는 춥지 않았다. 확실히 우크라이나 공기가 찬 것 같았다.

"오, 파리 파리!"

"야, 우리가 파리도 다 와보네."

늦은 밤에도 여기저기서 빛나는 불빛들로 거리가 환했다. 테라스에서 시간을 보내는 사람들, 갈 길 바쁜 자동차들, 우리처럼 광장에서 시내를 구경하는 사람들, 중국에서 단체로 온 관광객 등 여러 사람이 보였다.

"저게 뭐지?"

우리는 가까이 보이는 건물로 다가갔다. 조명 덕에 건물이 잘 보였고 앞에는 크리스마스 트리도 장식되어 있었다. 사람들이 건물 앞에 많았다. 다들 여기서 사진을 찍길래 우리도 사진을 찍었다. 굉장히 큰 건물이고 누가 봐도 관광명소인 것 같긴 한데 정확히 그게 뭔지는 몰랐다. 여행 끝나고 기숙사에 와서야 알았다. 그 건물이 노트르담 대성당이라는 것을. 노트르담 대성당을 앞에 두고 뭔지 몰랐다니. 어쨌든 사진은 찍었으니 됐다. 그때 당시 '노트르담 성당'이란 단어를 한 번도 꺼내지 않은 걸로 봐서 주식이 형도 몰랐을 것이다.

"앞에 보이는 강이 센 강이야."

다리 밑에서 유유히 흐르는 강에 반사되는 가로등 빛들은 강물을 아름답게 만들어 주었다.

"이제 에펠탑으로 가죠."

노트르담 대성당(여행 끝나고 우크라이나에 와서야 노트르담 대성당이라는 것을 알았지만)이나 센 강은 나에게 별 의미가 없었다. 잘 몰랐고 중요하지 않았다. 파리는 그저 나에게 마드리드에 가기 위해 사뿐히 즈려 밟는 곳이었다. 내가 파리에서 보고 싶었던 건 에펠탑과 개선문뿐이었다. 에펠탑은 찾기 쉬웠다. 산에서 보내는 구조 신호처럼 밤하늘에 빛이 번쩍거렸는데, 그 빛이 에펠탑에서 나오는 거였다. 빛을 따라 가니 에펠탑에 도착할 수 있었다. 다만 시내 길이 복잡해서 지도도 조금 참고했다.

"우와, 대박!"

멀리서 에펠탑이 보였다. 형형색색으로 빛으로 빛나는 탑은 화려함과 사치 그 자체였다. 탑을 따라 가까이 갔다. 목이 부러져라 위를 올려다봤다.

"와…."

우리는 입을 벌리고 바보처럼 에펠탑을 바라봤다. 이리저리 움직이면서 여러 각도에서 사진을 찍었다. 탑 바로 밑에서 위로도 찍고 포토존에서도 찍고… 정말 많이 찍었다.

"오…."

에펠탑이 다시 휘황찬란하게 빛을 내뿜었다. 자기가 전 세계 탑 중 최고라고 말하는 듯 온갖 아름다운 빛을 내며 자신을 뽐내고 있었다.

"Hi."

에펠탑에 있던 잡상인이 에펠탑 모형을 보여주며 인사했다. 우리는 정중히 사양했다. 에펠탑에는 잡상인이 매우 많았다. 거의 다 빛이 나는 에펠탑 모형을 팔고 있었는데 모두 흑인이었다. 백인은 없었는데, 무슨 이유라도 있는 걸까.

"이렇게 찍고 다시 요렇게 찍어주세요."

위용을 뽐내는 에펠탑

  우리는 에펠탑 앞에 있는 공원에서도 에펠탑을 배경으로 수십 장의 사진을 찍었다. 나중에는 초점이 안 맞는 사진, 각도가 이상한 사진 등을 많이 지웠지만. 그 앞의 공원에서는 날 좋을 때 최상의 피크닉을 즐길 수 있을 듯했다.

  "더 있을까, 움직일까?"

  다시 탑 가까이 가서 탑을 넋 놓고 바라봤는데 형이 내 옆에서 말했다. 나는 말이 없었다. 그저 직접 눈으로 이것을 본다는 것이 신기했기에 대답이 느렸다.

  "신짜 이쁘네요. 가요. 이제 개선문 보러 가야죠."

  "가자, 샹젤리제로."

  "오~ 샹젤리제~"

  샹젤리제 노래를 흥얼거리며 파리의 밤거리를 걸었다. 에펠탑에 혼을 뺏겼을 때는 몰랐는데, 길을 걷다 보니 관광객이 매우 많았다. 신기한 건 검은 머리인 사람은 모두 한국인이었다는 거다. 마침 잘 됐다 싶어서 우리는 개선문으로 가는 길을 한국 사람들에게 물어봤다. 공항으로 가는 막차 시간을 지키려면 시간이 촉박했기 때문이다.

  "안녕하세요!"

개선문

샹젤리제 거리

    개선문으로 가는 길, 프랑스인이 한국말로 인사했다. 샌드위치로 푸드트럭을 하고 있었는데, 여러 나라의 인사말로 국제적 호객행위를 하는 사람이었다. 인사말에 고개를 돌리니 샌드위치가 눈에 들어왔다. 트럭에 진열된 음식을 보니 출출해졌고 자연스럽게 샌드위치를 하나씩 사서 먹었다.

    "개선문!"

    개선문에 도착했다. 개선문도 에펠탑처럼 화려한 조명으로 빛나고 있었다. 개선문을 배경으로 사진을 찍으려면 차도 중앙에 있는 작은 인도로 가서 찍어야 하는데, 대로에 차가 많았다. 그래서 사진을 많이 찍지는 못했지만 다행히 한두 장은 남길 수 있었다.

개선문 맞은편은 샹젤리제 거리였다. 차도 한가운데에 서서 봤는데 차가 많아서 감흥은 딱히 없었다. 그냥 '샹젤리제구나' 하고 봤다.

공항으로 돌아갈 시간이었다. 막차를 놓치면 아침 일찍 마드리드로 떠나는 비행기를 놓치게 되므로 서둘러야 했다.

파리의 지하철역은 더러웠다. 전부 그런지는 모르겠지만 공항으로 가기 위해 들어간 개선문 근처의 역은 그랬다. 커다란 쓰레기통이 굴러다녔고 휴지가 날렸다. 계단에는 흑인 노숙자들이 엄청 많았다. 우크라이나 지하철을 보고 우리나라 지하철이 정말 좋은 거라고 생각이 들었는데, 파리의 지하철역을 보고는 오히려 우크라이나 지하철역이 관리가 잘 된 거라는 생각을 하게 됐다. 하지만 '지하철역'이 아닌 '지하철'은 우크라이나보다 프랑스가 훨씬 좋았다.

혹-

"아, 깜짝이야. 뭐야?"

주식이 형과 내가 놀랐다. 우리는 지도를 보고 무슨 역에서 내려야 할지 얘기하고 있었는데 한 흑인 노숙자가 주식이 형 얼굴 바로 앞까지 주먹을 뻗으며 시비를 건 것이다.

시비를 걸고 유유히 자기 갈 길 가는 노숙자가 나랑 눈이 마주쳤다. 그 노숙자는 정색을 하면서 나를 봤다. 나는 신기하기도 하고 당황스러워서 멀뚱히 보고 있었다.

"무시해, 그냥."

주식이 형이 말했다. 한국에서도 똥을 보면 무시하는 게 최선이지만 외국에서는 더욱 그렇다. 말도 안 통하는 데다, 기분 좋게 여행 왔는데 기분 나쁠 일 만들 필요 없는 것이다. 게다가 우리는 비행기 시간에 맞춰 가야 했기 때문에 여러모로 무시가 최선이었다.

몇 분 뒤, 시비 걸었던 노숙자보다 나이는 더 많고 키는 190㎝ 정도 되어 보이는 흑인이 우리한테 왔다. 시비 걸었던 그 노숙자와 같이 왔다. 둘이 뭐라고 말을 했는데 상황을 보니 나이가 많아 보이는 흑인이 왜 아무 잘못도 없는 사람에게 시비를 거느냐고 그 노숙자에게 훈계를 하고 있는 모양이었다.

"이야, 지금 이 사람이 우리 편 드는 거 같죠?"

"그런 거 같은데? 지하철 왔다. 가자."

나이 많은 흑인이 그 노숙자에게 훈계를 하니 시비 걸었던 노숙자는 고개를 숙인 채 반박을 못 하고 있었다. 그리고 지하철이 도착하자 키가 큰 노숙자는 우리에게 잘 가라고 인사했다. 나도 고맙다고 인사했다.

"사람은 어디에 사나 다 똑같네요. 잘못된 행동을 한 사람과 잘못된 것을 바로 잡으려는 사람."

"저들도 저들만의 규칙이 있겠지."

우리는 공항에 도착했다. 아까 9유로를 주고 산 표는 편도였기에 공항쪽으로 가는 표를 다시 사야 했다. 돌아오는 표 값을 보니 아까와 달랐다. 9유로는 확실히 아니었던 거다.

"시간이 8시간이나 남았네."

우리는 우리가 게이트로 느긋하게 걸어가서 노숙을 하기 위해 의자에 앉아도 보고, 누워도 봤다. 말 그대로 노숙이라 편하게 잘 수는 없었지만 그래도 편한 의자에 누우니 잠이 오긴 했다. 공항에는 우리 말고도 노숙하는 사람이 조금 있었다. 그들도 우리처럼 아침 일찍 이륙하는 비행기를 타야 하는 사람들 같았다.

위이이잉-

공항 천장의 조명이 밝아서 자다 깨기를 반복했는데, 잠을 완전히 깨우는 소리가 났다. 청소부들이 청소 기계를 돌리는 소리였다. 그리 큰 소리는 아니었지만 새벽 시간이라 작은 소리도 크게 들렸다. 나는 잠은 포기하고 공항을 이리저리 배회하다 앉기를 반복하며 시간을 보냈다.

날이 밝았다. 사람들이 점점 붐비기 시작했고 마드리드행 비행기 시간이 점점 다가왔다. 우리는 게이트로 들어가서 스페인 수도인 마드리드행 비행기에 탑승했다.

스페인 수도 마드리드

마드리드에 도착했다. 축구를 보러 왔기 때문에 축구 말고는 딱히 계획이 없었다. 그래서 아침 일찍 도착한 뒤 바로 호스텔로 갔다. 6인용 방에 자리를 마련한 우리는 짐을 풀고 일단 잤다.

눈 뜨니 점심시간이 되었다. 알맞게 일어난 느낌이었다. 우리는 호스텔에 있는 마드리드 안내지와 전철 노선도를 보며 베르나베우(레알 마드리드 홈구장)는 어디에 있는지, 우리가 갈 비센테칼데론(AT 마드리드 홈구장)은 무슨역에서 내리는지, 다른 유명 관광지는 뭐가 있는지를 살펴봤다.

"뭐가 이리 비싸게 받아?"

파리를 경유할 때 써서 유로가 부족했던 나는 한글학교 일을 해서 번 200달러를 유로로 바꾸기 위해 은행으로 갔다. 근데 생각보다 수수료가 높아서 조금 놀랐다.

"이게 정상이야."

"우크라이나는 아니잖아요."

"거기는 우크라이나니까."

우크라이나는 은행이나 환전소 등 어디서 환전을 해도 수수료가 높지 않다. 심지어 거의 안 받는 곳도 있다. 사실 스페인의 환전시스템이 더 정상이다. 우리나라도 수수료를 떼니까. 근데 우크라이나에서 생활하다가 스페인에 오니까 새삼 수수료가 높게 느껴진 것이다. 나는 내가 갖고 있는 달러를 유로로 환전했다.

마드리드 중심가를 걸었다. 축구 도시답게 거리에는 축구 용품가게가 줄지어 서 있었다. 가게로 들어서니 눈에 온통 축구용품이 들어왔다. 나처럼 축구를 좋아하는 사람은 정말 나가기 싫을 정도로 축구용품이 넘쳐

났다. 축구공, 유니폼은 물론 모자, 머플러, 스마트폰 케이스, 우산, 장갑까지. 무엇이든지 전부 인기 축구팀의 로고가 박혀있었다. 레알 마드리드 팀의 숙적인 바르셀로나팀의 유니폼과 각종 기념품까지 파는 상인도 있었다. 라이벌이고 뭐고 일단 인기가 많은 팀의 물건이라면 상인들은 팔고 보는 것이었다.

마드리드에도 밤이 찾아왔다. 그리고 비도 왔다. 전혀 예상하지 못한 우리는 우산도 없었다. 불행 중 다행을 찾자면 비가 오긴 오는데 분무기처럼 아주 작은 입자로 오는 것이었다. 다행히 우리가 겨울옷을 입고 있던 터라, 그 정도 비는 맞아도 별문제가 없었다.

우리는 레알 마드리드 홈구장으로 갔다. 경기는 보지 못하지만 여기까지 왔으니 경기장 앞이라도 가야 하지 않겠냐는 심정이었다. 지하철을 타고 갔는데 스페인 지하철 역시 생각보다 좋지는 않았다. 지하철 내부도 우리나라보다 더 좁았다. 대신 인테리어나 페인트 색은 예뻤다.

우리는 레알 마드리드 홈 경기장과 가까운 역에서 내렸다. 비도 오고 길도 처음이라 우왕좌왕했지만 지도를 보고 곧장 걸어가니 경기장이 나왔다. 산티아고 베르나베우(레알 마드리드 홈구장의 이름)다. 수많은 세계적 스타 선수들이 거쳐 간 명문클럽으로, 축구 팬이라면 누구나 한번쯤 와보고 싶어 하는 경기장이다. 아쉽게도 경기는 보지 못했지만 여기에 왔다는 것만으로도 기분은 좋았다. 우리에겐 AT 마드리드가 있지 않은가.

"형 그거 알아요?"

"뭐?"

"이 경기장 위에 'Real Madrid'라고 쓰여 있어서 구글 어스(Google Earth)로 이 경기장을 검색하면 레알 마드리드 글자가 보인대요."

"아, 그래?"

"네, 별것 아니긴 한데 보면 신기하고 그래요."

우리는 호스텔이 있는 중심가로 돌아왔다. 중심가 거리의 하늘은 오색 찬란한 동그라미 모형의 조명기구들로 빛이 났다. 길을 걷다 시장이 하나

레알 마드리드의 홈구장 산티아고 베르나베우

나왔다. 여행 기념품이나 골동품을 취급하는 곳이었다. 그곳에서도 하늘
에서 오색찬란한 빛이 났는데 중심가와는 달리 네모난 조형물을 썼다. 그
곳 하늘에 달린 조명이 아름다워서 좀 있으려다가 비가 와서 금방 발길
을 돌렸다.

　밤 11시가 됐는데도 거리에는 사람들이 많았다. 우리는 밤인데도 시차
때문인지 분위기 때문인지 전혀 피곤하지 않았다. 비가 오는데도 더 볼
데가 없을지 둘러보며 계속 돌아다녔다. 스페인 축구 국가대표팀이 유로
와 월드컵 우승 후 스페인 국민들 앞에 섰던 마드리드 광장. 그 광장 중앙
에 굉장히 큰 크리스마스 트리가 온몸을 불사르며 빛을 내고 있었다.

　그리고 광장 한쪽에는 스페인 대표 패션 브랜드라 할 수 있는 ZARA가
건물 두 개를 차지하고 있었다. 우리는 ZARA 패션몰에 들어갔다. 무엇을
살 생각은 없었고 그냥 현지의 ZARA는 어떤지 궁금해서 들어갔는데 사
람이 너무 많아서 걷기조차 힘들었다.

　다음에는 마드리드 왕궁에 갔다. 밤 열두 시가 다 돼가는 시간이었지
만 우리는 피곤한 기색이 전혀 없었다. 마드리드 왕궁은 이미 문이 잠겨
서 들어가지 못했지만 문밖에서 사진도 찍고 야경도 보며 놀았다.

"여기 광장 있잖아."

주식이 형이 문이 잠긴 왕궁을 바라보며 말했다.

"여기서 이번 여름에 펠리페 왕세자 즉위식이 열렸었어."

"오, 대박."

몰랐다. 처음 들은 사실이라 신기했다. 아직까지 왕족이 존재하는 나라들이 여럿 있지만, 우리나라에서는 드라마나 영화에서만 존재하는 왕이나 세자 등의 즉위식이 현실 세계에서 이루어진다는 것이 신기했다.

이날 늦은 시간에 잤는데도 다음날 일찍 눈을 떴다. 배고파서 더 이상 잘 수 없었다. 서머 타임(Summer Time)이라 해가 빨리 뜨기도 했지만 비가 와서 우중충했다. 어제오늘 계속 비가 부슬부슬 내렸다.

"여행 내내 비 오게 생겼네. 뭐 먹을까요? 먹을 거 뭐 있나?"

"어제 보니까 지하철역 쪽에 맥도날드 있더라."

"거기 가요."

우리는 전 세계 공통 음식 맥도날드에서 맥모닝을 먹었다. 아침 시간이었는데도 불구하고 맥도날드에는 사람들이 많았다. 특히 10대 후반에서 20대 초반으로 보이는 사람들이 왁자지껄 떠들며 자리를 차지하고 있었다.

"아침인데 사람이 왜 이렇게 많지?"

"이유는 모르겠고 이 사람들도 일도 없고 갈 곳도 없나 보다. 스페인도 우리처럼 여행객들이 보기에나 좋아 보이지. 여기 실업률 40%래."

"여기 경제도 뭐 난리 났네요."

스페인도 그렇고 남유럽 대부분이 엄청난 실업률로 고통을 겪고 있었다. 이런 현상은 몇 년 후 그렉시트부터 시작해서 영국의 브렉시트 사태까지 이어졌다.

아침 식사로 맥모닝을 먹은 우리는 다시 호스텔에 들어가서 잤다. 그리고 오후 1시에 다시 일어났고 전투샤워(최대한 빨리 샤워를 하는 군대식 샤워)를 한 다음 옷을 입고 나갔다.

그렇게 나간 우리는 중심가에 있는 유니폼 가게를 계속 어슬렁거렸다.

마드리드 시내에서 마드리드와 바르셀로나 축구 유니폼을 보고 있는 것만으로 기분이 설렜다.

어슬렁거리다가 마드리드 광장에 길게 줄 서 있는 사람들을 봤다. 복권집 앞에 줄이 서 있었는데 정작 복권집은 문을 열지도 않았다.

"여기 복권 인기가 엄청나네요."

"그러게 말이다. 아직 문도 안 열었는데 신기하네."

사람들이 그렇게 줄을 서 있었던 건 '엘 고르도 복권' 때문이었다. 우리말로 '뚱보 복권'이라 불리는 이 복권은 연말에 스페인 전국에 생방송으로 추첨 방송을 하는데 그 당첨금이 '조' 단위라고 했다. 당첨자는 한 번에 한 명이 아니라 한 번에 수백 명, 수천 명까지 될 수 있다고 한다. 실제로 한 작은 도시 전체가 통째로 1등 당첨이 되어서 그 지역 GDP가 순식간에 올라가는 일도 있었다고 한다.

거리에는 여느 관광도시처럼 듣기 좋은 연주나 신기한 묘기를 하는 사람들이 있었다. 그중 제일 눈에 들어왔던 것은 헬멧을 쓴 채로 자기 몸 전체와 바이크를 초콜릿으로 덮은 사람이었다. 바이크 끝을 한 손으로 잡은 채 공중에 떠 있었는데 움직임이 없기에 조각상이라고 생각했었다. 그런데 구경꾼들을 향해 인사하는 모습으로 바꿔서 또 그 자세를 유지하는 거였다. 정말 기인술사이라고 불러도 손색없는 사람이 있다.

"여기 들어가 볼까?"

"음…."

어젯밤에 문이 잠겨서 밖에만 구경했던 마드리드 왕궁으로 왔다.

"줄이 꽤 기네요."

"보자, 보자. 보러 가자."

줄이 꽤 길었지만 축구 경기 말고는 그 어떤 계획도 없던 우리는 주식이 형이 강하게 주장해서 왕궁에 가기로 했다. 입장료는 10유로. 적당한 가격이었다. 왕궁 내부를 먼저 보게 되어 있는데 내부 중앙에 스페인 국가 문장이 위상을 뽐내고 있었다. 나를 비롯한 여러 여행객들은 카메라

손바닥 위의 마드리드 왕궁

에 그 모습을 담느라 정신없었다.

외부로 나왔다. 입장 전에 내리던 비는 이미 그쳐 있었고, 하늘은 왕궁 외벽과 같은 색인 회색이었다. 왕궁 광장은 굉장히 넓었고 나는 그 한가운데 서서 빙글빙글 돌며 왕궁을 보고 있었다. 건물은 왕궁답게 고풍스러웠다. 정면에서 바라본 왕궁은 굉장히 근엄한, 스페인의 힘이 느껴지는 건물이었다.

"하이."

중국인으로 보이는 아저씨가 고급카메라를 내밀며 나에게 인사했다. 사진을 찍어달라는 뜻이었다. 아마 혼자 여행온 듯했다.

"오케이."

나는 카메라를 받아들고 왕궁을 배경으로 중국인 아저씨를 찍어 드렸다. 카메라가 생각보다 무거워서 떨어뜨리지 않기 위해 바짝 긴장했다.

왕궁 구경 후, 우리는 지하철을 타고 비센테칼데론(AT 마드리드 홈구장)으로 갔다. 다음날 경기 시작 시간이 정오라 경기에 늦지 않기 위해 답사를 간 것이다.

레알 마드리드 홈구장이 빽빽한 빌딩 숲 사이에 있다면, AT 마드리드의 홈구장은 약간 한적한 곳에 있었다. 외관도 레알 마드리드 홈구장보다는 못했다. 역사적으로 레알 마드리드는 기득권층이 좋아하는 팀이다 보니, 그 팀만큼 화려한 홈구장을 갖기는 쉽지 않았을 것이다. 시합이 없는 날이라 한적해서 구경하기 좋았다. 경기장 반지하에 있는 유니폼스토어로 들어갔다. AT 마드리드에 대한 온갖 상품이 다 있었다. 나에게는 정말 천국이었다. 유니폼을 몇 장 사고 싶었지만 그럴만한 여유가 없어서 아쉬웠다.

경기장 근처에는 산책하기 좋게 조성된 공원이 있었다. 날이 우중충해서 사람들은 보이지 않았다. 스페인에서 날씨가 좋았던 적은 없었다.

"이 다리 10유로짜리에 그려져 있어."

"이 다리요? 유명한가 봐요?"

"응 그렇대."

공원 근처에 차는 가지 못하고 사람만 걸을 수 있는 다리가 있는데, 그 다리가 10유로짜리 지폐에 그려져 있는 다리라고 했다. 우리는 잠시 멈춰서 10유로짜리 지폐를 꺼낸 다음 비교해봤다.

호스텔에 있을 때 마드리드에 대한 이런저런 정보들을 찾아봤는데, 그때 스페인 전통요리에 대해 알게 됐다. 그래서 저녁에는 마드리드 광장 거리에서 스페인 전통요리인 파에야(Paella)를 먹기로 했다. 파에야는 프라이팬에 고기, 해산물, 채소 등을 넣고 볶은 후 물을 부어 끓인 후 쌀을 넣어 익힌 스페인의 전통 쌀 요리다. 파에야도 우리나라 찌개나 탕처럼 종류가 다양했는데, 우리는 새우가 들어간 해물 파에야를 먹었다.

"돈이 없다…"

파에야는 12유로. 나는 돈이 됐지만 주식이 형이 돈이 조금 부족했다. 신나서 생각 없이 막 쓰다 보니 밥 먹을 돈이 부족했던 것이다. 그것도 모르고 일단 먹었다. 왜냐면 배고프니까.

"제가 카드로 할게요."

현금으로는 2인분을 계산할 돈이 없던 내가 카드를 내밀었더니, 웨이터가 카드는 안된다면서 메뉴판을 보여줬다. 메뉴판 밑에 카드는 받지 않는다고 쓰어 있었다.

"이야… 스페인에서 졸지에 밥 도둑이 되나요."

우리는 테이블에 앉아서 카드도 안되고 현금이 부족한 이 웃기고도 슬픈 상황을 어떻게 할지 고민했다.

"아, 나 이거 있는데!"

주식이 형이 무엇인가 생각난 듯이 지갑에서 돈을 꺼냈다. 근데 우크라이나 돈이었다. 우크라이나 돈을 보니 웃음이 나왔다.

"그거 받아 주겠어요?"

"옆 테이블 사람들한테 있는 단어 없는 단어 꺼내가며 유로랑 교환해봐야지."

그리고 주식이 형은 옆 테이블에 앉은 다섯 명의 스페인 사람들에게 갔다. 우리 테이블 담당 웨이터도 재밌는지 자리를 뜨지 않고 지켜봤다.

옆 테이블 사람들은 당황한 눈치였다. 당연한 반응이었다. 그리고는 스페인 사람이 물어봤다.

"이게 한국 돈이에요?"

의사전달이 절반 정도 된 듯했다. 주식이 형은 필사의 힘을 다해서 이게 우크라이나 돈인데 내가 유로가 부족해서 지금 계산을 못 하고 있다고 말했다. 이 우크라이나 돈이 달러로 얼마 정도 하니, 그 가치만큼 유로로 교환해주면 정말 정말 감사하겠다는 말을 열심히 전달했다.

다행히 주식이 형의 말이 스페인 사람들에게 전달됐고, 파에야 식당에서 흐리브나와 유로가 교환되는 역사적 사건이 이루어졌다. 우리는 수중에 있던 돈과 교환한 돈을 모아 웨이터한테 주고 나왔다.

"와, 형 역시 외대생이네요."

"지금 머리에서 쥐난다."

AT 마드리드 경기 직관

"형, 빨리 가요. 빨리. 이러다 늦겠어요."

"시간 많아. 아직 10시잖아."

"일찍 가서 여유롭게 걷고 보고 해야죠."

경기 당일이 됐다. 나는 들떠서 일찍부터 샤워하고 준비를 다 한 뒤 주식이 형을 깨웠다. 주식이 형은 일찍 깨운 나를 원망하면서도 다시 자기를 반복했고, 결국 경기장에 일찍 도착하려던 나의 계획은 물거품이 됐다. 경기장 가기 전부터 이미 많은 인파가 있었다. 확실히 사전답사 왔던 전날과는 분위기가 달랐다. 경기장 가는 길을 몰라도 이 사람들만 따라가면 되겠다 싶었다. 정오에 시작하는데도 불구하고 이미 와 있는 많은 인파가 AT 마드리드 팀과 스페인 프로축구리그의 인기를 실감 나게 했다.

"근데 좀 덥네요."

"그러게, 날씨 되게 좋아졌다"

어제까지만 해도 우중충하고 비까지 오던 날씨가 해가 쨍한 맑은 날씨로 변했다. 우리는 날씨에 대해 사전정보가 없어서 겨울옷을 그대로 입었는데, 사람들은 대부분 얇은 바람막이 정도를 입었고 반소매만 입은 사람들도 꽤 보였다.

경찰도 왔다. 경찰차 여러 대가 열을 맞춰 주차되어 있었다. 우리나라에서는 볼 수 없는 말을 탄 기마 경찰도 많이 와 있었다. 축구 열기가 대단한 나라다 보니 훌리건도 있었는데, 만약에 있을 유혈사태에 대비해 경찰들이 출동한 것이다.

한국에서는 보기 힘든 기마 경찰
만약에 있을 경우를 대비해 경기장 앞에서 대기하고 있다

　실제로 이날 오전 10시경에 경기장 근처에서 AT 마드리드와 상대편인 데포르티보의 홀리건들이 시비가 붙었다고 한다. 상황이 심각해져서 유혈사태로까지 번졌고 1명이 사망했다고 한다. 나는 이 사실을 우크라이나로 돌아갈 때 마드리드 공항에서 신문을 보고 알게 됐다. 경기 중에 데포르티보를 응원하는 관중석 주위에만 유난히 경찰이 많았는데, 아마 이 사건 때문에 그런 듯했다.

　내가 아침에 일찍 나가자고 계속 얘기했었는데 진짜 일찍 나왔으면 어떻게 됐을까라는 생각이 들었다. 섬뜩하기도 했다. 동생 말을 듣지 않고 계속 뒤척거린 주식이 형에게 고마웠다.

　"우와! 아틀레티코!"

　"가자, 가자!"

　우리는 보안요원에게 표를 보여주고 경기장에 들어섰다. TV에 나오던 곳에 내가 직접 와 있다니. 관중석에 꽉 차있는 사람들을 보는 것만으로도 흥분을 감출 수 없었고 소름이 돋았다.

경기 시간이 아직 멀었는데도 관중석이 꽉 찼다

선수들이 입장했을 때 환호성이 울렸다. 선수들을 봤다. TV로만 보던 선수들이 눈앞에 있으니 그저 신기할 따름이었다. 특히 키가 190㎝의 장신인 만주키치라는 선수는 멀리서 봐도 한눈에 알 수 있었다.

경기 중에 선수들이 좋은 패스를 하거나 개인기로 상대편을 제치면 관중석에서는 감탄사가 나왔다. 우리 자리는 경기 중앙 라인에서 세 번째 열이었고 선수들의 외침 하나하나가 다 들렸다.

"와, 저기 감독 봐요."

"시메오네 포스 봐라. 살아있네."

시메오네는 AT 마드리드 감독이다. 이 감독은 전략 전술을 잘 쓰는 것으로도 유명하지만 블랙 슈트를 입은 모습으로도 유명하다. 블랙 슈트를 입은 시메오네 감독은 멀리서 봐도 카리스마 넘치는 모습이었고, 그가 경기 중에 소리를 지를 때는 반대편에 있는 우리한테도 들릴 정도였다.

아작 아작 아작

뒤에서 계속 누가 뭘 먹는 소리가 났다. 뒤를 돌아보니 내 뒷좌석 발판에 해바라기씨 껍질이 수북이 쌓여 있었다. 내 뒤에 사람은 해바라기씨를 먹고 있다. 꽤 많은 사람들이 해바라기씨를 먹고 있었는데, 아마 이 경기장의 주전부리가 해바라기씨인 듯했다.

하프 타임에 우리는 일어나서 여기저기 사진을 찍었다. 너무나 들뜬 기분에 관중석을 향해 "올라(안녕하세요)!"라고 외쳤는데 아무도 반응을 안 해 줬다.

후반전에 골이 터졌다. 사울 니게즈가 골을 넣었는데 장내의 아나운서와 관중들이 일제히 골 넣은 선수의 이름을 불렀다. 이어서 음악이 하나 흘러나왔다. 그러자 관중들이 다 같이 AT 마드리드 로고가 새겨진 머플러를 머리 위로 들고 흔들었다. 이것도 멋있었다.

아쉬웠던 점이 하나 있었는데, 우리가 앉은 쪽이 중계 카메라와 반대편이라 선수들이 골세레머니를 하러 반대편으로 멀리 갈 때 잘 보이지 않는다는 것이었다. 또, 기대를 너무 많이 했었는지 몰라도 경기장 외관과 로

비가 생각보다 낡아 있었다. 이런 점만 빼면 경기 내용도 재밌었고 직접 선수들을 봤기 때문에 만족스러웠다.

경기장에서 나온 우리는 식당으로 갔다. 터키 전통 식당이었는데 그 식당에 있는 TV에서 축구 하이라이트를 방송하고 있었다. 사울 니게즈가 골 넣는 장면이 나왔다. 우리가 좀 전에 봤던 경기였다.

"역시 스포츠방송은 빠르네."

"어디서 왔어요?"

터키 식당 주인인 터키인이 물어본다.

"한국이요."

"남한? 북한?"

"남한이요."

그러자 터키인 얼굴이 밝아진다.

"오! 반가워요. 저희 식당에 잘 왔어요. 남한 굿. 북한 우~"

북한을 말할 땐 엄지를 밑으로 내리고 야유를 했다.

밥을 다 먹고 나서 투우 경기장에도 갔다. 경기는 보지 않았고, 스페인이 투우로 유명하니 경기장 외관만 보려고 간 것이었다. 또 레알 마드리드 역사관(AT 마드리드와 관련된 콘텐츠는 레알 마드리드에 비해 접하기가 쉽지 않았다)에서 우승컵도 보고 사진도 찍었다.

"이제 슬슬 서녁 먹으러 가자."

"그래요. 현금 준비하셨죠?"

"아까 ATM기에서 같이 뽑았잖아."

다행히 어제와 같은 일(흐리브나와 유로를 교환한 일)은 일어나지 않을 것 같다.

우리는 1725년에 오픈했다는 세상에서 가장 오래된 레스토랑에 갔는데, 우리가 원하는 분위기가 아니었다. 결국 다른 식당에 가서 파에야를 먹기로 했다.

옮겨 간 식당은 꽤 괜찮았다. 광장 중앙에 여러 식당의 테라스가 있었고, 테라스는 천막 지붕과 아름다운 조명으로 꾸며져 있었다. 떠나기 싫은 분위기였다. 사람들이 많았는데 우리가 마지막으로 하나 남은 빈자리를 선점했다. 우리 다음에 온 사람들은 기다려야 했다.

"어제 먹은 파에야랑 또 다르네요."

"맞아, 그리고 여기가 더 싸네."

어제는 12유로. 오늘 여기는 9유로다.

"오, 굿 맨."

저녁 식사를 하며 충분히 시간을 즐기고 있을 때였다.

"히…!"

난 순간적으로 발견했다.

"왜 뭔데?"

주식이 형이 물어본다.

"할아버지 게이 봤어요. 대박."

우리 바로 옆으로 많은 인파가 지나다녔는데 그중에 할아버지 동성애자가 눈에 들어왔다. 할아버지들은 키가 180㎝는 되어 보였고, 카우보이 모자와 복장을 했다. 처음에는 몰랐는데 걸어가는 도중에 할아버지 두 분이 딥 키스를 하는 것이었다. 문화충격이었다.

"할아버지들이 키스하면서 걸어가네요."

"이야, 역시 서양이야. 개방적이야, 아주."

우리는 신기한 경험을 하고 우크라이나로 돌아왔다.

땅콩 바

현지 친구들과는 주로 여름에 밖에서 노상으로 술을 마셨고, 한국 지인들과는 술집에서 술을 마셨다. 둘 다 나름의 재미가 있었다. 한국 지인분들은 대부분 직장인분들이라 가끔 한번 만나서 분위기 좋은 곳에 데려가 주셨다. 그렇게 알게 된 술집에 나는 친구들을 데려가곤 했다.

하루는 대학 선배 기호 형이랑 'Opex бap(땅콩 바)'에서 놀았다. 보드카 1L짜리 한 병과 양파를 링 모양으로 튀긴 안주를 먹었다. 땅콩 바는 다른 술집과는 다른 분위기와 매력을 가지고 있었다. 나무로 만들어진 문을 열고 들어가면 미로처럼 좁은 길이 나오는데 그 길을 지나면 벙커 같은 공간에 테이블 다섯 개가 놓인 곳이 나온다. 여기서 또 좁은 길을 지나면 술과 음식을 파는 바와 나무로 만들어진 테이블이 있는 넓은 곳이 나온다. 벽은 온통 황토색보다 약간 밝은 누런색으로 되어 있고 은은한 조명이 벽면 여기저기에 매달려 빛나고 있었다.

바닥은 온통 땅콩 껍데기로 가득했다. 여기서는 기본 안주로 땅콩이 나오는데 먹고 나서 껍실을 바닥에 버리세끔 되어 있기 때문이다. 술집 이름이 '땅콩 바'인 이유도 여기에 있다. 로비보다는 역시 테이블 밑에 땅콩 껍질이 많은데, 많이 쌓인 날에는 운동화 끈에 껍질이 대롱대롱 매달려 있곤 했다.

"게임 한판 할까?"

"그래요."

땅콩 바의 화장실 앞 공간에는 축구 게임판이 있다. 손잡이와 연결된 막대기에 축구 선수모양의 목각인형이 3~5명씩 걸려 있는데, 공 하나를 게임판 위에 올리면 막대기를 돌려가며 인형을 이용해서 골을 넣으면 된다. 술 마시고 하는 이 게임이 꽤 재밌었다.

"나이스!"

"야, 이거 뭐야."

"제가 이겼네요."

5점 내기로 내가 이겼다. 모든 판을 온 힘을 다해 열정적으로 한 탓에 땀까지 났다. 다시 자리로 돌아가 한잔했는데 우크라이나 남자가 왔다.

"중국에서 왔어요?"

눈이 흐리멍덩해질 정도로 취한 남자가 검은 머리 동양인인 우리를 보고 같이 놀고 싶었나 보다.

"한국에서 왔어요."

"오, 한국! 마셔! 마셔!"

하는 행동을 보니 필름이 끊긴 것 같았다. 기호 형이랑 나는 그 사람이 웃겨서 같이 먹기로 했다. 옆 테이블에 그의 친구들로 보이는 남자 셋, 여자 둘이 있었는데 그들도 자기 친구가 취한 게 웃긴지 웃으면서 이쪽을 보고 있었다.

"나 강남스타일 알아요. 싸이!"

"예! 강남스타일!"

강남스타일로 공감대가 형성된 우리는 조그만 잔에 따라놓은 보드카를 원샷 했다. 그리고 그 남자가 바 앞으로 걸어가더니 갑자기 춤을 췄다. 막춤을.

"예압!"

그 남자의 일행 중 뚱뚱하고 키가 큰 남자가 박수를 치며 흥을 돋웠다. 원하는 음악을 틀어주는 그런 곳은 아니지만 벽걸이 TV가 음악채널에 맞춰져 있어서 신나는 음악이 나왔다.

"까레이(한국) 컴 온."

"호우!"

우리도 취했다. 우리도 바 앞으로 가서 같이 미친 듯이 춤을 췄다. 그 남자 일행들까지 맥주를 한 병씩 들고 와서 같이 춤을 추기 시작했다.

"강남스타일!"

이 말을 외치자 모두 말 춤을 추기 시작했다. 계속 소리를 지르며 미치도록 췄다.

이날은 언어의 장벽을 뛰어넘어 강남스타일로 술집이 하나가 된 날이었다.

코요테 어글리 (Coyote Ugly)

친구들을 데리고 클럽에 왔다. 미국의 로맨틱코미디 영화 '코요테 어글리'를 그대로 본 따 만든 클럽인데 영화와 구조도 비슷하게 되어 있었다. 클럽 이름도 영화 그대로 '코요테 어글리'였다.

우크라이나 올 때 옷만 30kg을 가져온 창현이는 클럽 가기 전에 뭘 입고 갈지 한참 고민했는데, 결국 우리랑 별반 다르지 않은 평범한 옷을 입었다. 패션에 관심이 없는 내 눈에는 30kg나 되는 그 많은 옷들이 다 비슷해 보였다.

"헤이! 어디서 왔어요! 중국?"

우리는 자리를 잡으려고 홀을 지나가고 있었다. 그때 여자 MC가 위에서(코요테 어글리는 다른 클럽과 달리 바 테이블 위에 여자들이 올라가서 춤을 출 수 있다) 우리를 보더니 중국에서 왔냐고 물어봤다. 그러더니 싸이 노래를 외쳤다.

"마더 파더 젠틀맨!"

여자 MC가 외치자 DJ가 '젠틀맨' 노래를 틀어줬다. 싸이 노래가 나온 것이 신기했다. 싸이의 파워가 서양 일반 클럽에서도 통한다는 뜻이니. 근데 우리는 아무 말도 안 했는데 자기들끼리 중국에서 왔냐고 물어보고 싸이 노래를 튼 게 좀 의아했다. 우리나라랑 중국이랑 헷갈린 모양이었다.

"놀자! 컴 온!"

테이블을 잡고 홀에 나왔다. 여느 평범한 클럽처럼 많은 사람들이 춤을 추고 마시고 놀았다. 바 테이블에서는 여자 MC 두 명이 여자들을 위로 불러 댄스 경연을 시켰는데 굉장히 볼만했다. 멀리서 보다가 나와 창현이는 바 앞으로 자리를 옮겼다.

바에 가까이 갔더니 여기가 우크라이나 클럽이라는 게 실감 났다. 바에서는 노출이 심한 의상을 입고 술을 따라주는 바텐더들이 일을 하고 있었고, 우리 머리 위에서는 우크라이나 미녀들이 몸을 흔들고 있었다. 또 클럽 천장에는 여자들의 브래지어 수십 개가 장식품으로 걸려 있었다. 나는 한국에서 클럽에 자주 가는 편은 아니었지만 가 본 클럽 중 이런 분위기인 곳은 없었던 것 같다.

앞에서 홀 뒤쪽을 보니 검은 머리를 한 한국인들이 딱 보였다. 종수랑 명한이 형, 태호 형이었다. 각자 재밌게 놀고 있었는데 건영이 형이 보이지 않았다. 어디에 있나 둘러보니 피곤한 듯 혼자 테이블에 앉아 구경하고 있었다.

"다들 뭐 하고 있어?"

잠시 분위기가 다운되는 듯하더니 여자 MC가 마이크에 대고 크게 외치는 순간 다른 일하는 여자들이 호스를 하나씩 들고 홀에 있는 우리를 겨냥했다. 그리고 홀에 있는 사람들에게 물을 뿌렸다.

"오, 뭐야 이거?"

나랑 창현이도 놀라면서 물을 맞았는데 물을 맞으니 더웠던 몸이 식어서 더 좋기만 했다. 여기 있는 사람들 모두 호스로 물을 맞고 나서 시원해졌는지 더 날뛰기 시작했다.

분위기가 달아오르자 이번에는 샴페인을 흔들어대면서 뿌리기 시작했나. 우리 옆에 있던 한 무리가 고개를 들고 입을 벌리자, 여자가 위에서 입 안에 술을 부어줬다. 나도 그들 옆에 서서 따라 해봤는데 샴페인을 들고 있던 여자가 나를 보더니 나한테도 부어줬다. 그때 렌즈 낀 눈에 술이 들어가서 눈이 좀 따가웠다.

"야, 마셔."

창현이가 샴페인을 주며 말한다.

"뭐야 샀어?"

"이 여자가 사줬어."

"뭐?"

나는 창현이가 준 잔에 담긴 샴페인과 우리 옆에 있는 여자를 번갈아 봤다. 그리고 인사했다.

"스파시바(고마워요)!"

"천만에요."

우리는 같이 잔을 부딪치며 마셨다. 창현이가 말하길 여자가 와서 귀엽다며 술을 사주겠다고 했단다.

"이창현, 너한테 반한 거 같은데?"

"글쎄."

샴페인을 사준 여자는 갈색 머리에 분홍색 민소매 블라우스와 검은색 미니스커트를 입고 있었다. 키도 우리보다 조금 더 컸다. 그녀의 이름은 이라나였다. 우리는 같이 놀았다. 이라나 친구들과도 인사를 나누고 홀 중앙에서 놀았다. MC들의 말 한마디에 바텐더들은 다시 소방수처럼 우리에게 물과 샴페인을 뿜어댔다. 우리는 신나게 젖으며 미친 듯이 놀았다.

그 날 창현이는 이라나와 어디로 가더니 우리보다 기숙사에 늦게 왔다.

흑해에서 새해를….

창문을 열면 에어컨 바람보다 더 찬 12월의 우크라이나 바람이 들어와 방의 공기를 얼려 버렸다. 추운 우크라이나의 12월도 얼마 남지 않았다. 새해와 귀국 날짜가 점점 다가왔다. 우크라이나에서 보내는 처음이자 마지막 새해이기에 어디론가 가고 싶었다.

"오데사에 가서 해돋이 볼까?"

친구, 형, 동생들을 불러 모아 말했다. 처음에는 다들 망설였다.

"가자, 가서 흑해에서 해돋이 보자."

"그럴까?"

내가 말해 놓고도 조금 망설여졌지만 말을 꺼낸 김에 가자고 부추겼다. 나를 포함한 6명이 간다고 했고 며칠 뒤에 나와 종수가 버스터미널로 가서 표를 사기로 했다.

"와, 사람 겁나 많네."

"야, 이거 못 가는 거 아니냐."

버스터미널은 인파로 가득 차 있었다. 버스터미널은 평소에도 좁았지만, 사람이 많아서 더 비좁게 느껴졌다.

"기차도 없고 여기 없으면 키예프에서 보내야지, 뭐."

그때 학교 선배이자 오데사에 사는 경한이 형에게서 전화가 왔다. 내가 며칠 전에 오데사로 해돋이 보러 갈 계획이라고 했더니 숙소를 알아봐 준다고 했기 때문이다.

"어, 그래 형이다. 너 오데사 온다고?"

특유의 경상도 사투리가 전파를 타고 내 귓속으로 들어왔다.

"가려고 하는데 잘 모르겠어요. 지금 표 예약하러 버스터미널 왔는데 사람 진짜 많네요."

"새해라 아마 표 구하기 힘들 거다. 그리고 여기와도 해는 못 볼 거 같은데."

"거기 뭐 또 터졌어요?"

지난여름처럼 또 무슨 폭동이 일어난 줄 알았다.

"아니, 지금 여기 눈이 장난 아니게 와서 차들도 움직이지를 못해. 폭설이다, 폭설."

오데사가 눈 폭탄을 맞아 하늘은 물론 앞도 잘 보이지 않는다고 한다. 차들도 움직이지 못하는 상황이라 걱정돼서 연락을 한 거였다.

"아, 그래요?"

"어. 그래서 아마 표 구해도 해는 못 본다고 생각하는 게 좋을 거야."

"알았어요. 여기도 표를 못 구할 가능성이 크니까 다음에 따로 연락드릴게요."

"어, 그래. 다음에 한번 보자."

"예, 형님 감사합니다. 수고하세요."

"어이."

옆에 종수도 다 듣고 있었다.

"끝났네."

"그러게. 그래도 줄 선 김에 물어나 보자."

시끄러운 시장통으로 변한 버스터미널에서 기다리고 기다린 끝에 우리 차례가 왔다. 예상했던 대로 고속버스표는 없었으나 우리가 원하는 날짜에 야간 버스 하나가 있다고 했다. 근데 그 버스가 키예프에서 마르슈뜨까(마을버스)로 운영되는 버스라 먼 거리를 그 버스로 간다는 것은 엄두가 안 났다. 나 혼자 가는 것도 아니고 마음대로 결정했다가는 일이 커질 수도 있는 상황이었다.

내가 종수를 보고 말했다.

"우리가 많이 늦었네."

종수가 나한테 말한다.

"우리 전부 태도가 애매했잖아. 어쩔 수 없지 오데사 가도 폭설이라면서. 키예프에 있자, 그냥."

"그래."

우리는 빈손으로 발걸음을 옮겼고 기숙사 앞에 있는 끼따이스끼(중국) 식당에 다 같이 모였다.

"오빠 표 샀어?"

가자마자 연화가 물어 봤다. 연화의 눈과 말투를 보니 연말에 다 같이 놀러 간다는 것에 기대를 한 모양이었다.

"아니, 미안. 못 샀어…"

"어? 거짓말."

연화는 우리가 거짓말을 하고 있다고 생각했나 보다. 내가 가자고 했던 거라 더 미안했다.

"진짜로 못 샀어, 미안."

종수는 가만히 있었고 같이 가려고 했던 다른 사람들도 몇 초간 아무 말이 없었다.

"아 진짜 못 산 거야? 대박."

연화가 실망하는 기색이 역력했다. 그러자 옆에 있던 태호 형이 말했다.

"나는 안 가는데 자기는 오데사 가서 해 본다고 얘가 나 계속 놀렸어."

표 구하는 데 실패한 나랑 종수는 오데사의 날씨 상황와 표를 일찍 예매하지 못한 상황을 말했다. 주현이와 하선이 등 모두 괜찮다 했고 연화도 어쩔 수 없다면서 괜찮다고 했다.

"12월 31일에 키예프 광장으로 가자."

종수가 말했다. 그러자 작년에도 여기서 새해를 본 태호 형이 말했다.

"가자. 근데 작년에는 마이단에서 했는데 이번에는 소피아 성당 앞에 광장에서 한대."

그렇게 흑해에서 새해를 보는 계획은 사라졌다. 표도 그렇고 오데사 날씨도 도와주질 않았기 때문이다.

"와 진짜 추워…"

"사람이 진짜 많네. 역시 사람 사는 건 다 똑같다."

"오케스트라가 와서 캐럴 연주도 하네."

12월 31일, 우리는 2014년의 마지막 날을 즐기기 위해 성 소피아 광장으로 왔다. 역시 생각대로 많은 인파가 있었고 장사꾼도 많았다. 오케스트라가 추위를 타지 않고 연주를 할 수 있도록 성당 옆면에는 세트장도 만들어져 있었다. 이들은 친숙한 캐럴과 기분 좋은 클래식 음악 여러 곡을 연주했다.

"새해 복 많이 받아요!"

"감사합니다. 기사님도요!"

택시에서 내리면서 새해 인사를 나눴다.

성 소피아 성당 광장에 오기 전에 예약했던 수제 햄버거집에 택시를 타고 왔다.

우리는 제 시간에 갔는데 서빙하는 웨이트리스를 비롯한 식당 분위기가 이상했다. 몇 분 지나지 않아 분위기는 왜 그런지 알 수 있었다. 올해의 마지막 날이라 빨리 문 닫고 약속에 가야 한다는 것이었다. 문을 닫으려면 지금 정리해야 하는데 우리가 온 것이었다. 근데 그럴 거면 전화로 예약할 때 말을 해주지 예약은 받아 놓고 빨리 가야 한다는 것은 무슨 경우인지 알 수 없었다. 아무튼 식당 문에 적혀있는 알림 시간도 닫을 시간이 아니었고 우리는 제 시간에 맞춰 왔기 때문에 음식을 다 먹고 나왔다.

"와, 근데 점점 추워진다. 지금 몇 시지?"

우리 모두 파카 모자를 뒤집어쓰고 손을 주머니에 꽂고 있었다.

"아직 11시도 안 됐네."

주현이가 핸드폰을 보면서 말했다.

"와, 너무 추운데."

우리는 몸을 녹이기 위해 성당 주변을 걸었다. 성 소피아 성당 맞은편에 있는 미카엘 성당까지 갔다가 주위에 있는 카페로 들어갔다. 카페에도 사람이 어마어마하게 많았다. 추운 날씨에도 다들 우리처럼 마지막 날을 기념하려고 모인 사람들이었다.

"이제 가자 별로 안 남았네."

태호 형의 한마디에 우리도 다 일어나서 소피아 광장으로 갔다. 카페에서 따뜻한 차로 몸을 녹이고 연화가 가져온 카메라로 사진 찍으며 있다 보니 어느새 12시가 가까워졌다.

5! 4! 3! 2! 1!

오케스트라가 연주하는 무대에서 어떤 MC가 광장에 있는 대중들과 카운트 다운 연습을 하고 있었다. 대중들이랑 두 번 정도 호흡을 맞추더니 본 행사를 시작했고, 가장 먼저 합창단을 소개했다.

"뭐지? 시간 5분도 안 남았는데 노래 부르고 있네?"

시계를 보니 0시가 얼마 남지 않았다. 그런데 합창단이 노래를 부르고 있었다.

"이거 부르다가 시간 되면 카운드 다운 하겠지."

갑자기 전광판에 포로셴코가 나오더니 새해 인사를 했다.

"국민 여러분 안녕하십니까? 우크라이나 대통령 포로셴코입니다."

"뭐야?"

"와, 대박, 역시 우크라이나."

0시는 합창단이 노래하는 중에 지나갔다. 그리고 바로 생방송으로 대통령 새해 소감이 전파를 탔다. 우리는 조금 어안이 벙벙했다. 이럴 거면 조금 전에 뭐하러 카운트 다운을 연습한 건지 알 수 없었다.

카운트 다운을 연습을 분명히 했는데도 11시 59분에서 0시로 넘어갈 때 아무도 숫자를 세지 않았다. 그저 합창단이 노래를 부를 뿐이었다.

"카운트 다운을 안 하네. 웃기다. 새해 복 많이 받아. 오빠들."

여동생들이 새해 인사를 했다.

"어, 고마워. 다들 새해 복 많이 받으세요."

"새해 복 많이 받자. 우리."

다들 그렇게 새해 인사를 나눴다.

우크라이나가 러시아와 전쟁 상황이었기 때문에 폭죽은 터뜨리지 않았다. 수도인 키예프나 러시아군이 점령한 동부의 도네츠크 등의 이런 상황과는 별개로, 100% 우크라이나어만 사용하는 서쪽 대도시 리비우는 불꽃놀이를 거하게 했다고 한다.

"가자."

내가 말했다. 0시도 지났고 이제 추워서 밖에 더 있기 힘들었다.

명한이 형은 옆에서 전자담배를 뻐끔뻐끔 피우고 있었고 창현이와 종수 등 친구들은 모두 추워서 가자는 분위기였다. 여자아이들은 우리랑 별로 떨어지지 않은 곳에서 셋이 꼭 붙어서 사진 찍고 있었다. 기숙사로 가자고 하니까 여동생들이 아쉬워해서 조금 더 있기로 했다.

"심심한데 그거나 해볼까?"

"뭐?"

"슬라바 우크라이니!"

나는 광장 한가운데서 크게 소리 질렀다. 그리고 광장에 모인 사람들에게 우렁찬 답례가 왔다.

"게로얌 슬라바!"

한번 하면 서운하다.

"슬라바 우크라이니!"

"게로얌 슬라바!"

"오 짱인데."

창현이가 옆에서 재밌다는 듯 말했고 나는 옆에 있는 건영이 형한테 형도 한번 해보라고 했다.

"아니야, 난 안 할래."

내성적인 성격이 강한 건영이 형은 고개를 가로저으며 말했다.

그때 마침 여동생들도 추워서 가자고 했다. 우리는 지하철역으로 발걸음을 옮겼다.

"푸틴!"

갑자기 우리 또래로 보이는 한 백인 남자가 취한 채 우리에게 와서 "푸틴!"이라고 크게 외쳤다. 나도 답례를 했다.

"후일로(꺼져라)!"

"푸틴!"

"후일로!"

그러자 백인 남자가 노래를 부르며 마구 박수를 쳤고, 나는 그 사람 행동이 웃겨서 같이 따라 했다.

"푸틴 후일로!"

이 외침은 지하철역에 들어갈 때까지 사그라지지 않았다. 어떤 할아버지는 이렇게 외치는 사람들에게 뭐라고 한소리 크게 하기도 했다. 그렇지만 술과 분위기에 취한 젊은 사람들 귀에는 그 소리가 들리지 않았다.

우크라이나의 젊은이들은 대부분 푸틴 대통령을 싫어했기에 그를 욕하는 것을 즐겼다.

지하철에도 술에 취한 사람이 있었다. 그것도 방금과 비슷한 우리 또래였다. 그 사람도 지하철에 앉아있는 우리에게 오더니 혀와 손가락을 비비 꼬면서 주정을 부렸다. 그리고 갑자기 지하철 손잡이를 잡고 공중에서 뱅글 돌았다. 착지를 했는데 다리에 힘이 풀려서 그대로 바닥에 주저앉았다.

"잘하네."

옆에 앉은 종수가 말했는데 이 상황에 그런 말을 한 게 너무 웃겼다.

그렇게 기숙사에 도착했고 우리는 각자의 방으로 돌아갔다.

슈니첼 하우스와 깔리안

"새해 복 많이 받으세요."

"고마워, 너도 많이 받아."

새해가 되니 기숙사 당직들과의 인사는 새해 인사로 자연스레 바뀌었다. 그걸 제외하면 여기서도 새해라고 해서 특별히 달라진 건 없었다. 굳이 달라진 걸 찾자면 귀국 날짜가 다가오면서 달라진 내 기분 정도가 있을 뿐이었다.

귀국 날짜가 다가오면서 나는 점점 더 기숙사에만 있는 게 싫었다. 해만 뜨면 안드리 성당, 소련 어머니 동상, 마이단 광장 등을 돌아다녔다. 더 이상 갈 곳이 생각 안 나거나 혼자 있기 심심하면 친구들이나 동생들 방에 가서 놀기도 했다.

그러던 어느 날, 연화와 주현이가 우크라이나에 온 지 500일이 되는 날이었다. 나와 창현, 종수는 연화, 주현이랑 밖에서 저녁을 먹기로 했다.

"이게 뭐야?"

종수가 손에 들고 있는 것을 연화가 보며 말했다.

"오빠들 우리 500일이라고 케이크 산 거야? 오예!"

종수랑 창현이가 산 것이었는데 난 전혀 몰랐다.

"이것 봐봐, 나 가오리 같지? 가오리 옷이다, 이거."

하얀 털실로 만들어진 상의를 입은 연화가 모자를 쓰더니 자기가 가오리 같지 않냐며 웃었다. 옷이 가오리처럼 삼각형으로 생기기는 했다. 어디서 이런 옷을 구했는지 알 수 없었다. 그래도 옷이 예쁘긴 했다.

"어디 갈 거야? 우리 어디로 데려갈 거야?"

연화랑 주현이가 들떴다. 얘네도 기숙사 방에서 심심했던 모양이다.

키예프는 눈이 내렸는데, 덕분에 어두운 밤이었는데도 길이 하얘서 잘 보였다.

"우와아아아-"

연화가 나무를 흔들자 나무 위에 쌓여 있던 눈들이 땅으로 내려오면서 연화를 덮었다. 연화가 이렇게 정신을 놓는 모습은 방에서 술을 마신 이후로 처음 봤다.

"야, 너 거기서 뭐 해. 일로 와!"

주현이가 손을 잡고 끌고 갔다. 같이 붙어 다니는 주현이도 그 순간만큼 연화가 창피했나 보다. 주위에 아무도 없어서 다행이었다.

"슈니첼 하우스 가자."

며칠 전 형들과의 술자리에서 알게 된 곳인데, 이곳의 슈니첼이 맛있다고 들었다. 그래서 말이 나온 김에 가기로 했다.

슈니첼 하우스에서 먹을 것은 딱 두 개였다. 맥주와 슈니첼. 근데 슈니첼 종류가 굉장히 많아서 우리는 뭘 먹을지 한참 고민했다. 오랜 회의 끝에 다섯 명 모두 메뉴가 겹치지 않도록 주문했다.

"오, 엄청 커!"

"이건 뭐야. 돈가스인데 되게 요란하게 나오네."

"이게 뭐야. 오빠 이거로 양 차겠어?"

여기가 다들 처음이다 보니 이렇게 나오는지는 모두 몰랐던 것이다.

커다란 접시를 꽉 채울 만큼 커다란 슈니첼 요리와 슈니첼 위에 계란이 올라온 요리, 주먹 크기만 한 슈니첼과 토마토, 감자튀김 등이 같이 담긴 요리 등이 나왔다.

우리는 맥주랑 슈니첼을 먹으며 귀국 얘기, 미래 얘기, 복학 얘기 등 이런저런 얘기를 했다.

"눈 대박!"

식사를 다 하고 나왔는데 시내에는 눈이 내리고 있었다. 우산이 필요할 정도로 너무 많은 눈이 왔다. 슈니첼 하우스는 지하에 있어서 바깥 날씨가 어떤지는 전혀 알 수 없었다.

2차로 호프집에 왔다. 눈발이 금방 약해져서 걸어왔다.

"나 깔리안(물담배) 해 보고 싶다."

연화가 깔리안을 보더니 이렇게 말했다. 우리는 흔쾌히 찬성했고 웨이터에게 깔리안을 달라고 했다.

"손님, 여기서는 하시면 안 되고 흡연구역으로 가셔야 합니다."

웨이터가 유리 벽으로 구분된 흡연구역을 손으로 가리켰다. 확실히 우리가 있는 곳에서는 아무도 깔리안을 하지 않았다. 우리는 흡연구역으로 자리를 옮겼고 깔리안이랑 맥주를 직접 따라 먹을 수 있는 큰 통을 달라고 했다.

"너 깔리안 한 번도 안 해봤어?"

내가 물었다.

"응, 나랑 주현이는 한 번도 안 해봤어. 오빠 해봤어?"

"우리는 여기 와서 몇 번 해봤지."

평소의 연화와 주현이를 생각하면 안 했을 법도 했다. 술을 먹으러 밖으로 나가는 스타일도 아니고 학교와 기숙사만 오갔으니 이런 걸 해봤을 리 없었다.

나랑 창현이와 종수는 몇 번 해봤지만 나는 평소에도 담배를 안 피워서 그런지 계속 피우고 싶다는 생각은 들지 않았다. 그저 깔리안을 취급을 하는 술집에 가면 한번씩 입에 물어봤을 뿐이다.

케이크를 꺼내 촛불을 붙였다. 창현이랑 종수가 센스있게 숫자로 된 초를 가져와서 500일을 기념하는 '5', '0', '0' 모양으로 된 초 세 개에 불을 붙였다. 생일도 아니고 그저 동생들이 여기 온 지 500일이 된 날이니, 누가 들으면 아무 의미도 없는 날일 수 있지만 다들 곧 떠나는 몸들이라 재밌게 놀았다.

사진을 찍고 놀다가 촛불을 끄고 케이크를 먹을 차례가 됐다. 다들 슈니첼을 많이 먹은 탓에 케이크는 서로 양보했다. 그냥 가기에는 아쉬우니

다섯 명이 한 조각만 나눠 먹었고, 나머지는 연화와 주현이가 방에 가서 먹기로 했다.

"근데 맥주랑 깔리안은 왜 이렇게 안 오냐."

우리가 이 가게에 와서 케이크를 자를 때까지 여기서 나온 안주는 치즈스틱뿐이었다.

"와, 갑자기 피곤해."

깔리안이 가능한 흡연구역은 다른 사람들이 피우는 깔리안 때문에 공기가 굉장히 탁했다. 우리는 웨이트리스를 불러서 말을 했지만 기다리라고만 했다. 근데 시간이 너무 지나도 안 나오는 바람에 다들 지쳐버렸다.

"갈까?"

이 말을 한 순간 모두 약속이나 한 듯 같이 웃었다.

"나도 지친다. 근데 우리 이대로 나가도 되나?"

주현이도 지쳤고 연화도 깔리안을 하고 싶은 마음이 사라진 듯했다. 나는 고개를 뒤로 젖혀서 뻗어버렸다.

"이렇게 나가도 될 거야."

"가자, 가자."

우리는 카운터를 지나 출구로 갔다. 그때, 우리가 주문한 맥주가 준비 중인 것을 봤다.

"이, 맥주가 이제 들이기는 거였어?"

우리는 웨이터들과 눈이 마주치자 목례를 하고 나왔다. 원래 늦게 나오는 건지, 웨이터들이 피곤해서 그런 건지, 주문이 밀린 건지 알 수 없었다.

"와, 그럼 우리 거기서 치즈스틱 하나만 시킨 거야?"

"응, 그리고 우리가 들고 간 케이크를 먹었지."

"민폐네, 우리."

그렇게 우리는 기숙사로 돌아갔다.

집으로

한국으로 돌아가는 날이다. 처음 기숙사에서 받았던 베개와 이불 등을 반납하고 기숙사에서 나왔다. 우크라이나 친구들, 한국 형, 누나들에게 모두 인사를 했다. 별로 보지는 못했지만 막상 가려니 퍽 서운했다.

가방은 배낭과 여행용 가방까지 총 3개였다. 귀국 2주 전에 작지 않은 크기의 상자를 네 개 꽉 채워 배에 실어 보냈건만 가방이 세 개나 나왔다. 보드카, 양주 등을 많이 사서 그런 것인데 막상 가려니 더 살 걸 하는 마음이 들었다.

"택시 지금 온대. 앞에 나가자."

창현, 종수, 연화, 주현이가 공항에 같이 가기로 했다. 굳이 같이 안 가도 된다고 말하지는 않았다. 나도 같이 가줬으면 했는데 같이 가준다니 고마웠다.

며칠 전에 태호 형이랑 같이 리비우로 놀러 간 건영이 형에게서 장문의 문자가 왔다. 자기는 6개월로 와서 휴식 차원으로 쉬었다가 돌아가려 했는데, 내 덕에 우크라이나 생활 재밌었다며 고맙다는 내용이었다. 나도 고맙고 기분이 좋았다. 이렇게 짧게 만나도 나를 고마워 해주는 사람이 있다는 게 고마웠다.

보리스폴 공항에 도착했다. 한국에서 올 때와 오스트리아, 헝가리, 스페인 등을 여행하고 들어올 때마다 이용한 곳인데 한국으로 가기 위해 마지막으로 왔다. 올 때는 세 명이었지만 갈 때는 나 혼자다. 민혜는 한 달 전에 먼저 갔고, 지태는 한국 학교에 휴학을 연장해서 더 있을 예정이라고 했다.

"오빠 짐은 다 쌌지?"

"아 그럼, 다 챙겼지."

생각이 많아졌다. 여기를 또 오게 될지, 한국에서 뭘 할지, 복학하면 어떨지 등 생각을 하니 보드카에 젖어있던 내 뇌가 조금 꿈틀거렸다.

"잘 가. 가서 연락하고."

"먼저 가. 우리도 가면 만나자."

종수랑 창현이도 인사를 했다. 종수는 이 주 뒤 모스크바에 교환학생으로 갈 예정이었고 창현이는 키예프에 있는 코트라에서 인턴으로 일할 예정이었다. 연화랑 주현이는 기간을 연장해서 공부를 더 하기로 했다.

"오빠 그거 줘봐."

조금 전 보리스폴 공항에 들어올 때 스페인에서 기념품으로 산 총 때문에 검문을 받았었다. 물론 기념품 총이라 검문은 금방 끝났지만 주현이는 다른 곳에서도 오해받기 쉽다며 총을 화물칸에 보내는 여행용 가방에 넣었다.

"고마워."

이제 시간이 됐다. 우리는 마지막 사진을 한 장 찍었다.

"잘 있어."

"잘 가."

주머니에 흐리브나가 있었다. 나는 어차피 기념품으로 한 장 챙겼고 갖고 있어 봐야 휴짓조각이니 공항 게이트에 들어가기 전에 택시비 하라고 잔돈을 모두 주고 왔다.

공항에서 같은 비행기 같은 시간에 한국으로 떠나는 시환이 형을 만난 나는 형이랑 농담을 건네며 비행기를 탔다. 비행기도 옆자리라 모스크바 경유까지 총 14시간 비행이 그렇게 지루하지는 않았다.

인천공항에 도착했다. 나도 시환이 형도 가방이 나오기를 기다렸다. 그리고 둘 다 가방에 술이 있어서 걸리지 않기를 바랐다. 먼저 나온 몇 개의 가방은 노란 테이프와 자물쇠로 잠겨 있었는데 술 등이 적발된 가방이라는 뜻이었다.

삐용- 삐용- 삐용-

레일이 움직이면서 이번에는 노란 자물쇠만 따로 요란하게 울렸는데 그 뒤에는 시환이 형 가방이 있었다.

"와, 이 자물쇠가 내 건가 보네?"

자물쇠는 아마 시환이 형 가방에 매달렸던 것인데 운이 좋게 떨어진 거 였다. 그래서 시환이 형은 걸리지 않고 가방을 찾았다.

"형 좋겠네요."

"운이 좋았네. 너는 왜 안 나오는 거야?"

"그러게요."

내 가방은 20분은 더 기다린 뒤에야 나왔다. 근데 어딘가 이상했다.

"제 가방은 빨간색 테이프네요?"

"뭐지? 저거 나도 처음 보는 건데."

내가 가방을 들고 이게 뭐지 하고 봤는데 뒤에서 공항직원으로 보이는 분이 개 한 마리를 옆에 끼고 나에게 와서 말했다. 제복을 입고 개를 옆 에 데리고 다니는 사람을 보니 우크라이나 기차에서 나에게 돈을 갈취하 다 실패한 놈이 생각났다.

"가방 주인이세요?"

"네."

"혹시 총 갖고 오셨어요?"

나에게 총을 물어봤다. 스페인에서 산 기념품 총이 떠올랐다.

"아, 그거 기념품이에요. 제가 보여드릴게요."

"아, 아니에요. 여기서 하시면 안 되고 저쪽 가방 검색대로 가세요."

"네."

나는 술이 걸린 것이 아니구나 하고 편한 마음으로 가방 검색대에 갔 다. 그리고 검색대에서 일하시는 분에게 장난감 총이라고 보여준다고 말 했다.

"아니, 그러시면 안 되고요. 가방 올려보세요."

나는 총만 꺼내 보이려 했으나 검색대에 가방을 올려놓으라는 말에 긴장하기 시작했고 역시나 일이 커졌다.

"술 많이 갖고 오셨네요?"

걸렸다. 할 수 없이 가방에 있는 술을 몽땅 꺼냈다. 개수를 세어 보니 총 열네 병이었다. 내가 열네 병이나 샀을 줄이야.

그분이 보드카, 양주 등 부가세가 표시된 안내책자를 보여줬는데 이건 좀 너무 심하지 않나 싶었다. 돈을 내는 거야 당연한 건데 내가 기억하기로는 보드카 세금이 140%, 양주가 160%인가 그랬다. 술에 대한 세금이 너무한 게 아닌가 하는 생각이 들었다. 합법적으로는 한 명당 한 병이라고 알고 있는데 부모님한테만 선물용으로 챙겨도 벌써 두 병이라 법의 테두리를 지키긴 힘들었다. 물론 법에 대해 잘 모르지만 너무했다, 이건.

그렇게 나는 걸린 술 세금을 계좌이체 하겠다는 서류를 들고 사람이 다 빠져나가고서야 시환이 형이랑 게이트 밖으로 나갔다. 형이 봐도 내가 많이 사긴 했다고 했다. 근데 나중에 어른들 한 병씩 챙겨주니 금방 소진됐다.

"어, 아빠! 엄마!"

"야, 왜 이렇게 늦게 나와."

로비에는 부모님이 기다리고 있었고 예정 시간보다 내가 늦게 나오는 바람에 오래 기다렸나고 했다.

"너 뭐 걸렸어?"

하도 안 나오니 검문대에서 뭐 걸렸나 하고 엄마가 말했다.

"응, 술 걸렸어."

그렇게 난 부모님을 만났고 시환이 형은 우리 부모님이랑 인사한 뒤 헤어졌다.